幽居中題贈連横[1]

（一九一四年三月）

蓑牆葺屋小於巢，
胡地平居漸二毛。
松柏豈容生部婁，
年年重九不登高。

① 據《臺灣先賢集》第一集《臺灣詩鈔》卷十三。

唐紱丞畫像贊[①]

（一九一四年四月十日）

瀟湘大波，水與星沓。百靈閃屍，或吐或欱。竺生洴澼，蛟鼉入懷。玄黄之戰，鬼搏神躄。材實非地，地載其器。南學既開，于謀于毖。豈不懷革，烝民尚盲。詭循建虜，以牢駿彊。大陸何裔，裔於夏口。余有諜援，將搏羣醜。寇來搤之，燔之炙之。江漢爲鑊，膊而磔之。夢夢之天，蕩蕩之帝。棄我神州，而眷胡裔。黄鶴夜鳴，殲兹明懿。文昌之馘，赤矑猶視。紱丞目赤包，死後梟首文昌門。視余無恙，書此罔象。

① 據《雅言》第六期，一九一四年四月十日出版。

語朱希祖[1]

（一九一四年六月初）

經史小學,傳者有人,光昌之期,庶幾可待。文章各有造詣,無待傳薪,惟示之格律,免入歧途可矣。惟諸子、哲理,恐將成《廣陵散》耳。

① 據姜義華《章太炎》,臺灣東大圖書公司一九九一年版。

自述學術次第[①]

（一九一四年五至六月間）

余生亡清之末，少惎異族，未嘗應舉，故得汎覽典文，左右采獲。中年以後，著纂漸成，雖兼綜故籍，得諸精思者多，精要之言，不過四十萬字。而皆持之有故，言之成理，不好與儒先立異，亦不欲爲苟同。若《齊物論釋》、《文始》諸書，可謂一字千金矣。晚更患難，自知命不久長，深思所窺，大畜猶衆。既以中身而隕，不獲于禮堂寫定，傳之其人，故略録學術次第，以告學者。頃世道術衰微，煩言則人厭倦，略言又懼後生莫述。昔休寧戴君，著書窮老，然多發凡起例，始立規摹，以待後人填采，其時墨守者有元和惠氏，尚奇者有長洲彭氏，皆非浮僞妄庸士也。人多博覽，亦知門徑，一身著述，既有不暇，則定凡例以俟後生，斯亦可矣。今者講誦浸衰，徒效戴君無益，要令舊術之緐亂者，引以成理。所謂提要鉤玄，妙達神恉；而非略舉大綱，爲鈔疏之業也。敢告諸生，亹亹不已。識大識小，弘之在人。

余少年獨治經史、《通典》諸書，旁及當代政書而已，不好宋學，

① 據《制言》第二十五期。

尤無意于釋氏。三十歲頃，與宋平子交，平子勸讀佛書，始觀《涅槃》、《維摩詰》、《起信論》、《華嚴》、《法華》諸書，漸近玄門，而未有所專精也。遭禍繫獄，始專讀《瑜伽師地論》及《因明論》、《唯識論》，乃知《瑜伽》爲不可加。既東游日本，提倡改革，人事緐多，而暇輒讀藏經。又取魏譯《楞伽》及《密嚴》誦之，參以近代康德、蕭賓訶爾之書，益信玄理無過《楞伽》、《瑜伽》者。少雖好周秦諸子，于老莊未得統要，最後終日讀《齊物論》，知多與法相相涉。而郭象、成玄英諸家，悉含胡虛冗之言也。既爲《齊物論釋》，使莊生五千言，字字可解，日本諸沙門亦多慕之。適會武昌倡義，束裝欲歸，東方沙門諸宗三十餘人屬講佛學，一夕演其大義，與世論少有不同。東方人不信空宗，故于法相頗能聽受，而天台、華嚴、淨土諸鉅子，論難不已。悉爲疏通滯義，無不厭心。余治法相，以爲理極不可改更，而應機說法，于今尤適。桂伯華初好華嚴，不憙法相，末乃謂余曰："今世科學論理日益昌明，華嚴、天台，將恐聽者藐藐，非法相不能引導矣。釋迦之後，彌勒當生，今其彌勒主運之時乎！"又云："近世三百年來，學風與宋明絶異。漢學攷證，則科學之先驅，科學又法相之先驅也。蓋其語必徵實，說必盡理，性質相同爾。"斯言可謂知學術之流勢者矣。余既解《齊物》，于老氏亦能推明。佛法雖高，不應用于政治社會，此則惟待老莊也，儒家比之，邈焉不相逮矣。然自此亦兼許宋儒，頗以二程爲善，惟朱陸無取焉。二程之于玄學，間隔甚多，要之未嘗不下宜民物。參目戴氏，則在夷、惠之間矣。至並世治佛典者，多目文飾膏粱，①

① "粱"，原作"梁"，據文義改。

助長傲誕，上交則諂，下交則驕，余亦不欲與語。余目佛法不事天神，不當命爲宗教，于密宗亦不能信。

余治經專尚古文，非獨不主齊、魯，雖景伯、康成亦不能阿好也。先師俞君，曩日談論之暇，頗右《公羊》。余以爲經即古文，孔子即史家宗主，漢世齊學，雜以燕齊方士怪迂之談，乃陰陽家之變，魯學猶近儒流，而成事不符已甚。康成所述，獨《周禮》不能雜以今文，《毛詩箋》名爲宗毛，實破毛耳。景伯謂《左氏》同《公羊》者什有七八，故條例多爲元凱所駁。余初治《左氏》，偏重漢師，亦頗傍采《公羊》，以爲元凱拘滯，不如劉、賈閎通。數年以來，知釋例必依杜氏，古字古言，則漢師尚焉；其文外微言，當取二劉以上；元年之義，采諸吴起，專明政紀，非可比傅乾元也；譏世卿之説，取之張敞，所指則季氏、田氏、趙氏，非如《公羊》讕言崔、尹也。北平《歷譜》，長沙《訓故》之文，漢以後不遺隻字，余獨于《史記》得之。《十二諸侯年表》所載鄭妾夢蘭、衛鞭師曹、曹人弋雁諸事，《左氏》皆不誌其年，而《年表》有之，斯必取諸《歷譜》者矣。采用《傳》文，時或改字，觀《尚書》改字本于安國，則知《左氏》改字于長沙矣。所次《左傳讀》，不欲遽以問世者，以滯義猶未更正也。《毛詩》微言，所得尤衆，藏之匈中，未及著録，今則亡矣。

余少讀惠定宇、張皋文諸家《易》義，雖以爲漢説固然，而心不能愜也，亦謂《易》道冥昧，可以存而不論。在東因究老莊，兼尋輔嗣舊説，觀其明爻明象，乃歎其超絶漢儒也。近遭憂患，益復會心。然輔嗣《易》注，簡略過甚；康成爻辰之説，誠無足取，以《禮》説《易》，則可謂有所甄明。《易》者，藏往知來之學，開物成務之書，所敍古今事變，不專爲周氏一家，則康成有未及也。近欲有所論箸，煩憂未果，惟條記數事，亦足以明《易》道之大矣。上經以乾、坤列首，而《序卦》偏説屯蒙。屯者草昧，蒙者幼稚，此歷史以前事狀也。屯稱"即鹿無虞"，斯非狩獵之世乎？其時人如鳥獸，妃匹皆目刼奪得之，故云"匪寇，婚媾"也。然女子尚有貞而不字，君子尚有舍不從禽，廉恥智慧，民之天性，故可導以禮而厚其生。蒙始漸有人道，故言"納婦"。婚姻聘幣，初與買鬻等耳，故云"見金夫，不有躬"也。需爲飲食宴樂，始有酒食，乃入農耕之世。觀説神道設教，《易》明宗教之事唯此耳。而觀我生、觀其生者，展轉追求，以至無盡，則知造物本無，此超出宗教以上者也。觀之所受曰噬嗑，先王以明罰勑法。大凡肉刑皆起宗教，蚩尤泯棼，九黎亂德，人爲巫史，五虐之刑亦作焉。參及域外，則有以違教而受炮燔之刑者矣。噬嗑有滅鼻、滅趾之象，斯所以繼觀也。受噬嗑者爲賁，賁者文飾，今所謂文明也。而君子以庶明政，無敢折獄，故稱"賁其趾"。舍車而徒，是爲廢刖足而代以髡鉗役作也。又稱"賁其須"，則并除耏刑也。其卦亦及妃匹之事，言"白馬翰如，匪寇，婚媾"者，文明之世，婚禮大定，立軺騈馬，于是行矣。然親迎御輪，亦仿古者刼掠而爲之，如繫赤韍以仿蔽前耳，故亦稱"匪寇，婚媾"。睽亦稱"匪寇，婚媾"，王輔嗣説此爻即以文明至穢爲説，所謂君子以同而異也。足知開物成務，其大體在兹矣。屯稱"利建侯"，《象》曰"宜建侯而不寧"；比稱"不寧方來，後夫凶"，《象》曰"先王以建萬國，親諸侯"。屯之侯，部落酋長，無所統屬者也。比之侯，封建五等，有所統屬者也。所謂不寧者，即《攷工》所謂"寧侯不寧侯"耳。酋長無統，不屬于王所，故不寧爲宜也。五等有統，來享來王，故不寧方來化爲寧侯也。後夫凶者，若塗山之會，防風後至而戮矣。所謂屯者，亦不必遠在上古，後世蠻夷猶爾。三代之五等，比之侯也；三代之荒服，漢之邊郡屬國，近世漠北漠南，屯之侯也。豫言“利建侯，行師”者，周秦漢之侯王，大分圭土，目封功臣，其柄操之自上。晉言“康侯”，康訓爲空，則秦漢之關内侯，唐目來之虚封矣。罷侯置守，改土歸流，《易》無明文，于晉乃隱示之意。下經始咸、恒，亦主夫婦之道，其言變事又多矣。姤稱女壯，而《象》云“后目施命誥四方”，以一陰承五陽，則烏孫、匈奴之妻後母，衛藏之兄弟同室也。然施命誥四方者，不得格以中華禮法，漢且目詔公主矣。歸妹爲人之終始，上經之泰，但言“帝乙歸妹”耳，下經乃説“其君之袂，不如其娣之袂良”。觀夫東方之俗，帝女不下嫁異姓，而貉俗或制其夫婦同室，惟妾媵乃得進御，即其事也，且歸妹常道耳。《彖》必言“天地不交，而萬物不生”，歸妹人之終始，其鄭重至是者，亦豫爲彼著戒矣。

豐目折獄致刑，其義略同噬嗑，故有折其右肱，肉刑之事也。解以赦過宥罪，其義略同賁。故兩言“解而拇”，廢除肉刑之事也。餘卦或言劓刖，或稱天劓者，自主受者吉凶，不及法制。《易》目開物成務，故首屯爲草昧，次蒙爲幼稚，需以飲食宴樂，始爲農耕之世，飲食必有訟者，則今人所謂生存競爭也。訟之事小者，但爲兩造對簿，大者則聚羣攻奪，訟必有衆起，指訟之大者也，是故受訟目師。夫必共甘苦聽約束，然後羣體固結，故有師然後相比。師比之上，宗主存焉，賦調所歸，故比必有畜。有師有財，加以親比，故履帝位而不疚，上下有辨，民志亦定矣。初設帝制，君民未有隔閡，是目泰也。自爾相沿，等威嚴峻，是目否也。其道古今人事之變，可謂深切箸明矣。夫生生之謂《易》，原始要終，知死生之説者，莫備乎蠱。隨目嚮晦入宴息、目喜隨人、受之目蠱，局言之，則醫和所謂陽物晦時，淫則生内熱惑蠱之疾耳；廣言之，釋氏所謂惑業苦者，大略舉之矣。沈溺惑蠱，斯非惑乎！蠱者，事也，斯非業乎！蟲食心腹，斯非苦乎！觀之觀我生、觀其生，展轉追尋，以至無盡，而知造物本無。合之乾元，贊以"首出庶物，萬物資始，雲行雨施，品物流形"；而用九乃言"羣龍無首"，《象》曰"天德不可爲首"也，義又相及。蓋彊陽之氣，羣動冥生，非有爲之元本者，其曰窮理盡性，豈虚言哉！

余治小學，不欲爲王菉友輩，滯于形體，將流爲字學舉隅之陋也。顧、江、戴、段、王、孔音韵之學，好之甚深，終目戴、孔爲主。明本字，辨雙聲，則取諸錢曉徵。既通其理，亦猶所歉然。在東閒暇，嘗取二徐原本，讀十餘過，乃知戴、段而言轉注，猶有汎濫，繇專取同訓，不顧聲音之異。于是類其音訓，凡説解大同，而又同韵或雙聲得轉者，則歸之于轉注。叚借亦非同音通用，正小徐所謂引伸之義也。同音通用，治訓故者所宜知，然不得以爲六書之一。轉復審念，古字至少，而後代孳乳爲九千，唐宋以來，字至二三萬矣，自非域外之語，如伽、佉、僧、塔等字，皆因域外語言聲音而造。字雖轉緐，其語必有所根本，蓋義相引伸者，由其近似之聲，轉成一語，轉造一字，此語言文字自然之則也。于是始作《文始》，分部爲編，則孳乳浸多之理自見，亦使人知中夏語言不可貿然變革。又編次《新方言》以見古今語言雖遞相嬗代，未有不歸其宗，故今語猶古語也。凡在心在物之學，體自周圓，無間方國，獨于言文歷史，其體則方，自以己國爲典型，而不能取之域外。斯理易明，今人猶多惑亂，斯可怪矣。《新方言》不過七八百條，展轉訪求，字當逾倍。余成書以後，猶頗有所得者，今亦不能自續。弟子有沈堅者，實好斯事，其能繼余之志乎？

余少已好文辭，本治小學，故慕退之造詞之則，爲文奥衍不馴，非爲慕古，亦欲使雅言故訓，復用于常文耳。猶凌次仲之填詞，志在協和聲律，非求燕語之工也。時鄉先生有譚君者，頗從問業，譚君爲文，宗法容甫、申耆，雖體勢有殊，論則大同矣。三十四歲以後，欲以清和流美自化，讀三國兩晉文辭，以爲至美，由是體裁初變。然于汪、李兩公，猶嫌其能作常文，至議禮論政則躓焉。仲長統、崔實之流，誠不可企。吴、魏之文，儀容穆若，氣自卷舒，未有辭不逮意、窘于步伐之内者也。而汪、李局促相斯，此與宋世歐陽、王、蘇諸家務爲曼衍者，適成兩極，要皆非中道矣。匪獨汪、李，秦漢之高文典册，至玄理則不能言。余既宗師法相，亦兼事魏晉玄文，觀夫王弼、阮籍、嵇康、裴頠之辭，必非汪、李所能窺也。嘗意百年以往，諸公多謂經史而外，非有學問，其于諸子佛典，獨有采其雅馴，摭其逸事，于名理則深惎焉。平時瀏覽，寧窺短書雜事，不窺魏晉玄言也。其文如是，亦應于學術耳。余又尋世之作奏者，皆知宗法敬輿，然平徹閑雅之體，始自東漢，訖魏晉南朝皆然，非敬輿始爲之也。中書奏議，文益加詳，一奏或至五六千字，若在後代，則覽者易生厭倦。故宋時已有貼黄，清初且制全疏不得過三百字，斯由繇而不殺，成此窮反也。曾滌生窺摹陸公，頗復簡約，其辭乃如房行制義，若素窺魏晉南朝諸奏，則可以無是過矣。由此數事，中歲所作，既異少年之體，而清遠本之吴、魏，風骨兼存周、漢，不欲純與汪、李同流。然平生于文學一端，雖有所不爲，未嘗極意菲薄，下至歸、方、姚、張諸子，但于文格無點，波瀾意度，非有昌狂偭規者，則以爲學識隨其所至，辭氣從其所好而已。今世文學已衰，妄者皆務爲骫骳，亦何暇訾議桐城義法乎？余作詩獨爲五言，五言者，摯仲治《文章流别》，本謂俳諧倡樂所施，然四言自風雅以後，菁華既竭，惟五言猶可仿爲。余亦專寫性情，略本鍾嶸之論，不能爲時俗所爲也。

余于政治，不甚以代議爲然，曩在日本，已作《代議然否論》矣。國體雖更爲民主，而不欲改移社會習貫，亦不欲盡變時法制，此亦依于歷史，無驟變之理也。清之失道，在乎偏任皇族，賄賂公行，本不以法制不善失之。舊制或有拘牽瑣碎，綱紀猶自肅然。明世守法，雖專制之甚，亂在朝廷，郡縣各守分職，猶有循良之吏。清世素不守法，專制之政雖衰，督撫乃同藩主，監司且爲奴虜，郡縣安得有良吏乎？逮乎晚世變法，惑亂彌深，既惡舊法之煩，務爲佚蕩，以長駕遠馭爲名，而腐蠹出于鈞府，魚爛及于下邑，夫焉能以舊法爲罪也？尚新者知清政之衰，不知極意更其汙染，欲舉一切舊法盡廢夷之；土經驗者又以清政爲是，踵其貪淫，而不肎循其法紀。斯猶兩醫同治一疾，甲斷爲熱，乙斷爲寒，未知陰陽隔并，當分疏而治之也。余獨以爲舊法多可斟酌，惟省制當廢耳。一省小者或爲二三道，大者或爲三四道，道不過六七十部，所部不過二三十縣，猶大于漢之列郡，而司察可周矣。明世設分守道，即布政司參政參議也，名曰分守，即與漢時太守相同。清時并去司銜，則布政司之權已分，使各道隸于督撫，曷若隸于中央？而以巡按監之爲愈乎？督撫可以撓守道之權，巡按但主糾察，不能撓其政權也。邊方斗絶，兵民之政難分，户口之數寡少，自可别爲區處，不當以是槩内地也。省制不除，非獨政紀不能清理，而地方自治之法，亦難以見諸實行。地方稍小則能自治，過大則未有不疏略誕慢者。明時以布政使專主省事，晚設督撫，不能專有其地，明督撫甚多，一省或二三人。而政治已漸有牽掣矣。況軍民同主乎？然自兩漢以下，制度整齊，莫如明世，清世因循其法，雖稍汙漫，亦未至如唐宋甚也。明之亡國，在以常法議軍事，知兵宿將，倚爲干城者，失一要塞，陷一藩城，無不依律處戮，熊廷弼之傳首，楊嗣昌之自殺，皆坐此也。終于爲敵報仇，而爲清所禽制矣。清之亡國，在以軍法處民政，官常計典，視若具文。最後二三十年，以贓盜罷遣者，逾數歲亦還起復，錢糧侵挪之考成，風厲殺人之罪狀，始則嚴于小吏，緩于大僚，其後小吏亦多不治。賄積于上，盜布于下，民怨沸騰，又安得不瓦解也？是故明政疐于應變，清政絀于守常。言政治者，本多論常道耳。且守法之弊，能令胥史把持，得因受賄，然所取本非甚鉅，亦不敢破律敗度爲之，議既定矣，又不保長官之覺察否也。釋法之弊，胥史無受賕之門，而大臣乃爲姦府，其破律敗度，得以破格應變爲名，其所取又十倍于胥史，而復更無長官以覺察之也。三百年以來，言胥史蠹敗者多矣。清平之世，長官寡過，其忿疾胥史自可也。及于末世，士大夫之行，乃較胥史愈下，而復昌言駡詈，其忸怩不已甚乎！明世長官，不敢恣意爲非者，飭法循紀之效也，然猶設都察院以督百僚。自洪武訖于隆慶，臺憲箸效，吏治甚清。萬歷中年以降，言官始有分曹樹黨，而楊、左諸公之風節，于國事終非無補也。清世雖循舊設官，内多懲忌，臺憲之職已輕，然大吏姦私，尚頗因之發覺。末世乃有受財讕奏、毛舉細故者，則目風憲官吏犯贓，罪加二等之制，浸廢不行也。向令清無察院，其昏亂又何所底止矣！余向與總統孫公，論政多所不合，其謂中國有都察院制度善于他方，適與鄙心相中。及南都建設，余以議員或難專任，亟慫恿設評政院，遂著之《約法》焉。雖然，此非可以虚名取效。余從政時所有條議，多未存稿。

余于法律非專，而頗嘗評其利害。以爲當今既廢帝制，妖言左道諸律，固宜删刊。其舊律有過爲操切，反令不行者，與自相繆戾者，删改亦宜也。而今律之繆亦多，略論如左。余以法律之要，莫如刑名。唐律五刑，各分等次。明世新增凌遲、充軍重法，未載律條，清律則兼載之矣。凌遲固無人理，而流刑未足懲姦，故别增發遣充軍之法，亦仿唐之加役流，而稍峻厲，此所目彌縫其闕也。今擬新刑律者，死刑以下，獨有徒刑一名，雖無期五等，迭爲衰次，其名曰徒刑則一也。舊律爲名者五，爲等十七，二死、三流、各作一等。清又加發遣及五等充軍。並及準徒總徒之例，其名等已多矣。今者但有二名七等，名既闊略，則伸縮當在一等之中，而不可濫于同名之内。今之伸縮，遂有三等之差，同一罪狀，而徒五年與徒六月，得目隨意定之，闊絶亦泰甚矣。案清世死刑監候，分情實、緩决、矜疑三種，律不明箸，而隨法吏意見以爲重輕，固目情僞緐多，不可豫制。今之伸縮，亦其類也。然法官不皆平情審察，不當授權過重。刑名泰簡，則伸縮相懸，名之不治，而苟且以定律，縱任法官，隨其高下。此乃近于古之議事以制者，豈刑書之謂乎？然則杖笞雖廢，徒刑而下，寧無他種懲罰之名？徒之五等，亦宜分劑五年耳，每一年限之中，或伸或縮，法官猶綽綽有餘，而罪狀不失于軒輊。自徒目上，流刑雖無所用，加役流與發遣當差，今猶可以懲創。此其大法當革者也。余觀唐律雖寬，滯于階級，故黎庶屈而搢紳伸。明目來漸革除矣，清制多設條例，遂有奇觚。今當變革刑名，于清時律例之破碎不完者，簡練目歸一劑，無取詭更舊貫，而悉目新意易之也。且監臨主守諸名，名之善者也。監守自盜本在賊盜科中，罪視强盜稍輕，而視常人竊盜爲重，斯乃舊制相沿，法之至當者也。今擬新刑律者，一切目侵佔目之，主守侵佔官財與常人侵佔私有田宅器物，遂無所分，豈忘責任所在，與悠悠路人有殊乎？又放火、決水、壞歷史、宗教之圖書、建築物者，遂科死刑，而壞常人宅舍、圖書者，罪反減輕。豈焚一尼庵，燒一卷《金剛經》、《新舊約》者，其罪當重，而毀廣夏藏書者，其罪轉輕耶？是則律爲保護鬼神，不爲保護生人也。清例，發名臣大儒冢墓見屍者，罪至斬梟；盜大祀神御物者，斬立決，過亦同此。古人已往，宜所尊敬，然法不應加重，鬼神則更當置之矣。又謀殺、故殺、鬥毆殺，情罪自殊，二人以上爲謀，本諸《晉律》，而《唐律》所同也。清律以謀諸心、謀諸人皆稱爲謀，已失本原，然三者猶有分劑。今擬新刑律者，遂無殊别，此亦含胡之甚者矣。又明清諸律，親屬相姦，其罪至重。今常人和姦，但無夫者即無罪，與習貫所惡已殊矣。而親屬父子兄弟之間，聚麀無忌，彼則曰“他國法律固然，法律不與道德相謀也”。法律固不與道德相謀，豈不與人情習俗相謀耶？彼干犯宗教神廟者，罪或加重，在彼亦謂人情習貫宜然，自中國視之，亦若爲道德耳。夫人情習俗，方國相殊，他國之法，未嘗盡從一概，獨欲屈中國之人情習俗目就異方，此古所謂削趾適屨者矣。余觀《明志》，鞫問之制甚詳，清亦擬議其法。其目人主親臨勾決，及有改變部議者，誠爲出位，而定讞平允者亦多。若夫恭請王命即行正法，此又其泰簡者也。凡事固有緊急尋常之分，不當以罪有重輕爲量。彼響馬江洋大盜之流，罪雖稍輕，而事關緊急，臨時殺之亦可矣。殺父母祖父母及殺一家非死罪三人者，罪雖至重，而非緊急之科，其事迹虛實，亦不如大盜之著明，則恭請王命非也。逮清末世，常罪且有就地正法者矣。今法官斷罪以後，非上控者，雖至死刑，亦無再鞫之例。而上控又必延請律師，所費至鉅，則是貧人常屈，而富人或有可伸耳。此其不如清初舊制彰彰明矣。舊制判獄之職，守土主之，今則别設法官，其間亦各有利害，守土主行政之事，于民多有愛憎，又事緐不暇專理，或有率爾判定者。法官于民事不關，無所恩怨，既有專職，則事稍精審，此其利也。守土奉禄有餘，武斷輕卒者多，而受賕鬻獄者寡。法官貧乏，則受賕者自多，此其害也。宜大增法官之禄，使無他心。守土雖不能干預法事，法官有枉法受贓者，則宜付守土檢舉。而判決法官罪狀者，當别選其人，不然則法官之朋黨比周，非律所制能也。清時已得蒙古，習俗與中國異狀，故刑部律與蒙古律有分，衛藏、新疆，未有所制焉。近世名爲五族共和，然蒙古律卒不可改；新疆雖建設行省，處置回人，亦宜有與内土異狀者。衛藏等於羈縻，法由彼制，則新疆宜有治理回人條例，而蒙古律亦當更定刑名。凡法律條文，不必盡從域内，惟刑名則不可差池。蒙古律尚有凌遲之法，奴姦家長妻，本部人姦福晉，皆凌遲處死。亟宜廢去；其九九贖刑，則以素少錢幣，存之可也。

余于晚明遺老之書，欲爲整理而未逮也。古稱讀書論世，今觀清世儒先遺學，必當心知其意。若全紹衣痛詆李光地佻淫不孝，實未足以爲大過。臺灣之役，光地主謀，使漢緒由兹而斬，欲明加罪狀則不能，故託他過以譏之也。江子屏《宋學淵源記》不録高位者一人，自湯斌、二魏、熊賜履、張伯行之徒，下至陸隴其輩，靡不見黜，而顧、黄二子爲明代人物，又别爲論敍以見端，誠謂媚于胡族得登膴仕者，不足與于理學之林也。其他微言難了者，尚復衆多，而侈談封建井田者爲甚。是議起于宋儒，而明末遺民陳之，其意乃絶相反。除王而農别有所感，王崑繩輩意見，則純同宋儒，其他皆有别旨。寧人之主張封建，後世不明其故，戴子高猶肆口評之，甚無謂也。宋儒欲以封建井田致治，明遺民乃欲以封建井田致亂。蓋目覩胡人難去，惟方鎮獨立以分其權，社會均財以滋其擾，然後天下土崩，而孤僨易除也。當時無獨立及社會主義諸名，有之亦不可明示，託于儒家迂論，乃可引致其塗耳。自寧人以下者，斯類多矣。而清雍正、乾隆二朝，亦能窺其微旨，故有言封建井田者，多以生今反古蒙戮，又數爲詔令以駁斥之。若以爲沿襲宋儒迂論者，又何必忌之至是耶！然終無可奈何，及同治、光緒以還，行省擁兵于上，會黨横行于下，武昌倡義，上下同謀，而清之亡忽焉。則先正之謀果效，而朽腐化爲神奇之説亦不虚也！烏虖！前哲苦心，若斯者豈獨一耑已？後之學者，其識之哉！

余昔在南皮張孝達所，張嘗言“國學淵微，三百年發明已備，後生但當蒙業，不須更事高深”。張本好疏通，不暇精理，又見是時怪説流行，懼求深適目致妄，故有是語。時即答曰：“經有古今文，自昔異路。近代諸賢，始則不别，繼有專治今文者作，而古文未有專業。此亦其缺陷也。”十餘年中，思近世學術未備，猶不止此。諸治史學者，皆留心地理、官制，其他已甚痟矣。姓氏之學，自《元和姓纂》目降，鄭樵亦粗明其統緒，至鄧氏《辯證》，漸墝鑿矣。元明目降，轉變增損，又益緐多，未見近代有治此者也。《元史·氏族志》别是一種。刑法之學，舊籍惟《唐律》爲完，漢晉南北朝之事，散在史傳。如補兵目減死，督責目代杖，又皆律外方便之門，皆當校其異同，評其利病，又未見近代有治此者也。食貨之學，非獨關于租賦，而權度之大小，錢幣之少多，墾田之盈詘，金銀粟米之貴賤，皆與民生日用相繫，此不可不論列者，又未見近代有治此者也。樂律之學，略有端倪，陳氏《通義》發明荀勖之學，可謂精且博矣。然清康熙朝所審定者，絲聲倍半相應，竹聲倍半不相應，相應者乃八與一，九與四，其言人氣折旋，必有度數，皆由證驗所明，更謂絲器不可名目律吕，亦可謂得理者，而陳君猶取倍半相應之説，兩者孰是？必聽音而後知之，非衍筭所能盡理，又未有商略是非者也。斯四術者，所包閎遠，三百年中，何其衰微也！此皆實事求是之學，不能以空言殽亂者，既尚考證，而置此弗道乎？其他學術，雖辨證已精，要未可謂達其玄極。大學術不在大小，要能精審，則可以成天下之亹亹。自百工技藝之微，所詣固有高下殊絶者，大方之粗疏，或不如小物之精理矣。故近世小學，似若至精，然推其本則未究語言之原，明其用又未綜方言之要。其餘若此類者，蓋亦多矣。若夫周秦九流，則眇盡事理之言，而中國所目守四千年之胙者也，玄理深微，或佀佛法，先正以鄒魯爲衡，其棄置不道，抑無足怪。乃如莊周《天運》，終舉巫咸，此即明宗教惑人所自始；惠施去尊之義，與名家所守相反；子華子迫生不若死之説，又可謂管乎人情矣。此皆人事之紀，政教所關，亦未有一時垂意者。汪容甫略推墨學，晚有陳蘭甫始略次諸子異言，而粗末亦已甚。此皆學術缺陷之大端，頑鄙所目發憤。古文經説，得孫仲容出，多所推明。余所撰著，若《文始》、《新方言》、《齊物論釋》及《國故論衡》中《明見》、《原名》、《辨性》諸篇，皆積年討論以補前人所未舉。其他欲作《檢論》明之，舊著《訄書》，多未盡理，欲定名爲《檢論》，多所更張。而时不待人，日月亦將逝矣。昔人云"百齡影徂，千載心在"，豈不痛哉！

余以人生行義，雖萬有不同，要自有其中流成極，奇節至行，非可舉以責人也。若所謂能當百姓者，則人人可以自盡。顧寧人多説行已有恥，必言學者宜先治生。錢曉徵亦謂求田問舍，可卻非義之財。斯近儒至論也，追觀晚清遺吏，非無二三可取者，至于林下之風，則泯然同喪矣。亡國目後，其餘臭尚未滌蕩，當其在位可知也。所取於林下風者，非爲慕作清流，即百姓當家之事，小者乃生民常道。苟論其至，沮溺、荷蓧之隱，仲子之廉，武侯之德，未或不本于勤生。斯風既亡，所謂"見利思義，見危授命，久要不忘平生之言"者，宜其澌滅而不存矣！

讀《周易圖》題記[①]

（一九一四年秋）

海鹽朱海珊先生，余外祖行也。曩以從政之優，讀《易》而爲之圖，則先公既聲詩之矣。《易》之爲書，本爲憂患而作，非獨以成物務，亢龍濡首，固數戒之也。余少從外卿先生受經，略識舊訓。稍壯，諸經頗有所論次，獨嚴重《周易》，懼非常人所能徵明。先達雅儒，定宇、皋文之書，紬而讀之者數矣，猶以爲不窺大體，不爲輔嗣宏深。中更物役，展側海外，未皇暇也。

夫六藝者，舉若闊遠，而大端切於人事。不學《春秋》，無以解辮髮，削左衽；不學《易》，終身不能無大過，而悔吝從之。下材用壯，未達宏旨，以炎黄姬漢之靈，一匡諸夏，衣冠視息，幸而不辱所生。羑里之困，殆與作《易》者同，退自伏省，探爻象之情，然後知其足以師保也。

今舅氏旭辰、小江二君，復以兹圖相飭，省視久之，昔人雖抱關禄仕，猶不忘履涉之過，況臨大事而可以泰其心乎？重覽先公所爲

---

① 據《大中華雜志》第二卷第二期，一九一六年二月二十日出版。

諷詠,愀然不知涕之横流也。雅性不文,誠不足以闡揚微指,略道身世,庶幾乎循本之言。若夫貞固幹事,知進退存亡,而不失其正者。余與舅氏常從事於斯矣!

民國三年季秋,章炳麟題記。

時危四首[①]

（一九一四年十二月五日）

時危挺劍入長安，流血先爭五步看。誰道江南徐騎省，不容卧榻有人鼾。

懷中黄素聲猶厲，酒次青衣淚未收。一樣勳華成賤隸，諸君爭得似孫劉。

歌殘《爾汝》意春容，伸脚誰當在局中？笑殺後來陳叔寶，獻書猶自請東封。

威儀已歎漢官消，繡掘諸子足自聊。明鏡不煩相曉照，阿龍行步故超超。

① 據《雅言》第十一期，一九一四年十二月五日出版。

胡節母陳氏傳[①]

（約一九一四年）

胡節母者，靖江陳方壤之仲女。少孤，育於世母。十歲，以拜時之禮適同縣胡春生。春生昆弟四人，家貧，體伭，母命分居。自廬舍外不能具儋石，夫服賈，婦勤女紅灌菜圃以繼之，得自食。年二十九，生子鈞。逾八月，夫以瘵終。既禫，姑哀其窮，諷以適人。答曰："居貧久，無所憚，當自力以就孺子。"姑嘉之，命諸昆弟歲時助以金穀，陳氏則爲兩家浣衣以報焉。家雖貧，未嘗稱貸，其世母素高貲而嗇於財，時一往省，率不過一再宿，終不肯言家計，其介如此。又五歲，喪姑，己亦以勞苦失明，然處分家事未嘗怠。及鈞八歲，與伯氏子祖玉年相若，相攜就傅，時或嬉戲，輒督責無所貰。伯氏固愛鈞端重，欲卒就之，陳氏不欲以資纍人，曰人貴自立耳，祖玉讀書，鈞行商，奚不可者？其後祖玉及鈞皆仕爲軍佐，從征南北，不妄取一芥，而家道亦完，蓋得門内之化深矣。性儉，一衣十年不易，非歲時賓祭，未嘗設酒肉，以是家稍裕，遇鄰里有急難，或貧無告

① 據《制言》第五十六期。

者，輒量力濟之。人服其義，有爭競，往取決焉。以民國二年十二月卒，年四十九。

章炳麟曰：婦人守義非難，年富家貧子稚難。陳氏未三十，燠其弱息，糧廩不繼，雖歸宗，未嘗乞貸，其持志勿可及已，非是何以保其終哉？何以保其終哉？

約僕規則[1]

（一九一五年二月）

一、每日早晚必向我請安；二、見我時須垂手鵠立；三、稱我四大人，自稱曰奴僕；四、來客統稱曰老爺；五、來客必須回明定奪，不得擅行攔阻，亦不得擅行引入；六、每逢朔望，必向我一跪三叩首。

① 據《杭州文史資料》第四輯。

奂彬同學屬題麗樓圖[①]

（一九一五年五月十日）

汳京蕩无紀，散衺存江東。

閱世逮八百，上與衡湘通。

葉君何卓躒，儲書滿園叢。

舊臧擽潭建，次及皇明中。

自從盧鮑來，改竄不足重。

禮失求四夷，采伐窮瀛蓬。

梧楸豈不盛，白露相迎逢。

老夫夾何寄，攜手臨山戎。

周召久衰歇，楚寶遺南封。

悲哉永嘉午，託子留教蒙。

① 據《甲寅》雜誌第一卷第五號，一九一五年五月十日出版。

南夏英賢題名記[①]

（一九一五年六月）

西南六傑：

帝高陽氏、夏后大禹、楚莊王、漢光武皇帝、諸葛孔明、虞彬甫，別附：漢大義皇帝友諒。

東南八傑：

吴王夫差、西楚霸王、魏武皇帝、桓元子、謝安石、宋武皇帝、明高皇帝、延平王成功，别附：太平天王秀全。

浙江八傑：

越王勾踐、吴武烈皇帝、吴大皇帝、陳武皇帝、宗汝霖、劉伯温、于廷益、張玄著。

右南夏英賢二十有二人，别附二人。自高陽氏起于若水，北定窮朔，以誅蚩尤之裔，九黎之寇。夏后産于石紐，疆理中國，别生分類。自是南夏有英賢出，[②]皆能撻伐胡戎，致届有北，右所題名是

① 據《制言》第四十四期。

② “夏”，《國學叢編》作“部”。

也。地以漢淮爲界，故不録漢高皇；人以生長土斷，故項王歸吴，武侯歸荆，安石歸建業，宋武歸丹徒。莊王以勝晉，夫差以伯黄池，勾踐以都琅邪，武烈以破董卓、羌胡之兵，曹公以馘蹋頓見録，闔閭桓王戰于門内，則闕焉。陳、洪二王，志亦廣矣，以無英雄之略，故在别附。烏虖！自晉之東，中州已雜羯胡；女真以降，風教言語浸變爲夷，諸夏唯有梁、荆、揚三部，其可自相距卻爲傖虜驅除邪？乙卯夏六月，章炳麟記。[①]

① 《國學叢編》於文末有注"按乙卯爲民國四年，時先生被幽於錢糧胡同。此文未收入《文録》。"

弔劉文成公文[①]

（一九一五年六月）

民國四年，鄉有下武，曰章炳麟，瞻仰括蒼，弔文成君。於鑠先生，功除羯戎，嚴以疾惡，剛以制中，如何明哲，而不考終，去之三百，景行相從，千秋萬歲，同此罶蒙。

① 據《制言》第四十四期。

《毛詩箋疏辨異》序[1]

（一九一五年七月）

昔荀卿有言，曰“《詩》無達詁”。余以説《詩》亦無達術。毛公明金罍之制、彤管之法，其言應禮，然未嘗一切比傅也。康成之爲《詩》，諸所陳述，必以禮相參伍。彼觀其意，懲創漢賦浮夸之失，矯以典言，以爲當時之制。日所徵見，乃得宣之於口，不悟詩人言志，有摹略而道之者，苟有其物，不待目治也。

詩賦之浮夸，非直如皇甫、士安所譏而已，左彎繇弱，右揮龍淵，勢之所不能也。薜荔爲衣，夫容爲裳，事之所無有也。若是者詩人誠不欲妄言，乃其耳目之所能接，形體之所能御，器物之所恒有者，其言之不必誠覩，是故《谷風》言涇渭，非邶詩人所履也。《終南》一章言錦衣孤裘，二章言黻衣繡裳，孤裘者皮弁服，黻繡者冕服，非秦君同時所衣也。《桑中》思姜弋庸，《考槃》言澗阿陸，非所思有三人，所處有三地也，冰之未泮，不得有匏葉也。葛之誕節，不得被狐裘也。是皆從其效象，博依雜舉，不可以一槩相切者。康成

① 據《宗聖學報》第二卷第一期，一九一五年七月出版。

有見於法，無見於思，更緑衣爲褖衣，則褖絲文不可通，且《春秋》内外傳班婕好、崔篆所引，悉爲譌文矣。以履武爲感生，則維嶽降神生甫及申，亦將爲山靈感生矣。以文害辭，以辭害志，觀於箋義，而後知毛公深遠也。

歷城李君見其然，謂自正義以降，學者多以傳箋等視，宋世漁仲、元晦之倫，棄序爲説，則毛、鄭俱廢。近人好言漢、唐樸學，則毛、鄭俱興。是皆眩於舊疏，殽亂無所别擇者。因是爲《毛詩箋疏辨異》如干卷。本爲分别傳箋，言箋疏者遊辭也。

余嘗以爲毛公受業荀卿，深疾神怪迂誕之言，其言訓故，與《易大傳》同流，隱曲相中，非箋注、《釋文》之儕。所申大義，多淡遠似平人言，而含藏旨趣至深，固非康成所能申明，沖遠所能疏證也。自馬季長《詩》注，今不可見，王景侯雖申毛，其得失猶參半。近世獨胡氏《後箋》，多有發明，陳碩甫已不逮。及戴東原廢序，王伯申改訓，諸儒雖立意欲尊《毛傳》，無奈之何，自非深達神恉，通知微言，其善美將鬱塞於千祀。李君之書，蓋上下胡陳間，猶願後人有繼志者，相與紬而繹之，令李克、荀卿之學，見端於三十卷者，赫然與日月齊光，無有差忒，則《詩》教幾乎備矣。章炳麟。

石鼓説[①]

（一九一五年八月十五日）

唐韋左司、韓吏部皆有《石鼓歌》，宋蘇子瞻有《鳳翔八觀石鼓歌》，其弟子由和之。元、明詩人吴萊、李東陽輩，亦皆有作。良以法物流傳，足寶貴也。歐陽《集古録》載韋應物以爲周文王鼓，至宣王刻詩。然韋詩具在，不如歐陽所録也。南宋程大昌《雍録》以爲成王鼓。[②]董逌亦云。[③]宋鄭樵《釋音》，則據殹丞二字李斯小篆，見秦斤秦權，以爲秦始皇鼓。明楊慎亦謂晋右軍、唐章懷太子嘗言之。按小篆有媘籒者，有同籒者，大約同籒者居多。其與籒大異者，鄦君乃别出重文耳，非籒止《説文》所載寥寥數字也。殹、丞二字，不足致疑。陸友《研北雜志》，據《北史》西魏文帝十一年十月西狩岐陽，以爲魏文鼓。按是年宇文泰欲革晋季以來文章浮華之弊，因文帝祭廟，命綽仿《周書》爲大誥奏行之，因謂西狩時詩體亦必仿《詩》。然唐蘇勉嘗記石鼓事，勉爲蘇綽之孫，詩果綽撰，斯大著作，

---

① 據《民權素》第九期，一九一五年八月十五日出版。

② “雍”，原誤作“雜”。

③ “逌”，原誤作“迺”。

焉有數典而忘其祖者？金馬定國又據《後周書》武帝保定元年狩岐陽，至五年幸岐州，以爲宇文周鼓焉。

古物既無年月款識可憑，當以韓愈、李嗣真、張懷瓘、竇臮、[①]徐浩、趙明誠及衆傳舊説，宣王獵碣爲定。其鼓大小不甚均，頂圓而下平，大率高二尺許，圓徑一尺有奇。初在陳倉野中，至唐始出。杜詩所謂陳倉石鼓，久已譌也。貞觀中，鄭餘慶取置鳳翔孔子廟，而亡其弟八之辛鼓。宋仁宗時，向傳師求於民間得之，十鼓乃足。徽宗大觀二年，移置宣和殿，字窒以金。靖康末，金人輦至燕，剔其金。元大德時，教授虞集得之泥草中。皇慶二年，始置國學大成門左右。其文史籀作，刻鼓旁，剥蝕殘闕，不可全識。各記載家，有言二百七十二名至四百九十七名不等。至明楊慎僞造全文七百二名，託言東坡手摹之本，得自李東陽者，則亦點竄沾飾，爲贋本以欺世而已。乃其集復云六百五十七字，自相矛盾實甚。至文之踳繆，朱彝尊《石鼓文跋》辨之綦詳。清乾隆時，重排石鼓文並序，凡三百十名，重文二十二。高宗親定首章、末章，自第二至第九，則命廷臣彭元瑞按餘字各補成章，爰爲新十鼓刻之。覈實垂世，稱盛事焉。其内府又有舊藏趙子昂所釋當時拓本四百有六字。王澍所臨石鼓文墨蹟四百六十八字，皆彭元瑞恭跋，見其《經進續稿》中。嘉慶二年，阮芸臺又摹刻天一閣北宋搨本，置之杭州府學，較他本爲完善。然唐本則實無流傳者矣。

---

① “臮”，原誤作“衆”。

“速死”並跋[1]

（一九一五年八月）

速死。

含識之類，動止則息，苟念念趣死，死則自至，故書此二字，在自觀省，不必爲士燮之禱也。乙卯孟秋，章炳麟識。

① 據《上海文史資料選輯》一九八二年第二輯。

改王闓運《游仙詩》[1]

（一九一五年十一月）

蕭瑟清秋不耐彈，攀龍騎虎快驂鸞。東華幕客曾謀逆，南嶽王妃肯降壇。捧詔却憐金换骨，著書那復羯爲冠。《湘軍》一志堪千古，却被人呼作史官。

出岫閑雲列上仙，將軍擁席餞南天。因生楊肘行出夢，不對柯棋坐比肩。總統國民都受籙，江湖河海不需船。婦人行役周嫣在，莫怪先生愛早眠。

新承鳳詔入金閶，爭看潭州老醜郎。一卷《公羊》師北面，兩行女樂列西牆。勞拖仙帶迎專使，只領天錢辦内裝。宴語玉堂諸後輩，此行不住首山陽。

居仁堂下戀黄幃，天上申猴坐玉扉。文字當頭經有證，君王盜國史何依。封還館職修帷簿，託起朝儀下織機。莫道燕京天氣冷，高皇前月送貂衣。

---

① 據《洪憲紀事詩本事簿注》卷二。

改唐詩譏黎元洪[1]

（一九一五年十一月）

袁四猶疑畏簡書，芝泉長爲護儲胥。徒令上將揮神腿，終見降王走火車。饒夏有才原不忝，蔣張無命欲何如。至今偷過劉家廟，汽笛一聲恨有餘。

蓬萊宫闕對西山，車站車頭京漢間。西望瑶池見太后，南來晦氣滿民關。雲移鷺尾開軍帽，日繞猴頭識聖顔。一卧瀛臺經歲暮，幾回請客勸西餐。

① 據《洪憲紀事詩本事簿注》卷二。

評袁世凱改元洪憲[①]

（一九一五年十一月）

力不足者，必營於禨祥小數，所任用者皆蒙蔽爲姦，神怪之説始興。以明太祖建號洪武，滿清獨太平軍爲勁敵，其主洪氏也。武昌倡義者黎元洪，欲用其名以厭塞之，是以建元洪憲。

① 據《洪憲紀事詩本事簿注》卷二。

代龔未生擬生平大略[①]

（一九一五年）

余自庚子聯軍之變，即懷光復。年十七，東赴日本，而同志尚寡。癸卯春，以爭俄約事，游學諸生相聯爲軍國民教育會，則黄克强、楊篤生、鈕惕生、陶焕卿、湯爾和皆在焉，余亦加入會中；而内地有外舅章太炎先生及蔡鶴卿、吴稚暉諸君，以復漢之幟相與倡和。是時大義萌芽，人皆選練。及《蘇報》案作，上海同志，散亡略盡，惟鶴卿以清静不競，得留故國。焕卿潛與同志有約，爲光復會。乙巳之春，徐伯蓀約余與焕卿謀實行事，伯蓀謂在野無以措手，必稍得政權始可，由是集資捐納，各得一官。其後伯蓀果有誅恩銘事，而余終守直道，不欲詭致權藉以傾覆人，故與焕卿終身在野。數歲之間，提皮包，躡草履，行浙東諸縣，一日或八九十里，交其豪俊，數瀕危難，亦有天幸，得免於禍。時同縣敖夢嘉亦善結客，相與維持，故光復會勢日盛。乙巳冬，光復會並入同盟，余及焕卿始爲同盟會會員，然光復會團體故在也。丙午夏，黨禍少弛，乃與焕卿同往蕪湖

---

① 據湯志鈞《章太炎政論選集》。

中學堂，任教授事。數月，江西萍鄉事將起，大江流域，謡諑弘多，諸稱革命黨者皆受嫌疑，而學校亦多内哄，於是去之。丁未春，楊作霖謀誅端方，被逮，禍益急，乃與焕卿同赴東京。東京同盟會二千餘人，多務實學，然浮浪者稍羼入其間，南洋群島諸僑人亦爭來附。同人謀爲荷蘭屬地僑人建置小學，以漸開化，僑人大悦，於是李柱中、陳陶怡、沈復生及舍弟藕生先後往焉。頃之，同盟會稍懈散，焕卿入南洋，南洋僑人爭推之，焕卿亦歎同志不能如前日精純，乃糾合光復會舊人與僑人有志者，潛推太炎先生主會，而焕卿副之，外事則以屬李柱中。余時多病，見焕卿性亟，時相與左右調護之。戊申秋，《民報》館被封，日本頗伺察中國黨人，清政府所遣偵探，東來者甚衆。懼事泄，乃悉取浙江一部黨籍焚之，故浙人無被禍者。於是優游講誦，稍與世務隔遠，而莊思緘、鈕惕生適來閲操，惕生意氣尚盛，復道前日事，余但歎息而已。

辛亥春，喻培倫、林廣塵等七十人聚擊張鳴岐於廣州，[①]不勝，清吏漸注意南洋，柱中等始謀内渡，而篤生在歐洲聞變，發憤赴水死，余亦益多病矣。其秋，武昌倡義，焕卿自南洋還，赴浙江，浙江已獨立，乃推焕卿爲參議，鬱鬱不得志。余歸，寓西湖，病甚。焕卿屢與王逸輩抵觸，欲自練兵上海，爲忌者所刺。時同盟、光復二會，嫌隙滋甚，而趣勢者多歸同盟會，一日或二三千人，同盟舊人亦爲其所陵轢，余益無意於世事矣。

蓋自庚子立願以來，至辛亥十二年，及今又四年，雖勞苦顛沛，

---

① “鳴”，原誤作“名”。

未嘗以權利攖心，所太息痛恨者，獨以光復、同盟，自相水火，同致覆亡。親見其成，而又及見其敗耳。嘗舉光復會事前之功，則伯蓀與吴樾、熊成基，皆其人也；而上海、浙江之獨立，功亦亞於武昌；及拔南京，亦光復會人贊師爲多，可謂無負於中國者。徒以局量迫隘，漸致時人之忌。余輩雖欲調和，勢不可得，而新著同盟黨籍者，未識前日艱難之事，勢利所在，旦莫反覆，則余實不能與之同心也。余雖不敏，然自倡意改革以來，無役不與，其閒苦心調劑，陰爲籌畫者亦多矣。懼後人不知，以爲光復之業，由數浪人叱咤成之，故自敘平生大略，以備當世考鏡云。

雜評一束[1]

（約一九一五年）

衛懿公好鶴，鶴有乘軒者。北狄乘之，國人欲使鶴戰。

徐光啟明習算術，兼知農事，而苦無普通知識。爲首輔時，懷宗問閣臣曰："宰相須用讀書人，其言是否？"光啟曰："容臣等到閣會議。"内侍皆笑。

成都不守，吴人告哀於宫門，孫休不省。

石崇領廣州，劫掠賈客，因以致富；劉鋹王嶺南，使大臣皆自去勢。

王荆公不怡司馬諫議，使領史館。

南京陸軍部，三月支銷至八百九十餘萬，計其數可養兵四十五鎮，合金陵城内之居民，尚不及此數也。意者陸軍部果有摶土爲人之技乎？

軍用鈔票一帋耳，而可以當金錢；兵卒題名亦一帋耳，而可以當血肉之軀也。以帋錢養帋兵，陸軍部可告無罪於天下？

① 據《太炎最近文録》。

秋夜一章寄曼殊爪哇[①]

（一九一六年一月十五日）

中原亂無象，被髮入蠻夷。忍詬既三歲，裘葛從之移。秋風起初夕，大火忽流西。登樓望舊鄉，天柱亦已頹。蠖屈徒爲爾，垂翼思于飛。誰言樂浪樂，四海無雞棲。安得窮石君，彈日淪溟池。草木焦以黄，桂樹猶萋萋。將非天帝罪，金版資東緹。夏氏竟何罪，種類將無遺。昔人瞻周道，中心猶憯悽。何況阻海波，咫尺不可躋。邦家既幅裂，文采復安施？先民固有作，終恐遭燔煨。瘋憂亦奚濟，魚爛會有幾。及爾同沈淵，又恐罹蛟螭。願言息塵勞，無生以爲師。

① 據《民權素》第十四集，一九一六年一月十五日出版。

南海道士行[1]

爲蘇元瑛作

（一九一六年二月十五日）

南海有道士，本自東鯷人。十三學胡語，十四爲沙門；十五浮瀛海，居與梁父鄰，十六精化通，夢寐窮妍嫇，春風三月來，牛羊上郊垌。感此令人思，誰能求道真？行行返鄉里，越女醜且貧。且復過九嶷，上謁帝子靈；帝子去已久，浮波下洞庭。三日到建業，秦淮多麗人。黄金忽已盡，麗人不可親。此都雖云樂，不如向海濱。海濱有名娼，顏色無等倫。彈箏復吹簫，妙作東夷聲。罷歌時一笑，精魂爲之傾。願爲雙飛鳥，比翼游青冥。昔有摩登伽，秘咒何其神。幽都寧足畏，誰見鬼伯瞋？解我僧伽梨，著我羅襦裙。萬歲復千秋，此樂難具陳。

---

① 原載《民權素》第十五集，一九一六年二月十五日出版，此據《制言》第四十四期。

對於時局之意見[①]

（一九一六年四月二十三日）

帝制取消已匝月，而行事與帝制未起以前相等，非獨國人不可欺也，雖外人之覘國者亦目擊而得之矣。且人情所患，莫甚於寇邪報復。辛亥之役，貪人酷吏，一切未加誅夷，及統一，而卒受其蹂躪。今南軍所稱爲首惡者，在位泰半如故也。縱令兵挫餉屈，强欲相從，而不得不戒於前事，然則丈夫固決死耳。雖丁壯瘠痍，老弱餉饋，蹀血千里，盡城郭爲虚，猶愈他日斃於佞人文墨之中也。

① 原件藏北京圖書館，此據姜義華《章炳麟評傳》。

新聞一則[①]

（約一九一六年六月十日）

章太炎自民國三年以來，爲前政府所疾，常令巡警守門，監視出入。其間或有撤警之時，但以形式相欺而已。此次黎大總統接任，已宣口令於内務總長王揖唐氏，令轉諭警廳撤警。而王揖唐别有懷抱，不欲藉此名義撤銷警察，乃挽參政錢恂作書與警廳吴炳湘氏，懇求撤警。傳聞彼中口説，前此袁大總統曾有紙片交内務部，有監視保護等語，由内務部下行警廳。據此公文形式，故不能直接取销。然前此袁大總統紙片，本無命令形式，與今之口宣命令正同。彼輩不肯取銷，而挽他人作信，試問旁人書札，果足以取銷前大總統之令乎？此其别有懷抱可知。恐太炎自此愈危矣！

---

① 據《文獻》一九八六年第二期。

書贈陳榦[1]

（一九一六年六月十五日前）

柔亦不茹，剛亦不吐；不侮鰥寡，不畏强御。

作此書時，余方囚於京邸，取松煙和水書之。陳公明侯，□□行裝，逾四年，□囑余爲其緣記。民國八年秋，章炳麟。

① 據《文史資料選輯》第二十四輯，北京出版社一九八五年版。

鼎山湖題名記[①]

（一九一六年八月二十九日）

鼎湖山去肇慶四十里，其得名不可知。或云有黄帝二子之遺迹焉。蓋與鑄鼎荆山事相依也。民國五年，袁氏僭逆於宛平，而義師起於西南，置軍務院於肇慶。未逾三月，元凶感毒，殪于新華僞宫。余至肇慶，而故友李印泉、章行嚴等，皆參佐都司令部軍事，謁余同遊，偕行者殆三十八。山崖險峻，諸子年少步行，余篤老，筍將而來也。登山至慶雲寺下，視城郭盧舍若積蘇然，以爲雖攀龍登天，不過也。既幸元惡之亡，而所遊適與其事相應，于是快而志之。餘杭章炳麟。同遊諸子，長沙章士釗、上海鈕永建、丹徒冷遹萍、鄉文羣、茂名楊永泰、清西曾彦、貴縣龔政、嘉定周承春、松江陳洪疇、平遠蕭公望、吴興嚴庸、南康盧鑄、騰衝李根源。民國五年八月二十九日。

① 據《國學叢刊》第一卷第一期，一九二七年一月出版。

重刊《甲寅》雜誌題辭[①]

（一九一六年九月）

《甲寅雜誌》之迹，起長沙章士釗行嚴。行嚴少居江南陸師學堂，始弱冠已有濟世意，以《蘇報》訟言光復，與滄張繼、巴鄒容及余歃血而盟。行嚴與余本同祖，而因弟畜之矣。其後馬福益起湘東，善化黄克强與行嚴爲主謀。事敗，竄日本，中國同盟會起，余主《民報》，欲行嚴有所發舒。行嚴以修業明法爲辭，余甚恨之。及武昌兵起，而行嚴自倫敦歸。其妻黨與袁氏有連，夫婦相誓不受暴人羈縻，余以爲難能也。民國二年，故人宋遯初以議改選死，余亦自長春解官歸，是時行嚴再起，慨然有廢昏立明之志，與余先後上武昌，議不就而有二次革命。既敗，行嚴復東竄日本，知袁氏不可與爭鋒，始刊《甲寅》雜誌，言不急切，欲徐徐牖启民志，以俟期會。逾一歲，乃有雲南倡義之事，行嚴則走肇慶，爲兩廣都司令秘書長，多與廢興大計。袁氏早夭，功未就，以民氣之巽愞，國難之未已，退復續嗣前迹，重刊《甲寅》雜誌，以示國人，于是知其志之果也。余聞言

① 據《甲寅周刊》第一卷第二號，一九二五年七月二十五日出版。

之中者，在適其時。方行嚴初爲《甲寅》雜誌，主聯邦議甚力，是時元凶專宰，吏民人人在其軶中，不有征誅，雖主聯邦何益焉？時物動移，爻象相變，至于今而聯邦爲不可已，又非如嚮者之難行也，余願行嚴無忘昔之言矣。民國五年九月。章炳麟。

贈李根源聯[①]

（一九一六年十月）

南方以守爲固；

晉王之後有君。

① 據李根源《雪生年録》。

與徐洋溢談副總統選舉問題[①]

（一九一六年十月十五日前後）

現在先定憲法，後選副總統，故選舉副總統之時期，大約當在新歷年終。以國内人民之心理觀之，副總統之選舉，凡有三派，各有其欲選者：民黨派則屬意於岑春煊，帝制派則屬意於徐世昌，非民黨亦非帝制派則屬意於馮國璋。

① 原載新加坡《國民日報》一九一六年十月二十一日，此據湯志鈞編《章太炎年譜長編》增訂本。

《騰越杜亂紀實》跋[①]

（一九一六年秋）

民國五年秋，余在肇慶。騰越李印泉出其鄉曹氏所述《杜亂紀實》示余。其叙事偏於一方，有雲南回亂本末畧具。余聞明世沐英破雲南、殪梁王、滅段氏，其時緬甸直隸雲南，異于屬國。清世疆域迫削，而騰越遂爲邊境。地介夷漢，民氣果勁，回亂自茲起。而辛亥倡義之師，亦自印泉與張文光出焉。然則始之禍亂，曷嘗不爲後嗣福邪？中國維首，西北在隴右，其南在滇、蜀間。國之奥區，胡可以忽諸！

① 據《國學叢刊》第一卷第一期，一九二七年一月出版。

與李鐵夫等人的談話[①]

（一九一六年十一月七日）

余（李君自稱，下同）請教先生曰："元凶已殞，共和復興，吾國前途之景狀，以先生高見測之，將如何耶？"先生曰："斯次革命之結果，與辛亥同出一轍，定非佳兆，望各黨消除意見，組合一强而有力之民黨，庶足以敵彼帝制黨耳。"李曰："廣東方面，得陸督鎮守，秩序諒不難漸次恢復。"先生曰："然。廣東方面，目前所可靠者，只陸督一人耳。若陸督能久於其任，是則廣東之福也。"李又曰："省長民選制度，究宜行於今日之中國乎？"先生曰："省長民選，本極良之制度，若人民程度高之國，用之則利莫大焉；若人民程度不足，往往供黨援以蹂躪選舉，則反爲不美。要視其民之程度如何，則效果如何耳。"廿六晚，予又與梁君詣先生所，先生謂梁君曰："余此行以聯絡黨派爲最大宗旨，擬將舊之國民、進步、共和各黨，組合爲一大團體，名曰中華民黨聯合會。會中設三大本部：一設於北京，一設於上海，一設於星洲。設支、分部於各處，而三大本部之中，復設一總

① 原載新加坡《國民日報》一九一六年十一月九日，題《章太炎在爪哇言論》，此據湯志鈞編《章太炎年譜長編》增訂本。

機關以統轄之。所以要設三本部者，因恐將來有第二袁氏出而解散其本部，則支、分部同歸於盡。癸丑之役，可爲前車。若有三本部，則北京之本部，縱令爲野心家所解散，而上海、星洲之本部，固無恙也。上海之本部，萬一不幸又被解散，則星洲之本部，係中國勢力所不及之地，仍無恙也。本部無恙，則支、分部不致同時瓦解。”

輓黄興聯[①]

（一九一六年十二月二十日）

無公則無民國；

有史則有斯人。

① 據杜常善《中國近現代名家名聯》，河南人民出版社一九九九年版。

“無卯”字説[①]

（一九一六年）

行嚴十七而喪母，母，劉氏也。其後行嚴奔走國事，欲隱名，本名釗，故改稱“無卯”，亦以念母云。

① 據孤桐《字説》，《甲寅周刊》第一卷第一號，一九二五年七月十八日出版。

《會議通則》序[①]

（一九一七年二月）

人有恒言曰：“生而言，起而行。”上古淳質之世，習勞於形軀，言議其末已；其次有造膝抵掌，以定安危之計者，言簡而時促猶易也。庶務益繁，辯智鋒起，發言者非一夫，而決策不在俄頃。言有緒則事不亂，言之不從而事亦泯棼矣，中國今日是也。自前世專斷之主，惡臣下爲朋黨，剥其會聚，嚴其戒令，由是私室談宴，無過辭賦文史之間；次乃圍棋六博，以避上之詗察，猝有大事，則長官主之，僚屬雖集議，默如也。是故名家有私書，而會議無成則。

民國既立，初建國會，尨奇無統，至於攘臂，以爲吏民鄙笑，横恣者騵騵欲解散國會，返於獨裁，故臨時大總統孫公有憂之，以爲今之紛呶，非言之罪，未習於言之罪也。夫倡樂優戲，猶有部曲以制其越，非是則不能成節奏，況國論乎？今中國議會初萌，發言盈庭，未有矩則，其紛擾固宜，因是稱國會不宜於中國則悖矣。於是採摭成説，斷以新意，爲《會議通則》，以訓國人，草稿既就，而屬炳

① 《太炎學説》卷下，辛酉春夜觀鑒廬印本。此據《章太炎年譜長編》增訂本。

麟序之。公之旨要，已具于自序矣，炳麟何言哉？獨以世人之議公者，皆云好持高論，而不剴切近事。今公之爲是書，蓋儀注之流耳。不煩採究，而期於操習，其道至常，乃爲造次酬對所不能離，御於家邦，則議官循軌，而政事得以不擾，斯豈所謂不切近事者哉？古者《曲禮》禁儳言勦説雷同，自爲兒時已習之也。禮法既失，儒家者流，議論多而成功少，用爲詬病，而武夫暴主得專宰之。公之爲此，所謂有憂患而作者歟？有言責者，欲以鄙夫任天下之重，必自習公之言始矣。

雲南首義擁護共和始末記序[①]

（一九一七年二月）

雲南諸將既爲《唐督軍事略》，又推次戰功，爲《始末記》七章，存大事也。自武昌倡義，蕩覆逆胡，功冠諸夏，而其事黯曶無傳書。先是，同盟會之迹亦仿是也。元凶僭位，惡革命爲佗人功，務摧滅之，其事益没難理。今雲南獨有傳述，斯豈非君子之所樂聞哉？凡事多成于難知，而敗于可覩。往者，江濵諸部南暨閩廣，非不挺進與袁氏爭明也，地裸露而謀易泄，是以得爲備豫。雲南之域，山有點蒼、聳雪之峻，川有金沙、闌倉之限，封守險阻，地方廣運，而去宛平絶遠，藏兵九地之下，則巨姦無所覘伺，故能慎固經晝，蹶起有功，比績武昌，號曰中興焉。威稜既著，而人知所忌憚，其備雲南，又不緩于江濵閩廣也。當雲南初倡義時，宣言退黜袁氏，及誅帝制首惡十九人，袁氏已踣，而逆謀者不懲，軨材瑣生，拘牽小文，以撓大法。軍務院既罷，政府僞逮首惡八人，先縱之去，其餘或任吏事如故，竟不能如雲南言。功雖顯赫，終未就成也。而諸首惡惡其害

① 據庾恩暘《雲南首義擁護共和始末記》，一九一七年二月出版。

己，日夜從臾當事，爲不可知之謀，由是觀之，廢興之際，易險之幾，固難言之矣。處危道者非可以孫言解忌以供奉交歡也，又非能以辟穀種菁之術自晦也。獨有明是非宆逆順爲無瑕，以視天下信順立而後其德不孤，是故史傳紀載與兵符同功。章炳麟曰：吾觀舊史多矣，蓋唐世有張柬之者，嘗爲姚州司馬，則雲南吏也，輔唐中興而不決於武氏餘孽，終以自害，乃者紬其列傳，猶使人怦怦心悸。余願後之讀是記者，毋以《張柬之傳》連類而觀之也。

民國六年二月章炳麟序。

在亞洲古學會第一次大會上的演説[1]

（一九一七年三月四日）

亞洲版圖雖大，弊在交通阻隔，各國情感不通，以致徒擁虚名，勢難統一，且幾將爲歐洲附屬品，亦所難怪。現在欲求亞洲蔪焉獨立於東土，非先謀統一之法不可。欲謀統一，非先聯絡同洲各國之感情不可。欲聯絡感情而語言殊、風俗異勢，非從淵源一脈亞洲古來之文學上共同研究、互相聯絡，以漸謀統一不可。

歐洲人每以亞洲人宗教不同相挑撥，惟學問聯絡，則東亞各國精神一貫，外界之挑撥無從，後並籌一語言統一之法。謂必使亞洲各國成立一種公共語言，公語則用於交通，私語則用諸本國。如是則我亞洲人士每人只學二國語言，即可交通無阻。此舉若能辦到，則匪獨互研學術事半功倍，即商界交通亦易易從事，東亞不難統一獨立。

---

① 據《民國日報》一九一七年三月五日。

亞洲古學會宣言小啟[①]

（一九一七年三月五日）

亞細亞一洲，風俗人情，雖不盡同，溯其淵源，無大歧異，惟以國界所分，致有隔閡。今欲聯同洲之情誼，非溝通各國之學識不爲功。如溯中國自四世紀至八世紀之思潮，必探源於印度哲學；考日本民族之發展，必尋源於支那有唐以來之歷史。其他亞洲各國，互有關係，如此類者，不可勝數。然山河阻隔，情志久疏，屬意遠交，遂忘同氣。邇來西勢東漸，我亞人羣，有菲薄舊日文明，皮傅歐風，以炫時俗者。亞洲古學，益慮淪亡。然以日本一國，而能北制强俄，東西民族，安見其不相及。近者歐戰發生，自相荼毒，慘酷無倫，益証泰西道德問題掃地以盡，而東方高尚之風化，優美之學識，固自有不可滅者。在同人等爰自發起亞洲古學會於上海，以研究亞洲文學，聯絡感情爲宗旨。特於三月四日下午三時，開第一次大會於西門外林蔭路江蘇省教育會内，凡我亞人，顧念同舟共濟之義，惠然肯來，不勝幸甚。

① 據《時報》一九一七年三月五日。

亞洲古學會暫定簡章[1]

（一九一七年四月八日）

一、定名：本會由亞洲各國同志組合而成，名曰亞洲古學會。

二、宗旨：本會以聯合同洲情誼，昌明古代哲學爲宗旨。

三、責任：列如左：（一）本會有將亞洲書籍互相輸送之責任；（二）本會有勸導亞洲人士互相敬愛之責任；（三）亞洲大事，本會有通信於亞洲人之責任；（四）有侮慢損害亞洲各國及亞洲人者，本會有勸告匡正之責任。

四、入會：會員資格如左：（一）籍隸亞洲者；（二）與宗旨無悖者；（三）無不正當之名譽被有指摘者；（四）有會員三人之介紹，經評議會認可者。

五、義務：會員之義務如左：（一）入會時繳入會銀五元；（二）每月繳常費銀一元；（三）會員有謀本會發達之義務；（四）會員有被舉爲職員之義務；（附）亞人之熱心贊助本會及捐助經費，或力任他項義務，本會當認爲名譽贊成員。

---

① 據《時報》一九一七年四月九日。

六、職員：本會職員員數任期及職務列如左：（一）本會暫不設會長；（二）總幹事一，執行會務，於會員選舉之，任期一年，續舉者得連任；（三）幹事八，分任書記、會計、庶務、調查、選舉，任期同前；（四）評議員十二，評議會務，各就本國會員中公推二人或三人爲之，並得互選，主任之任期同前。

七、會期：列如左：（一）大會由總幹事召集全體會員行之，每年一次，會期應由總幹事決定；（二）職員會由總幹事召集全體職員行之，每月一次，會期亦由總幹事決定；（三）幹事會由總幹事召集全體幹事行之，會期決定同前；（四）評議會由評議主任召集全體評議員行之，會期應由評議主任決定；（五）臨時會准本欵第一、二兩項辦理。

八、出會：事由列下：（一）失第四欵二、三兩項之資格者；（二）一年以上不盡第五欵第二項之義務者；（三）經職員議決辭退者；（附）因第四欵第二項之事由而出會者，其事由解除後仍得入會。

九、會所：本會事務，暫設愛多亞路某號，其臨時會所於開會前十日布告。

十、附則：此章經職員會議決後，當即公布實行，如有未盡妥協，應於下次大會提議修改。

爲陳其美舉殯訃告[1]

（一九一七年五月一日）

前滬軍都督陳公，諱其美，字英士，痛於中華民國五年五月十八日在上海遇害。茲定於中華民國六年五月十八日歸葬湖州碧浪湖塋地，先於五月十二日在上海法租界打鐵浜蘇州集義公所厝所開弔，十三日辰刻舉殯前赴湖州。謹此訃聞。賜唁文件請交上海法租界白爾部路新民里十一號。

送殯諸君請至新民里索取紀念徽章。

孤子祖華、祖龥，兄其業，弟其采

主喪友人：孫文、唐紹儀、章炳麟、譚人鳳、孫洪伊、李烈鈞、胡漢民、朱佩珍、張人傑、王震

① 據上海《民國日報》一九一七年五月一日。

輓陳其美聯[①]

（一九一七年五月）

願君化彗尾；

爲我掃幽燕。

① 據《浙江文史資料選輯》第三十六輯，浙江人民出版社一九八七年版。

代擬大元帥就職宣言[①]

（一九一七年九月十日）

昔胡清失道，人心思漢，文與海内志士合謀征討。武昌倡義，黄陂實爲主帥，江南既定，共和初造，則南都武昌爲中樞。嗣以虜運告終，授之袁氏，文雖自甘退讓，而推薦非人，終於反噬。南方塗炭，元勳殺戮，國會解散，恣睢五稔，僭號稱帝，實賴西南豪傑，出師致討，兵未渡江，[②]元凶殂殞。黄陂以副貳之位，依法繼任，然後知神器不可以力競，民意不可以横誣也。徒以除惡未盡，權奸當道，帝孽縱而不治，元勳抑而不用，怏怏之威，上陵元首；詐取之謀，南暨吴、蜀。侵《約法》宣戰媾和之權，辱國會神聖立法之地。既被罷黜，嗾賊興戎，以肇解散國會之禍。小腆乘之，應機復辟，民國根本掃地無餘。猶幸共和大義，浹於人心，舉國同聲，誓殲元惡。張紹曾、丁槐等，實受黄陂密命，倡義討逆，師期漏洩，爲凶人所掩，乘間攘竊，飾功取威，既覆孱胡，亦以是黜黄陂之命。數遣狙擊，逼迫臥

① 據鄒魯《中國國民黨史稿》，商務印書館一九四七年四月，又載長沙《大公報》，一九一七年九月二十三日。

② “江”，長沙《大公報》作“河”。

寢,糾合無賴,刼奪印璽,以自成僞政府。譬如朱榮、高歡輩,[①]互爲首尾,盜取國柄,其罪均也。文於是時,身在海隅,兵符不屬。會海軍總長程璧光奉命南來,共商大計。既遣兵輪赴秦皇島,歡迎黄陂,亦不能致。[②]猶謂人心思順,必有投袂而起者;[③]遷延旬月,寂然無聞。是用崎嶇奔走,躬赴廣州。所賴海軍守正,南紀扶義,知民權之不可泯没,元首之不可棄遺,奸回篡竊之不可無對抗,國際交涉之不可無代表也,於是申請國會,集於斯地,間關開議,以文爲海陸軍大元帥,責以戡定内亂、恢復《約法》、奉迎元首之事。文忝爲首建之人,謬膺澄清之責,敢謂福州之廣,無有豪傑先我而起也哉!徒以身爲與共和死生相係,黄陂爲同建民國之人,[④]於文猶一體也,生命傷而手足折,何痛如之!艱難之際,不敢以謙讓自潔,即於六年九月十日就職。冀二三君子同德協力,共赴大義。文雖衰老,猶當荷戈援檛,[⑤]爲士卒先,與天下共擊破壞共和者![⑥]

---

① "譬如",長沙《大公報》作"亦爾"。

② "歡",長沙《大公報》作"相"。

③ "投袂",長沙《大公報》作"攘臂"。

④ "民",長沙《大公報》無;"之",長沙《大公報》作"義"。

⑤ "荷戈援檛",長沙《大公報》作"搴裳濡足"。

⑥ "破壞共和",長沙《大公報》作"廢總統"。

《捫虱齋曲本》序[①]

（一九一七年秋）

天地一戲場也，人生一戲境也。老幼男女，悲愉欣戚，非戲中之點綴乎？富貴貧賤，窮通壽夭，[②]非戲中之變化乎？文章事業，彪炳當時，照耀史册，非戲中之情文乎？特無人焉，從旁窺透，故天下之人皆迷於戲而鮮覺者，識者尤之。

今有同志王君覺吾，爰就世所見聞者，編爲曲本，借以廣吾黨革命主義之宣傳，且使伶界有所循習，其改良社會、補助教育，是誠有功於人心風俗者也！

君本浙人，與僕同鄉。今僕由滇入蜀，適君在渝主《民蘇報》筆政，出其稿，顔曰《捫虱齋曲本》，將以振發聾聵，覺醒愚蒙，其功不在蘇格拉下，藝云乎哉！

僕於將行，特書弁言，贈君以爲别。

民國六年秋餘杭章炳麟序於重慶《民蘇報》社。

---

① 載《蜀鏡畫報》周刊第八十三期，一九二九年於成都出版。此據《辛亥革命史》叢刊一九八二年第四期。

② “夭”，原作“大”，據文義改。

與渝報記者的談話[1]

（一九一八年一月十一日）

辛亥以來，南北水火，遑論北人不能治南，南人亦不能治北。質言之，即民間現無統一南北之□，若强爲統一，則秉鈞軸者德不足以服人，繼之以權術籠絡，不遂，則出於挑撥，以爲坐收漁利之計。（中略）若劃分南北，各立政府，則統治不乏人整頓，自屬易事。況南北既分，各政黨之黨見自可消融。[2]何以言之？政黨黨見，少數惡劣分子所造成也。此少數惡劣分子之所以敢以惡劣者，因有不良政府爲之助勢也。疆域既分，虎威無假，則惡燄自然消滅。（中略）且以南方而論，能得十二三省合力圖强，世界列强中除俄、美而外，亦未有如是大國。

---

① 據《國民公報》一九一八年一月十八日。

② "政黨"，"黨"字原無，據上下文義補。

賦詩諷湘西五總司令[①]

（一九一八年四月）

聞道林（林德軒）張（張學濟）謝（謝重光），

頻年不解兵。

低頭看應詔，

佛面見胡瑛。

① 據戴亞東《章太炎賦詩諷湘西五總司令》，載蕭乾主編《近現代新筆記叢書》第二輯《民初史事》，臺灣商務印書館一九九五年九月出版。

漫　録[1]

（一九一九年五月二十日）

漢之地圖，蓋甚精審。《漢書·武帝紀》“遣浮沮將軍公孫賀出九原”，臣瓚曰：“浮沮，井名，在匈奴中，去九原二千里，見漢輿地圖。”按輿地圖乃及匈奴之井，則精審可知。去九原二千里，則在漢北之北偏。《書鈔》九十六引晉《諸公贊》云：“司空裴秀以舊天下大圖用縑八十疋，[2]省視既難，事又不審，乃裁減爲方丈圖，以一分爲十里，一寸爲百里，從率數計里，備載名山都邑。”則舊圖甚大，秀始縮小耳。

《漢書·諸侯王表》“作左官之律，設附益之法”。張晏云：“律鄭氏説，封諸侯過限曰附益。或曰阿媚王侯，有重法也。”按此即《晉·刑法志》所謂鄭玄章句也。

河間獻王卓爾大雅，其子平城侯禮，乃坐恐猲取雞以令買償失侯，[3]復謾，完爲城旦。見《漢書·王子侯表》。諸爲恐猲者多矣。今所

---

① 據《國故月刊》第三期，一九一九年五月二十日出版。

② “疋”，原作“正”，據《北堂書鈔》改。

③ “令”，原作“今”，據《漢書·王子侯表》改。

取不過一鷄,令買償而復欺謾,無賴至此,則獻王固無遺教也。生長深宫之中,雖賢父不能善其子。

《九章算術·方程》篇"正無人負之,負無人正之",舊本作"人",戴改作"入",誤。注"無人爲無對也",是人有對偶之義。《禮記·中庸》"仁者,人也",注"人也,讀如相人偶之人",義亦同此。《莊子》"與造物者爲人",言與造物者爲對偶也。

《文子》九篇,本見《七略》。今之《文子》,半襲《淮南》,所引《老子》,亦多怪異,其爲依託甚明。按《文選·奏彈曹景宗》注引《文子》曰:"起師十萬,日費千金。"張湛曰:"日有千金之費。"又《天監三年策秀才文》注引《文子》曰:"羣臣輻湊。"張湛曰:"如衆輻之集於轂也。"則張湛曾注此書,今本疑即張湛僞造,與《列子》同出一手也。《隋·經籍志》有《文子》十二卷,宜即此僞本。其書蓋亦附輯舊文,如僞古文《尚書》之爲者,故"不爲福始,不爲禍先"二語,曹子建《求通親親表》已引之。子建所見,當是《七略》舊本,而張湛摭拾其文,雜以僞語耳。

《宋書·五行志》:"太康九年,荆州獻兩足玃"。《御覽》九百十引陸機與弟雲書云:"監徒武庫建始殿諸房中,見有兩足猴,真怪物也。"此兩足玃、兩足猴,乃同出晉武帝時。《博物志》曰:"蜀中南高山,上有物似獮猴,長七尺,名曰猴玃,一名馬化,或曰猳玃。同行道,婦人有好者,輒盜之以去,而爲家室,其無子者,終身不得還。十年之後形類之,意亦惑迷,不復思歸。有子者輒送還其家,産子皆如人,有不食養者母輒死,故無敢不養也。及長,與人不異,皆以楊爲姓。故今蜀中西界多爲楊姓者,率皆猳玃、馬化之子孫,時時有玃爪者。”按：今謂人爲猴類嬗化，晉時所得兩足玃、兩足猴，則近欲似人者也。非類相交，不成子姓；而猳玃與人相接，生子還若人形，則猳玃與人軀體，殆無大異。《抱朴子》引《玉策記》“蝯壽五百歲，則變而爲玃，千歲則變爲老人”，殆非虚語。蜀西楊姓多馬化子孫，子雲自本其先，云出楊侯，又云無他楊於蜀。楊侯史傳不詳，蜀中又無同姓，豈子雲本爲玃種，抑自别於彼族而言此矣。

《漢書・百官公卿表》大鴻臚屬官，有行人、譯官、别火三令丞。[①]武帝太初元年初置别火，如淳曰：“《漢儀注》别火，獄令官，主治改火之事。”按：别火官既主改火，[②]又爲獄令，蓋遠本周制也。《秋官・司烜氏》“中春以木鐸修火禁於國中”，此即别火之事。而又云“邦若屋誅，則爲明竁焉”。玄謂“屋誅，謂所殺不於市，而以適甸師者也。明竁，若今楬頭明書其罪法也。司烜掌明竁，則罪人夜葬與？是亦兼主獄事”。

《三國志・武文世王公傳》注引《魏書》，曰“辨察仁愛，與性俱生，容貌姿美，有殊於衆”，臣松之以“容貌姿一類之言，而分以爲三，亦叙屬之一病也”。按：三字屬辭，古所恒有。如承祚諸評，亦多類是。如云王淩“風節格尚”，法正“著見成敗，有奇畫策算”，“風節格”一類之言，“畫策算”一類之言也。上推古始，三字相屬，其文至廣，《歸藏》“有鳧鴛鴦”，“有雁鷫鷞”，《易》“咸其輔頰舌”，《書》“惟箘簵枯”，[③]

① “譯”，原作“鐸”，據《漢書》改。

② “官”，原作“宫”，據文義改。

③ “箘”，原作“箘”，據《尚書・禹貢》改。

《詩》“有蒲與蘭”①、“載猃猲”,《春秋傳》“無觀臺榭”,《書》“乃攘竊神祇之犧牷牲”,尉佗上書“馬牛羊齒已長”,②此皆名物之詞也。其爲動作之詞者,《書》言“我乃劓殄滅之”,“惟其塗塈茨”,“爾曷不夾介乂我周王”,《詩》言“儀式刑文王之典”,《春秋傳》言“繕完葺牆”,班固緹縈歌詩言憂心摧折裂,《晨風》揚激聲,③楊雄與劉歆書云“誠雄心所絶極至精之所想遘也”,④又云“可且寬假延期”是也。其爲形況之詞者,《書》言“人用側頗辟”,傅咸《蕓香賦序》曰“先君作《蕓香賦》,辭美高麗”《御覽》九百八十二引。是也。古今文章節奏,本有不同,無足怪詫。但施之敘事,則爲繁鄙,故裴云敘屬之病耳。

《藝文志》儒家孔臧十一篇,無《孔叢子》。按:臧父即蔡夷侯孔藂,藂、叢同字,則臧書或題其父也。而今本《孔叢子》後附連叢,其謬如是。世人多以《孔叢》爲王肅僞作,然今本必非王肅之舊。

桓譚《新論》云:“茂陵周智孫胡不爲賦頌酬應之文,爲大司徒掾,⑤見使兼領事,典定文義。”《書鈔》六十八引,則漢時已多爲酬應之文矣。

《文選》注、《藝文類聚》、《太平御覽》皆引《逸莊子》“空閲來風,桐乳致巢”。司馬彪注:“桐子似乳,著其葉而生,其葉作箕,鳥喜巢其中。”近人據《風賦》“枳句來巢,空穴來風”,以“桐乳”爲“枳句”之

---

① “與”,原作“萄”,據《詩經・澤陂》改。
② “書”,原作“舌”,據文義改。
③ “揚激”,原作“激揚”,據《史記集解》改。
④ “絶”,原作“悒”,據《方言》改。
⑤ “掾”,原作“據”,據《北堂書鈔》改。

誤，則彪注非也。然“桐”與“枳”形近，可定爲字誤；“乳”與“句”形不近，非誤字也。《説文》：“瞉，乳也。”《春秋傳》“楚人謂乳，瞉”，蓋楚人讀“乳”如“瞉”音。莊子宋人，宋、楚相近，讀“乳”如“瞉”，故借“乳”爲句。本文當作“枳乳致巢”。

《洪憲紀事詩》序[①]

（一九一九年夏）

僭僞之主，不能無匡國功，而親蒞行陳，其要也。袁氏仕清，權藉已過矣，不遭削黜，固不敢有異志，趣之者，滿洲宗室也。于臣子爲非分，于華夏爲有大功，志得意滿，矜而自帝，卒以覆滅者，何哉？能合其衆而不能自將也。夫力不足者，必營於機祥小數，袁氏晚節，匿深宫、設周衛而不敢出，所任用者，皆蒙蔽爲姦，神怪之説始興。以明太祖建號洪武，滿清獨太平軍爲勁敵，其主洪氏也，武昌倡義者黎元洪，欲用其名以厭塞之，是以建元曰"洪憲"云。袁氏既覆，其佞臣猛將尚在，卒亂天下。今日無有言袁氏之功者矣，然其敗亡之故，與其迫切而爲是者，猶未明於遠近。國史虚置，爲權貴所扼，其詳不可得而書也。武昌劉成禺禺生者，當袁氏亂政時，處京師久，習聞其事，以爲衰亂之迹，率自裨官雜録志之，然見之行事，不如詩歌之動人也，於是爲《洪憲紀事詩》幾三百篇，細大皆録之。詩成示余，其詞瓌瑋可觀，余所知者略備矣。後之百年，庶幾作史者有所摭拾，雖袁氏亦將幸其傳也。

民國八年孟夏，章炳麟序。

---

① 據劉成禺《洪憲紀事詩本事簿注》卷首。

支那内學院緣起[①]

（一九一九年十月）

自清之季，佛法不在緇衣，而流入居士長者閒。以居士説佛法，得人則視苾芻爲盛，不得則無繩格，亦易入於奇衺。[②]是故遵道而行，昔之富鄭公、張安道是矣；襍引他宗，𨓦入左道，今時裨販言佛者是矣。

余素以先秦經法教，步驟不出孫卿、賈生，中遭憂患，而好治心之言。始窺大乘，終以慈氏、無著爲主，每有所説，聽者或洒然。晚更括囊無所宣發，蓋不欲助僞者之焰。

友人歐陽竟無嘗受業石埭楊居士，獨精《瑜伽師地》，所學與余同。嘗言："唯識、法相，唐以來並爲一宗，其實通局、大小殊焉。"余初驚怪其言，審思釋然，謂其識足以獨步千祀也。

竟無以佛法垂絶，而己所見深博出恒人上，不欲褭窋韞𤪴效師拳者所爲，因發願設支那内學院，以啟信解之士。由其道推之，必將異於苾芻顓固之倫，又不得與天磨奇説混殽可知也。世之變也，

① 據《中國哲學》第六輯，三聯書店一九八一年五月。

② "衺"，疑當作"衺"。

道術或時盛衰,而皆轉趣翔實,諸遊談不根者爲人所厭聽久矣。自清世士大夫好言樸學,或失則瑣,然詭誕私造者漸絶,轉益確質,醫方、工巧二明於是大著。佛法者可以質言,亦可以滑易談也。然非質言,無以應今之機,此則唯識、法相爲易入。觀世質文,固非苾芻所能知,亦非浮華之士所能與也。以竟無之辯才,而行之以其堅苦之志,其庶幾足以濟變哉!

若夫挹取玄智,轉及萌俗,具體則爲文、孔、老、莊,偏得則爲横浦、象山、慈湖、陽明之儕,其以修己治人,所補益博,此固居士之所有事,而余頗嘗涉其樊杝者也。

民國八年十月,章炳麟記。

《曼殊遺畫》弁言[①]

（一九一九年十二月）

亡友蘇元瑛子穀，蓋老氏所謂嬰兒者也。父廣州產，商於日本，娶日本女而得子穀。廣中重宗法，族人以子穀異類，羣擯斥之。父分貲與其母，令子穀出就外傅，習英吉利語。數歲，父死，母歸日本。子穀貧困爲沙門，號曰曼殊。不能作佛事，復還俗，稍與士大夫遊，猶時時著沙門衣。子穀善藝事，尤工繢畫，而不解人事，至不辨稻麥期候。啗飯輒四五盂，亦不知爲稻也。數以貧困，從人乞貸，得銀數版即治食，食已銀亦盡。嘗在日本，一日飲冰五六斤，比晚不能動，人以爲死，視之猶有氣。明日復飲冰如故。子穀少時，父爲聘女，及壯貧甚，衣裳物色在僧俗間，所聘女亦與絶。欲更娶，人無與者。乃入倡家哭之，倡家駭走，始去。美利加有肥女，重四百斤，脛大如汲水甕。子穀視之，問："求耦耶？安得肥重與君等者？"女曰："吾故欲瘦人。"子穀曰："吾體瘦，爲君耦何如？"其行事多如此。然性愷直，見人詐僞敗行者，常瞋目詈之，人以其狂戇，亦不恨。子穀既死，遺畫十數幅，友人李根源印泉、蔡守哲夫爲印傳之。己未十二月，章炳麟書。

---

① 據《蘇曼殊全集》。

擬閔子騫、少正卯贈荅詩[1]

（一九一九年前後）

孔子誅少正卯事，見《荀子·宥坐篇》。劉原父、朱元晦紛然辯駁，至今以爲疑事。案：荀子稱子産誅鄧析，其實駟歂殺之。卯之被戮，或三桓所爲。傳説者歸之孔子，抑未可知。其或卯本辯給，能致徒黨，既招時忌，而孔子不救，亦事所容有。至謂孔子何以舍季氏而問少正？此則權位所限，恐非所以致難。事既茫昧，兩皆難定，要其人必有琦節激行，殊絶庸衆者，若壹意孤憤，或如嵇康之賢，苟詭道亂俗，便與晚世梁汝元、李贄不異。其骨既朽，其事難知。世傳仲尼之門三盈三虚，唯顔淵不去。原父云："若如此，則閔子騫亦從卯矣。"故戲爲兩家贈荅云爾。

少公奇氣本淩煙，策騎曾超魯妄前。故府藏弓愁利盜，冢卿臚岱笑求僊。青雲在望人爭附，白刃當頭志尚堅。終是上仁無棄物，一經詒汝子孫賢。《風俗通》："少正卯，魯之聞人，其後遂以聞人爲氏。"漢有聞人通漢，治《后氏禮》。《儒林傳》："聞人通漢以太子舍人論石渠。"

---

① 據《制言》第三十五期。

右閔子騫贈詩

海上浮桴道已窮,驚聞陽虎又乘蔥。蕹輪那向狐狸問,混世應將黑白同。豈有下僚能指鹿,不妨獻賦是雕蟲。楊梅孔雀誰家物?破卵他年且念融。

右少正卯答詩

宋教仁《我之歷史》序[①]

（一九二〇年五月）

吾友桃源宋漁父，當世卓犖之士也。始，同盟會興，從事者貿貿然未有所適，或據嶺海偏隅以相震耀，卒無所就其謀。自長江中流起者，則漁父與譚石屏策爲多。武昌倡義，卒僕清廷，而漁父亦有宰相之望，惜其才高而度量不能盡副，以遇横禍。今漁父歿已七年矣，遺事未著，其鄉人爲刻自述一篇，署曰《我之歷史》，蓋漁父存時所題也。由是平生經晝之跡，粲然著明。余聞其事而爲之快。時適以膽熱致病，思慮湮鬱，不能爲言辭。會石屏亦以温死，悲悼氣結，自謂將就木矣。病二三月，少間，思漁父事，又若耿耿不能忘者。乃略抒胸腔，爲題其端。漁父之才，世人所知也；其功，世人不盡知也。民國九年五月，章炳麟。

① 據《章太炎政論選集》。

與民黨代表談話責備舊國會[①]

（一九二〇年九月八日）

合法之和則和，永久和則和，人民心望之和則和，若偷偷摸摸秘使往還則不可。渝唐繼堯等以個人假大衆名義打通電，尤不可。爾等既然反對廣州軍政府，自應將本人所做之事做得比廣東切實，纔能合於民意。王正廷十六日尚在天津，景廉等未至冀。爾等之諫日通電發自雲南，何從而來？不免與袁世凱假造民意，厥罪爲均耶？予致劉顯世一通電，請爾看看罷。

① 據長沙《大公報》一九二〇年九月八日，題《章太炎責備舊國會》。

研究中國文學的途徑[①]

（一九二〇年十月二十五日）

湖南在宋以理學著稱，至清而有魏默深、鄒叔績之徒，講求經世之學，且漢學亦盛。以此見湖南學術，不涉一偏，極是好處。今世動詆舊學無用，實則不善讀書之過，非舊學果無用也。今欲治學，宜先求治學門徑，如經學宜分今古文，《周禮》、《春秋左氏》諸書，俱可作歷史讀。史學如吕東萊輩之論史，最爲無用。正史既患其多，莫如讀《資治通鑑》，參以《通志》、《通典》，以求實用。其次小學。治小學者，不當但求形體，宜并治形體、聲音、訓詁三者，然後能得其全。如天，顛也，顛爲人頂，以之名天，即義寄於音之証。蓋未有文字，先有音聲，形體屢變，獨音不變。故治小學者，當以求音爲要事。次言諸子學。理學亦屬諸子，朱文公之學，以之爲紳士，爲地方官，最爲適用。王陽明之學，則適於用兵，亦以性各有近、志各有專，故其學術緣之以成也。

---

① 據長沙《大公報》一九二〇年十月二十六日。

與羅素的談話[①]

（一九二〇年十月二十七日）

章先生主張各省分權，即外交權亦應歸之各省，不應由中央獨攬。如山東問題，儘可由山東人自己向外人交涉，較之中央代謀，當勝一籌。

羅素先生謂先生之言甚有興味，鄙人領教甚多，但初到中國，情形未諳，尚不能置答。

章先生又謂北京空氣甚壞，此次晉京，幸勿爲其所惑。

羅素先生答謂幸希望北京教師不同，北京各界空氣一樣。

① 據長沙《大公報》一九二〇年十月二十八日。

談聯邦自治[①]

（一九二〇年十一月一日）

凡有一個制度，必有利弊，不過採擇那利多弊少的罷了。聯邦的自治制，今日中國的國民，都希望實現。因爲從前的中國，都是中央集權，各省的財産生命權，都操在中央手中，試看民國成立以來，甚麽總統制、内閣制，無不利用外交，把各省底財産賣個乾净，要免除中央的專制，非行聯邦制不可。湖南、湖北從前本是一省，安徽、江蘇、浙江也是一省，現在既由合而分，當然各個省分先制定憲法，自治了再行聯邦。將來中國或分或合，不能預料，但不能説"聯邦"(自治)也有弊，就不行聯邦自治了。憲法當以多數心理爲標準，不能做到盡人説完全無弊。湖南憲法，縣知事當然民選，人民能得自治的益處，但是聯邦制，軍政長官，也須不受中央牽制，這軍政長官何從選出，卻也是個大問題。鄙意軍民兩長，必須分駐，然辛亥黎黄陂做湖北都督，他將民政讓出，意欲分治，而實際上竟做不到不干涉。現在既行自治，那一班武人，實在無法裁制他。鄙

① 據王無爲《湖南自治運動史》，上海泰東書局一九二〇年十二月，爲在長沙報界聯合會之演講。

意一面削小武人兵權,一面還須武人自身有覺悟,這自治才有真精神。省議會會員只有百餘人,交他制憲,人民當然不滿意。然而人民要人人直接制憲,事實上也做不到。總要揀做得到,總要揀個折衷辦法才好。譬如湖南有七十五縣,縣議員約有三千五百人,比較的有真正民意些。再次合商會、教育會、農會、工會及原有的各法團,亦無不可。現在湖南制憲,總要揀簡單速成爲是。還是中央集權。現在我們要研究真正民治,各省的省權,不受中央支配才好。中外的性格習慣,各有不同。

聯省自治虚置政府議[1]

（一九二〇年十一月四日）

民國成立以來，九年三亂，近且有借名護法陰圖割據者。自湖南建義，破走北軍，光復舊壤；而四川亦擊走滇、黔，自固疆圉；廣東之于桂軍，駸有滅此朝食之勢；下及湖北、江、浙，靡不以地方自治爲聲。是知敬恭桑梓，無滋他族，爲人心所固然，亦事勢所必至。欲濟横流，在此道也。自今以後，各省人民宜自制省憲法，文武大吏，以及地方軍隊，并以本省人充之；自縣知事以至省長，悉由人民直選；督軍則由營長以上各級軍官會推。令省長處省城，而督軍居要塞，分地而處，則軍民兩政自不相牽。其有跨越兼圻稱巡閲使或聯軍總司令者，斯皆割據之端，亟宜剗去。此各省内治之大略也。

然近世所以致亂者，皆由中央政府權藉過高，致總統、總理二職，爲夸者所必争，而得此者，又率歸于軍閥。攘奪一生，内變旋作，禍始京邑，魚爛及于四方。非不豫置國會以相監察，以卵觸石，徒自碎耳。今宜虚置中央政府，但令有頒給勳章、授予軍官之權，

① 據長沙《大公報》一九二〇年十一月四日。

其餘一切,毋得自擅。軍政則分於各省督軍,中央不得有一兵一騎。外交條約則由各該省督軍、省長副署,然後有效。幣制銀行,則由各省委託中央。而監督造幣、成色審核、銀行發券之權,猶在各省。如是,政府雖存,等于虛牝,自無爭位攘權之事。聯省各派參事一人,足資監察,而國會亦可不設,則内亂庶其弭矣。

或云外交大權,中央不能專主,則應敵爲難。不知今日所公患者,不在外人之迫脅,而在中央之販賣路礦,以偷一時之利耳。中央之所販賣者,其實還在各省,而非中央自能有之。以中央去人民遠,密謀販鬻,人民無自審知;比其覺察,則簽約已成,不可追改。此正外患所由生也。今使事涉某省者,皆由該省督軍、省長副署負其責任,督軍、省長去人民近,苟有姦私,事易宣露。身爲是省之人,而與外人朋比以販鬻本省人民之公産,千夫所指,其傾覆可立而期,雖甚貪愚,焉得不絜自斂哉?故外交權歸於各省,則販賣自止,而應敵反易,外患亦可漸息矣。

此種聯省制度爲各國所未有,要之中國所宜,無過于此。若但如德、美聯邦之制,則中央尚有大權,行之中土,禍亂正未有艾也。謹議。

《陶小石遺書》序[①]

（一九二〇年十二月二十二日）

余家居，人以鹽城陶小石書來。其目曰《讀禮志疑》、《左傳別疏》、《讀諸子札記》，學可謂知所趨向者矣。余以奔走人事，殖者益落，姑以所知相稽焉。《禮》非完書，《戴記》又多今文曲說。近世言三《禮》者雖精，余獨信《周官》，其餘不敢質也。《左氏》者，余所素治，最始不敢信杜征南，久雖賈、服亦不任，稍欲尋劉子駿義，程功且十年，後知其糅合《公羊》，亦不能以爲是。大義獨取凡例，訓故獨取孫卿、賈太傅、太史公耳。少時比合訓解，近千事，以瑣碎悉棄之。儀徵劉申叔家守是學，余與言之，見聽。兹二事者，恨未與小石道之也。治諸子者，近世獨高郵王氏爲審，余亦數紬繹之。觀小石説《莊子》"不蓍士"，引《説文》"士，事也"，"以每成功"，引賈賦"品庶每生"，説《墨子》"樂器弊騏"，引《楚辭》"菎蔽象棊"，皆與余同，比于閉門而造車者。《墨經》"纑閒虛也"，説曰"兩木之間，謂其無木者也"，高郵以纑爲櫨，余始信之。而小石以爲膚字，亦有義，究

① 據《制言》第二十六期。

觀皆不合。《説文》:“纑,布縷也。”木當作朩,今隸或無别。《説文》:“朩,分枲莖皮也。”分枲既成爲布縷,集縷成布,兩縷相比而中空,其義當如是。余學既荒,而小石又前歿,遂無可與定者,書其端云爾。民國九年日北至,章炳麟書。

易校《三國志》序[①]

（一九二〇年冬）

近代所見四史，以南雍本爲善，然猶不無差迕。《三國志》文義易明，校者不如《史》、《漢》之力，何屺瞻號爲精審，然於地望、年歷，不能實事求是，亦草創則然也。吾友長沙易鹿山，得明景北宋本《國志》，視南雍尤善，因以宋咸平本及近代諸刻，參伍校訂，程功十年，左右采獲，凡得四千餘事，上視前修，斯爲勤矣。乃若辨凌統之年，存伯珪之義，補高堂之闕，於《孫休傳》識"察戰"爲"察獸"，於《張昭傳》改"平州"爲"半洲"，於《諸葛亮傳》簡"北山"爲"伯山"，於《田預傳》正"東州"爲"泉州"。若斯之流，或采自他書，徵之地志，揚搉大體，皜然明白，非夫堅守傳刻，較勝負於文字間者比也。余素怪《國志》作於晉時，乃於《陳留王傳》，數稱晉武之名，疑其爲私史故然。《隋志》陳壽有《古國志》五十卷，余疑《三國志》亦《古國志》之類，乃私家所修，非在官之史。鹿山則謂後人妄改。然觀《國志》篇目，如武帝操、文帝丕之類，諸本皆同，斯例亦史家所無。儻承祚别有微意，非吾儕所能窺測耶？鹿山博見彊識，神智絶人，以吾言爲何如也？民國九年孟冬，章炳麟識。

---

① 據《國學叢刊》第一卷第二期，一九二二年十月二十三日出版。

與諸橋轍次的筆談[①]

（約一九二〇年）

章：清代講宋學者，不過會萃成説，其是否，並無心得之妙。然如顔元（習齋）、戴震（東原）之徒，卻有新義。顔主尚武，戴近功利學派。

諸橋：頃日購得一抄書，曰《四書典故備覽》，有“焦循藏書”印，不知是何人之著？檢里堂著目，亦無此書。敢問。

章：此種書恐不過供時文之用，無須深求也。

① 據李慶編注《東瀛遺墨——近代中日文化交流稀見史料輯注》，上海人民出版社一九九九年版。

説求學[①]

（一九二一年五月）

求學之道有二，一是求是，一是應用。前者如現在西洋哲學家康德等是，後者如我國之聖賢孔子、王陽明等是。顧是二者，不可得兼。以言學理，則孔子不及康德之精深；以言應用，則康德不及孔、王之切近。要之，二者各有短長，是在求學者自擇而已。

然以今日中國之時勢言之，則應用之學，先於求是，吾今故略求是而專言應用。應用之學，亦得别爲變常之二者：變者當國家有事之時，常者處國家太平之候。二者均爲必要，而各不得兼，要在視時勢之緩急，與求學者之資質而已。以今日中國而高談社會建設，雖三尺童子亦嗤其妄。事非不善，其如非今日中國之所急何也？中國今日之急務維何？即芟鋤軍閥是也。

蓋今日中國，爲從古未有之變局。欲應茲變，非芟鋤軍閥，則雖有優良之社會制度，終託空想。無如今人每多昧此而務彼，滋可大懼者也！吾見今日吾國人，有舉國最著通病，即仍是科學之餘

① 據《太炎學説》。

毒。吾爲此言,若不詳繹,則聽者必多不解。其在滿清一代,以科舉取人,一題也而作者萬千,爲文既相伯仲,陳義亦相彷佛。主試者憚去取别擇之煩,而惟奇者是尚。於是青年爭趨風氣,競相揣摩,馴致二百餘年間,青年入學,舉業以外無學問,闈墨以外無文章,其終身事業,厥在標奇自炫。至於修齊平治之道,求是之學,有一生未嘗聞見者,多矣!試觀今日之雜誌如《新中國》等,有異於當日之闈墨乎否耶?今日社會之風尚,有異於當日社會之風尚乎否耶?吾未有以辨也。

近吾國最好立異者,厥有二人,前有康有爲,今有蔡元培。一則以政治維新號召,一則以社會主義動人。其實滿清政治,非不應改革;社會主義,亦非不應研究,不過以素無研究,及一知半解者,從而提倡之,未免欲以其昏昏使人昭昭,殊可笑耳!昔人云"畫鬼魅易,畫狗馬難"。蓋以狗馬常見,而鬼魅不常見;常見者難混,不常見者易欺。此二人者,皆畫鬼魅者也!

吾於茲尚欲一言,即求學宜切戒浮華。浮華者,非謂從事美衣玉食也,即務名而不求實之謂。苟青年一蹈此弊,則讀書雖多,充量僅能成一文人。若欲爲學者,則必於求是與應用二者中,有所深造,方能得之。

對芥川龍之介的談話[①]

（一九二一年五月）

今日中國之痛人心者，誠在於政治之墮落，賄賂公行。其財壞之狀，恐猶甚於滿清末造。文藝學術，尤沉滯不進。雖然，吾國之民性，向不傾於極端，但只民性如此。赤化即不可行，縱一部之學生歡迎勞農主義，學生非能代表國民全體，縱一時赤化，日後必棄之。吾國國民性愛中庸者，甚於愛一時之激情也。

復光中華，具體之道，並非案前虛造之學説可決。古人謂識時務者爲俊杰。此一識者，得之於千百事實之歸納，非得之於學理主張之演繹。識時務而後能定計劃，唯有循勢制宜，纔可期於有成。

---

① 據謝櫻寧《章太炎年譜摭遺》。

易白沙傳[①]

（一九二一年夏）

白沙子者，姓易氏，名坤，長沙人也。以居白沙井，又慕白沙陳文恭爲人，故自署白沙子也。易氏故將家，而白沙子與兄培基獨好學，年十二，即誦九經、《資治通鑑》上口。十六，主永綏師範學校。其後，教于安徽。年少貌端重，與學子言，無智愚皆盡情，諸老儒朱孔彰、鄧藝孫、馬其昶、姚永樸、永概皆重焉。顧嘗讀鄭思肖《心史》，更明季遺佚諸書，心好之，發意欲驅建虜出之大幕，故與民黨尤暱。清宣統三年，武昌兵起，安徽巡撫朱家寶走，懷寧無主，白沙子集學生爲青年軍，以遮諸軍剽略。及孫毓筠稱都督，有巡防統領王瞎子者起羣盜，慓悍過儕伍，白晝刼民財無算，又略士人女爲侍妾。白沙子上其事都督，欲因計事梟之坐上。及期，督府衛兵憚瞎子威，無適先發，白沙子遽麾青年軍擊之，斷右臂，瞎子起，左手持小銃前擊不中。衆共毆殺之，懷寧始安。及袁世凱得政，殺宋教仁，海上江南諸部皆起兵討袁氏，白沙子自懷寧反走長沙，起其師。

---

① 據《制言》第五十二期。

事敗，亡走日本，數騰書斥世凱罪。世凱敗，歸。復以文學教，更湖南省立師範、天津、南開、上海、復旦諸校，皆不久即解去。時北方羣帥已横，明年，倪嗣冲叛，張勳以清溥儀盜位，護法軍起，南北相持幾四年。白沙子益感激，謂軍人不足龕大亂，欲更變人民視聽以定之。初好治諸子，尤熹墨家，貴任俠，至是侵尋向新學矣。箸《帝王春秋》，語尤奇。嘗過余齋中，余怪其神采有異，因曰解難當因其勢，如決水轉關然，徒感概無益，且傷其生，子素慕陳文恭，宜以其術自將，欲爲奇侅，至楊敬仲、王伯安止矣。夫淡泊以明志，寧靜以致遠，雖奇才不能越也。長沙已平，余前宿留四十日，而白沙子方幽憂杜門，不得遇。明年，白沙子走廣東，請北伐。不省。竟以夏正五月五日赴陳邨蹈海死，不得其尸。陳邨者，文恭故里也。古者有處亂世發憤爲宕辭者，或非湯武，薄周孔，有遺若莊周、傺隱若嵇康之倫，言似湍激，皆内恕己外度世，發于不自已，如白沙子近之矣。及夫學不中程，識不當務，又惡禮法清議害己，與其震于域外之議，託爲佹言，以自容閲，回遠其説以避其不能爲近謀者，此可以刼達官，爲幻于校舍，顧不可以欺恒民。是故田巴毁五帝，罪三王，賤五伯，一日服千人，魯連誚之，曰先生之言有似梟鳴，出聲而人惡之。今之自大學出者，皆是也。余不欲世之以此曹與白沙子連類而並頌之也。餘杭章炳麟造。

故鄜州州判張君墓志銘[①]

（一九二一年）

君諱清和，字子温，生河南之新安，當關洛孔道。少入大梁書院，長宦于陝西，故其學出入堯夫、子厚閒，盡性至命，正而通于方。君，清吏也。其子鈁爲民國將兵有功，官陝南鎮守使。君知戎虜不可與。入民國，雖不仕，未嘗斬然立垠岸。嘗俑處亂世，當危行、慎言；不見輕于君子，不見疑于小人；義不當爲，不以三公易其介，義當爲，無其權亦已矣，有其權，舍富與貴，不顧也。顧嘗念國亂無綱紀，數言止戈爲武，盪邪爲湯，不嗜殺人者能壹之。又以師河西竇氏教鈁，芟舍潼殽之閒。直將帥黷兵，未嘗戚然也。端本于易，以爲治亂有時而已矣。民國十年六月十一日，卒于家。

鈁與同縣王廣慶、三原于右任有舊，介以狀來，於是得其世系爵里。張氏先世居洛陽翟鎮，自君之考逢源公始徙新安水源村，遺腹得君。五歲而喪母，育于伯兄清陽。家故多書，其世父魯巖先生者，嘗著《所學集》等數種，稱中州大儒。君以孤子承舊德，刻苦向

① 據《制言》第五十五期。

學，無所不窺。然其歸在宋儒，尤好《易》，集《易》説百餘家，平議之。清光緒中，以選拔貢生，除直隸州州判，分發陝西。嘗監武備學堂，判乾州、鄜州。鄜州地墝瘠，君以判司閒散，無南面之重，猶時課其民狠藝，有德聲。宣統三年秋，陝西義軍起，鄜民爭衛出君，致之耀縣。民國初，歸充豫西賑務督辦。四年，兩兄亡，哭之毁。且曰吾兄弟如父子，吾事兄猶事父也，得葬兄，吾事畢矣。九年，葬兄于水源村，襄事之日，執紼者數千人。明年六月，君遂卒，春秋五十有九。長子即鈁，陸軍中將。次釗、次鎔、次鉦。鉦十五歲，禦長安亂死。女四，皆夫人王氏出。孫廣超、廣勛、廣遠、廣居、廣孚、廣信、廣益，女孫七。所著書，多未就。就遺言，得之家書中。十二年十二月，葬水源村先塋之次。

余履迹未嘗及中州，不能識其長老聞人，言君言行之所遺者，所謂堅白之性，不黰而滓，修法，應變，若數一二者，非歟？平世有之，宜道也。降在叔季，其可以勿偁？乃次其事而銘之曰：

玉也瑮，故及于雕；雪也淖，故就于消。匪雕匪消，唯德之嶢。懷寶在窮，不以自翹。國亂無象，觀其彖繇。噫！碩果之不裂兮，明星之後没兮，吾將求之于太寥。

慈谿洪君銘[1]

（一九二一年）

洪之受氏，自唐以上無世譜。其本弘也，在衛有弘演，漢則弘恭，及宋避宣祖弘殷諱，始更曰洪。忠宣以苦節使沙漠，三子皆能文章，爲宰輔侍從有聲。洪氏始盛于江南矣。或曰共工氏後，疑非是。

君諱某，字益三，慈谿人也。年十六即隨父服賈上海，入錢肆，爲松江黄翁、鎮海方翁所重，三十年未嘗易肆。錢肆之起，蓋自清道光、咸豐間，以布政司寶幣及外來銀幣相角，出入取其奇羨，久更爲貨幣樞，諸商賴之以備緩亟。上海綰轂華裔之交，其勢尤重，而諸錢肆無思次，有事猝不能集議。自餘姚陳翁規置會所，君贊之，不費而舉，由是得日月討論，其操制益神矣。君既善貿易，覩外來械器日盛，始營剛鐵，一見識良楛，第次其值無所差，獲利自倍。又規設化學工場，遭火中廢。尤樂善喜施舍。清光緒中，義和團起，會陝西荐饑，集金十餘萬振之。而淮、徐間又患水，民流亡者幾百

① 據《制言》第五十一期。

萬，復集金十餘萬振之。清廷欲加賞。不受。晚還鄉里，劭農力耕，躬自督治，凡鄉里河渠、橋梁、道涂之役，皆引自任。常語人曰："世人多先私後公。我先公，私在其中矣。"少事母以孝聞，有疾即涕泣治禳。遭喪，毁瘠幾不自勝。忌日，祭必泣，終其身。民國十年春，以疾終于上海。子男三，承祥、承祁、承祓。將以冬月至安宅于某，某請志其事。

余聞慈谿，古文學區也。當宋世，陽敬仲、黄東發之倫，以言行治事信于天下，明清之間猶不絶如繩茭，而晚世多善賈。觀君行事，所謂深藏若虚，盛德若愚者兼之矣。非有聞于前文人者，而能若是乎？乃爲之銘曰：

九府之權，總百物兮。桐生茂豫，靡有詘兮。衛賜善億，辭令秩兮。書此玄碑，佳城鬱兮。

改革法制之新主張[1]

（一九二二年六月二十四日）

民國失敘，於今五年矣。邇者徐酋伏罪，法統重光，議者猶謂於法未合，不知法雖密合，終不足以弭亂，欲定國本，則必有大改革焉。所改革者云何？曰現行《約法》、現式國會、現式元首是。《約法》偏於集權，國會傾於勢力，元首定於一尊，引生戰爭，此三大物者。三大物不變，中國不可一日安也。往者武漢倡義，各省本自爲謀，因而導之，即爲聯邦之局，而現行《約法》務與此反。《天壇憲法》雖經增訂，微使地方權利擴大，亦無聯邦之文，其爲集權專制之護符，彰彰可見。逆於國情，則桀驁者生心，而寡弱者致死，勢使然也。

自民國九年湖南提倡自治，西南各省，聞風興起，護法之名，漸爲芻狗。十年，廣州國會非常會議曾糾駁湖南省憲，湖南即有脱離《約法》之宣言，此事光明俊偉，允愜人意。今宜先由各省自制憲法，次定聯省憲法。各省省憲已成，則《約法》、《天壇憲法》已可先

① 據《申報》一九二二年六月二十五日。

行廢棄。一省省憲已成,則一省於憲法已可脱離,不必遠俟聯省憲法之成也。

現式國會,參衆兩院八百餘人,文義未通,僅能寫票者甚衆,遑論餘事?論者謂中國無共和之資格,實由議員泰多,遂成濫選,賢愚雜沓,紛呶一堂,其閒豈無聰明特達秉正不阿者?而屈於多數,義不得伸,是以爲害多而爲利少也。以近事觀之,則又趨附勢力,絶無操守,大節逾閑者多矣。民國四年,袁氏以强力停閉國會,中更帝制。五年,恢復國會,而帝制請願之議員,於全數四分居一,竟不能除名也。六年,復被解散,中更安福國會。今十一年,又恢復國會,而曾在安福國會之議員,於全數亦有什一,竟不能除名也。由是言之,國會則藏垢納污之藪,[①]議員乃趨勢善變之人,不可以國家大事付託,較然明矣。七年,廣州開憲法會議,又有兩院聯合會,人數亦已過半,於是推軍政府代國務院,推代理國務院執行大總統職權,固自謂法統所在也。然徐世昌由非法國會選出,篡竊顯然,而軍政府乃與言和,兩院毫無反對明文,及議和總代表唐紹儀提出由和會承認徐世昌爲臨時大總統一條,而兩院亦毫無彈劾查辦等案,於是廣州國會趨勢善變之跡,顯然大白於天下。十年,廣州又開非常會議,選孫文爲非常總統,固由對抗徐酋不得已而爲之,然國會以立法機關,而先違法選舉,狐埋之而狐搰之,趨勢善變之跡,終亦無以自解。是故以廣州國會而議今所恢復之國會,猶以五十步誚百步也。縱令廣州國會今再恢復於北京,其爲藏垢納污之藪

① “藪”,原作“數”,據文義改。本篇下徑改。

如故也，其爲趨勢善變之人如故也。當知此輩自絶於民，政府雖重行召集，而人民實已棄之不認。制憲、選舉二大事，更不可委之此輩。制省憲法，當由省議會或各法團任之；聯省憲法，當由省議會議員任之。自此以後，乃設聯省參議院，而現式國會可永斷。一省所選不過三五人，既無賢愚雜沓之病，自少趨勢善變之人，較之十年前舊制，必有愈矣。

現式元首，以大總統一人涖政，勢必孤注，爲殉權者所必爭。民國十年之間，亂事數起，皆由攘奪此位致之，如投骨然，引狗以噬之。繼令權歸内閣，即民國六年之亂，又自此起。内閣專權與總統專權，其害非有異也。然則大位之召爭論，實與帝王無異，而五年改選，必有喋血之爭，則視帝王世襲者爲尤劇，不去此職，則釁自中起，魚爛及於四方，人民終無一幸矣。且今之曾居元首者，無過三種人材，一者梟鷙，二者夸誕，三者仁柔耳。大總統之職不廢，梟鷙者處之，則有威福自專之患，而聯省或爲所破；仁柔者處之，則有將相上逼之慮，而聯省不與分憂；夸誕者處之，勢稍强則或與梟鷙者同，勢稍弱則又與仁柔者同矣。後之當選者，不知誰屬？然有梟鷙者在，則其餘自不能與爭也。今擬廢去大總統一職，以委員制行之，員額既多，則欲得者自有餘地；權力分散，則梟鷙者不得擅埸；集思廣益，則夸誕者不容恣言，仁柔者不憂寡助。故當其選舉也，則爭不至於甚劇；及其處職也，則亂不至於猝生。自是而後，兵禍其少弭矣。如猶狃於現法，不能毅然改革，則此三大物者，必爲塗炭烝民之本。一勝一負，不過瞬時，而亂終不可止。

弭亂在去三蠹説[1]

（一九二二年六月）

黄陂踐位於北，中山稱號於南；北京有國會，廣州亦有國會，以法相稽，紛如聚訟。然皆勢不久長，無足深論。欲爲中國弭亂，則必有大改革焉。所改革者云何？曰《約法》（《天壇憲法》亦同）、國會、總統是。《約法》偏於集權，國會傾於勢力，[2]總統等於帝王，引起戰爭，無如此三蠹者。三蠹不除，中國不可一日安也。

昔者，武漢倡義，各省本自爲謀，因而導之，即爲聯邦之勢，而《約法》無此形式，《天壇憲法》後雖增訂，亦未有聯邦之文，其爲集權專制之護符，彰彰可見。逆於國情，則桀驁者生心，而寡弱者並命，所必至也。自民國九年，湖南提倡自治，西南各省，聞風興起，護法之名，已爲芻狗。十年，廣州國會非常會議曾糾駁湖南省憲，湖南即有脱離《約法》之言，此事光明俊偉，允合人心。[3]今宜先由各省自制憲法，次定聯邦憲法。各省省憲已成，則《約法》、《天壇憲

① 據《章太炎政論選集》。按：改動皆爲章氏手稿涂改。

② “傾於勢力”，原作“起於賄買”。

③ “十年”至“人心”，係後增。

法》等，已可先行毁棄。一省省憲已成，則一省於《約法》已可脱離，不必俟聯邦憲法之成也。此聯邦憲法未成、《約法》已廢之前，一省或已成省憲，自可維持一省秩序；各省或未成省憲，立有現行習貫，維持治安，無庸過慮也。[①]國會議員，自七年在廣東開會，員額業已過半，於是推軍政府代理國務院，又推代理國務院執行大總統職權，固自以爲法統所在也。然徐世昌由非法國會選出，僭竊顯然，而軍政府乃與之議和；兩院佯言以徐世昌退位爲歸宿，未聞有反對和議者。夫徐世昌新竊大位，未有危急之形，既許軍政府與徐世昌之代表議和，而欲使徐世昌退位，勢必不成，人所共了，[②]此乃故作鼞語，自欺欺人耳。及議和代表唐紹儀提出"由和會承認徐世昌爲臨時大總統"一條，紹儀本軍政府總裁之一，而爲此逆節之言，兩院亦未聞有彈劾之者，彈劾或以人數不足爲妨，乃並不信任票而亦無之，並查辦代表案而亦無之，於是廣州國會附逆之跡，顯然大白於天下，前之虚言，終不足以掩後之實事也。[③]

嗚呼！人民並力以護法者，護此國會議員也；而國會議員反爲附逆之事，則人民又誰護之？棄之不認，乃爲正義。第一届國會已經不認，而第二届國會又無合法總統可以召集，則國會自當永斷，

---

① 小字係後增，旁識"注"字。

② "夫徐世昌"至"共了"，係後增。

③ "並查辦"至"實事也"，原作"由此推之，廣州國會，固非真反對徐世昌也。何者？既許軍政府與徐世昌議和，是明認徐世昌有北方總統資格；既許軍政府代表與徐世昌之代表議和，是明知無徐世昌退位之事。佯作大言，不能掩真實事。況唐紹儀既提出承認後，而兩院曾無迫唐去職之言。則七年之廣州國會，已爲附逆矣"。

此後制省憲者，由省議會；制聯邦憲法者，由省議會聯合會推選，不得由國會制之也。

大總統一職，爲殉權者所必爭，民國十一年中，亂事數起，皆由爭此大位而成，如投骨然，引狗使相噬也。假令權歸内閣，而民國六年之亂，亦自此起，内閣專權與總統專權，其害非有異也。[①]然則大位之引爭端，實與帝王無異，顧其害則較帝王尤劇。帝王以終身任之，以子孫襲之，其以武力爭者，不過一次，而大總統五年一選，則每五年必有武力之爭，不去此職，則釁自中起，魚爛及於四方，而人民始終無幸矣。

且今之曾居元首者，無過三種人材：一者梟鷙，二者狂妄，三者仁柔耳。梟鷙者處之，則有威福自專之患，而聯邦或爲所破；仁柔者處之，則有將相上逼之慮，而聯邦不爲分憂；狂妄者處之，勢稍强則或與梟鷙者同，勢稍弱則又與仁柔者同矣。後之當選者，不知何人？而大抵不出此三類，有梟鷙者於此，則餘二者又必不能與爭也。[②]

今擬聯邦制成後，明定中央政府，用合議制，以諸委員行之，員額既多，則欲得者自有餘地；權力分散，則梟鷙者不得擅場；集思廣益，則狂妄者不容恣言，而仁柔者不憂無助。是故當其選舉也，則爭不至於甚劇；及其處機也，則亂不至於猝生。自是而後，禍亂庶幾少弭矣。若狃於現法，存此三蠹，不能毅然行大改革，一勝一負，不過取快瞬時，而亂終不可止。

① “如投骨”至“有異也”，原作“釁自中起，魚爛及於四方”。

② “且今之”至“爭也”，係後增。

各省自治共保全國領土説[1]

（約一九二二年六月）

自古幸成單一國家者，以力征服，以德懷濡，必更三四十年而後定之，然不久亦無不分離者。最近者不過三五十年，最遠者無能過三百年。此其故何也？地本廣漠，非一政府所能獨佔，其以力征服，以德懷濡者，能如膠漆之暫附，非能如金鐵之熔成也。而此才固間世一生，不可常得；迨及後嗣，則膠解而漆枯，其附者自然散矣。

今之人，德固不古若也，力亦不古若也。將士無致死之心，見利而動；兵械有日絀之象，久戰則殫。加以南北異宜，各保習貫，南兵不能涉淮而北，北軍不能逾衡而南，其幸而制勝者，皆在其便習之地耳。求如清時之以滿洲兵征大金川、以湖南兵征新疆者，今固不可再得；雖如宋世之禽南漢，明世之定滇緬，吾亦知其未必能爲。是故以勢則不能成單一國也。假令有古人之才，而兵械又足以濟之，則人民必無孑遺，而帝制又將再起。是故以義則不容成單一

① 據《章太炎政論選集》。

國也。

今所最痛心者，莫如中央集權，借款賣國，駐防貪橫，浚民以生，自非各省自治，則必淪胥以盡。爲此計者，内以自衛土著之人民，外以共保全國之領土。衛人民則無害於統一，保領土則且足以維持統一矣。野心侵略之人，必以此爲分裂，是何謂也？豈其心不願分權於國人，而願分權於敵人耶？

輓伍廷芳聯[①]

（一九二二年六月）

一夜變鬚眉，難得東皋公定計；

片時留骨殖，不用西門慶化錢。

① 《傳記文學》第五十八卷第六期，一九九一年六月。

感　事[①]

（一九二二年七至八月間）

人情不相得，何啻角與張？
屯如復邅如，婚媾來仇方。
蚩蚩抱布氓，燕市瀦悲涼。
神娥出南海，無辜限河梁。
殺人苟有算，通變亦何常。
不恤抱布賤，且厭神娥望。
贈爾益智粽，報以續命湯。
屯如復邅如，寇來婚媾傷。

① 據《華國月刊》第一卷第四期，一九二三年十二月十五日出版。

與國聞通信社記者談孫岳宣言、晉給勳一位事[①]

（一九二二年八月三十一日）

國聞通信社云：本社記者昨日往訪章太炎氏，詢其對於昨日孫岳發表宣言，與北京晉給勳一位二事之意見。章氏答云：

孫岳此來之目的與任務，外間俱已明瞭，毋庸多辯。孫來時力述前曾從事革命，隸國民黨籍，一若此便可聳動聽聞。且於余發言後，狀頗不恭。余故斥之，并指陳其内幕所在以告社會。現在既已明瞭，則謾駡之辭，俱無置辯之必要。至勳位一事，外間所傳吴子玉主動，含有交换之意味，或亦近似。緣余邇來力主聯省自治，頗與吴所主張者相違，藉此羈縻，不盡無因。余於袁項城時代宋案發生時，亦曾有此事實，此次當即相類。至此事發生動機，以余觀之，當在褒獎程璧光一事。因卹程發表後，老黎曾囑將西南護法有勞績者開一名單。當時余聞單曾分兩類：一爲尚在西南，未承認中央者；一爲已下野者，總計近六十人，林葆懌、朱慶瀾等俱在其中。現

① 據《申報》一九二二年九月一日。

在遺棄其他之數十人，而獨表余一人，可知此事非出老黎之意。惟勳位用意，原係表彰過去勞績，與現在及將來之主張絶對無關，更不能有所交换。况現在主張聯省自治者，各黨各派均有其人，更不能以羈縻一人之手段，以障主義進行之全體，故此種舉動，實甚可哂。

《天壇憲法》之劣點[①]

（一九二二年九月十日）

《天壇憲法》採集權制，在袁世凱時代，經國會二讀通過，其謬點甚多，兹擇其最關重要者言之：（一）《天壇憲法》中第一章第二條，中華民國主權屬於國民全體；第二章第三條，中華民國國土依其固有之疆域，又附項國土及其區劃，非以法律不得變更之。查第一章所謂主權屬於國民全體，以現勢而論，主權云者，究在何處？要不過在制憲，次則在革命而已。按《臨時約法》第五十四條之中華民國之憲法由國民自定之，與第二條根本抵觸，從第二條即可將第五十四條完全推翻。既謂中華民國主權屬於國民全體，憲法何以須由國會産生？本來國民不能個個制憲，然亦當另定適當方法。我人根據第二條即可推翻國會制憲，須由我人民直接制憲，此非難事，要視我人民能力何如耳。我人主張聯邦制，《天壇》則用集權制，集權制在外國亦不免成專制變相。從歷史上觀察，歷來所謂專制，斷無發現斷送主權，賣國爲奴隸之事。謂予不信，試一察袁世

① 據《申報》一九二二年九月十一日。

凱之種種賣國行爲，徒擁共和之名，實屬專制之實，於是中央權大，地方權小，國民幾有無可如何之勢。人民納捐於地方，地方補助於中央，中央養兵肇禍，人民何貴有此憲法乎？《天壇憲法》本身之謬點，已如是其甚。有謂如採聯邦制，恐成割據之患，此可無慮，即使造成割據，中央亦可失去其賣國能力。或謂如行聯邦制，各省操權者，仍爲武人則如何？予意最初第一次或被武人操縱，入後則可保無慮。總之由國而成省，則省不成爲省。論中國歷史，自先有國後有省；然論民國歷史，自武昌起義，各省響應者十五省，此十五省之響應，非認武昌爲中央，蓋異途同歸，而組南京臨時政府。以是言，豈非中華民國由省産國乎？考之各國制，亦多隱合。而《天壇憲法》偏採集權制，在蒙古、西藏之要求自治，其實與憲政相合，乃出自外人指使，袁世凱允之，而反取銷國内自治，在彼則暗送主權，在此則違反憲法，矧蒙古仍用主權乎？查《天壇憲法》第五條，中華民國國土依其固有之疆域，何以謂之固有？究竟從明朝算起，抑由清朝算起？抑由中華民國土地失盡，或祇剩一省，均尚得謂之固有耶？又原條附項國土及其區劃非以法律不得變更之。反言之，即國土及其區劃可得法律變更之？質言之，中央即有賣國之權，若請國會解釋，必謂中國已失之地，以武力恢復，得法律變更之，此欺人語也。固以武力恢復失地，無須再由國會通過，即此第二條、第三條兩條，已足斷送中國，故中國萬不能採集權制。查《臨時約法》第三十五條，大總統經參議院之同意，得宣戰、媾和及締結條約。至《天壇憲法》第七十條，則活動其句語，謂“大總統得締結條約，但媾和及關係立法事項之條約，非經國會同意，不生效力”。從表面觀，似無弊竇,而袁世凱竟締結《東青鐵道條約》,斷送主權,而無須先由國會通過。從前因戰敗而締結條約,情有可原,如《俄庫條約》,俄人不過恐嚇中國而已,然政府竟於此斷送主權。又如西藏問題、《九龍租界條約》等等,不勝枚舉。凡此奉送鐵道、奉送藩籬主權等事,袁世凱之《天壇憲法》皆預爲之地。矧彼所公布者,僅爲《總統選舉法》,其居心可知。至大總統選舉權,萬不能付之國會,如在國會,彼可用威脅利誘,以演成不可思議合夥賣國之行爲。再觀民國十年來,如五年時之討袁,六年時之逼黎,解散國會,暗中馮爭總統,再西南護法而産總統。凡此種種,直可爲之總統爭。總之,一,國土可以法律變更爲不當;二,締結條約,應由國會通過,而《天壇法》明知姑縱爲不當;三,以大總統選舉權付之國會爲不當。

《履素詩集》題辭[1]

（一九二二年秋）

長沙羅峙雲以其先世履素先生之詩來。先生隱君子也，明初與劉坦翁同徵。坦翁仕至翰林學士，卒以微過謫戍，而先生竟不出，故世亦莫能名者。其孫緝熙先生爲浙江參政，始傳其詩，則王文成爲之序。後稍散失，崇禎時後嗣復輯述之，及清世又亡，佚者往往見于方志。民國興，峙雲復從茶陵得舊寫本。茶陵，[2]先生故居也，與坦翁蓋同縣云。明之初，奇才碩儒多自田野起至大官，其佐王業興朝儀者不可勝數，而端居不仕者亦衆。上考前世嚴光、周黨、梁鴻之倫，皆遭直盛明，不肯爲人主屈。明祖之德，視光武、明、章則有間矣。以宋文憲之賢，猶不免於譴死。坦翁出時，年亦過七十。雖驟至侍從，終見疏遠，以至于讁。先生之不出，其亦前幾而識之歟？以視嚴、周諸公所爲，蓋猶有微異者矣。其詩傳者，或率爾不甚措意，然卓特之志，時時見于篇什間。

---

① 據《制言》第五十八期。

② 二“茶”字，原誤作“荼”。

文成比于滄浪之歌，濯纓清流，至于今不能有間言，余故不論，論其出處之節，以報峙雲，且以爲當世鏡也。民國十一年仲秋，章炳麟書。

壽吴子玉聯[①]

（一九二二年秋）

表海雄風生尚父；

晴川清景醉山公。

① 據《制言》第二十五期。

時學箴言[①]

（一九二二年十月十日）

今之爲時學者，曰好言諸子而已矣。經史奥博，治之非十年不就，獨諸子書少，其義可以空言相難。速化之士，務苟簡而好高名，其樂言諸子宜也。不悟真治諸子者，視治經史爲尤難：其訓詁恢奇，非深通小學者莫能理也；其言爲救時而發，非深明史事者莫能喻也；而又淵源所漸，或相出入，非合六藝諸史以證之始終，不能明其流别。近代王懷祖、戴子高、孫仲容諸公，皆勤求古訓，卓然成就，而後敢治諸子。然猶通其文義，識其流變，才及泰半而止耳。其艱澀難曉之處，尚闕難以待後之人也。若夫内指心體，旁明物曲，外推成敗利鈍之故者，此又可以易言之耶？偏於内典哲理者，能知其内，無由知其外；偏於人事興廢者，或識其外，未能識其内也；偏於物理算術者，於物曲或多所諭，非其類而强附之，則所説又愈遠。豈以學校程年之業，海外數家之書，而能施之平議者哉！今人皆以經史爲糟粕，非果以爲糟粕也，畏其治之之難，而不得不爲

① 據《中華新報》增刊，一九二二年十月十日出版。

之辭也。至於諸子，則見爲易解，任情興廢，隨意取捨，即自以爲成一家之言，以難爲易，適自彰其不學而已。魏晉之清談，宋明之理學，其始皆豪傑倜儻之士爲之，及其末流，而三尺童子亦易言之。今之好言諸子者，得無似其末流者耶？或曰佛法至深，而禪宗不識字者亦能了之，諸子雖難知，未能過於佛法，又安用苦學爲！然此非其喻也。佛法之真，不在語言文字，其聚積貲糧也，在乎修持，不專在乎學理。苟能直證心源，則雖以經論爲芻狗可也。今誠能滌除玄覽，則可以不讀《老子》矣；誠能得其常心，則可以不讀《莊子》矣；誠能絶四無知，則可以不讀《論語》矣；誠能兼愛尚同，則可以不讀《墨子》矣。而今之爲九流之學者，其趣向本不在是，唯欲明其學理、通其語言文字而已，此乃佛家之講師，非可以禪宗喻也。夫講師則未有能捨苦學而入者矣，進無絶學捐書之才，退失博文覃思之用，此時學之所以爲弊也。

論浙江文學[①]

（一九二二年十二月底）

近來人才，值得我佩服如曾國藩、張之洞等，委實無人。曾之學問，得力於《文獻通考》；張之學問，則在於《方輿紀要》。今浙人之所失者，即在無歷史學問。浙人前以經學著名者甚多，如俞樾等是也。今則浙人已失其根本矣。或謂歷史不過是過去的紀載，無甚名貴，此皮相之論。歷史如棋譜，讀史如下棋，故視可用者則用之，不可者即舍之，此賴讀者之智慧也。清代浙人，專致力於詞章之學，實則若輩所作詩詞駢文，亦不甚出色也。

---

① 據《吴虞日記》記章氏演講，四川人民出版社一九八六年版。

《新聞報》三十年紀念辭[①]

（一九二二年冬）

民國十一年春，聞《申報》成立已五十年，爲作紀念辭。其冬，《新聞報》又以成立三十年告。

《新聞報》之作，後《申報》二十年，而時事又轉亟。始創歲餘，即有遼東之戰，中國于是乎不支。其後漢族雖光復，而國家衰亂自若，是其所經涉者，無往非擾攘世也。識變既多，於廢興存亡之故，固已窺其原測其流矣。顧世之議者輒曰：報社有二流，一者耆宿，二者新進，猶人之有少長也。耆宿者雖矜慎，而多含濡不斷，遇國家大變，其議論多不深切，未若新進之能也。

余以爲中土之爲報也，則朝報邸鈔之變，主於記事而已。事果實，其是非則可知，于是或成或敗，亦可以豫推也。新進者多爲一黨機關，時時偏於愛憎，幸而過咎歸于所憎，其論精切，至于吹毛抉疵，能言人所不敢言，不幸過咎歸于所愛，則相與彌縫焉爾。若其變亂事實，生滅在意，則熒惑人亦甚，猶律師之辯辭，軍家之露布，

① 據《新聞報館卅年紀念刊》，中國社會科學院近代史所圖書館藏。

非會主客兩方之言觀之,無以明其然否也。試徵之耆宿,則于事實相去亦不遠矣。事之著也,其論雖少斷,自達者視之,則是非成敗易知也;自未達者視之,則猶未可以立決也。而世固多未達之人,然則長于記述短于裁斷者,蓋猶有所憾焉。

《新聞報》於今爲耆宿矣,所覩于國家之敗者,自遼東戰衄以來,日進而幾有異。今茲咫尺之事,又膠結不可以解矣。事事而評之,條條而議之,或不能得其原委,有時宜獨見至論,灑然爲博辨之辭,介然如石之不可動,其言發于耆宿,視夫新進之陳義者,其中人必深,然則達者必以爲契吾意,未達者必以爲發吾蒙矣,是固持清議者之責也。余昔爲《申報》言,未竟其義,故發之于此。

饒太夫人墓誌銘[①]

（一九二二年）

太夫人崇慶饒氏，處士文智之女，成都處士李某之妻，國會議員國定之母也。少則見其柔也，適人見其嫿也，老見其明也。年七十一始入民國，明年，國定以選充議員。直袁氏亂政，多資國會金錢，則自遠道致言以戒。頃之，國定以黨籍見逐，歸成都，不自安，則又夷然，發以夢寐勝復之徵，由是知其免于戹也。及廣東建軍政府，國定以大元帥命返四川勞軍，雲南版署靖國第二軍總司令，則戒以文儒毋輕任兵，即解去。故西南數省雖交捽，而國定未嘗被詿誤。凡所以順飭子姓者，其見常先人，如此比甚衆。其自將也，擥事佛道，鮮葷不入口，常以皓皓，是以老衈。至八十一而終，則民國十一年三月也。子三人，長即國定，次國柱，次國綱。孫九人，元白、子銓、叔堯、季烈、子憲、子龍、子嵩、子蛟、子城。曾孫一人，庶藩。其年某月，祔于夫君之兆。國定以狀告其友章炳麟，章炳麟自軍政府時嘗使雲南，而國定適往授唐繼堯元帥印，以是知其略，乃

---

① 據《制言》第五十一期。

爲銘曰：

是惟先識，其成也以善貳。故爲鄉黨式，兹焉歸息，徵之于甓埴。

雷丕作先生八十壽序[①]

（一九二二年）

世之衰也，卓行之士不能處都會，則必屏于山澤壟畝之間。上者依隱玩世，人所不能名，其次有聞矣。大氐孝弟力田，不爲奇侅之行，倍于州里，以達于市朝，薦紳歸之，公卿師之，則亦番然老矣。尚考前世耆碩之士，姜肱年七十七，申屠蟠年七十四，法真年八十九，王烈年七十八，管寧年八十四，豈其事導引近藥物哉？韜伏明姿，甘於卂篹，不與世俗爭望實，故血气柬理，足以持其生，與夫呰生速化者，其爲身與名皆異術也。

東安雷丕作先生，衡嶽以南之高士也，少而孤，哀毁骨立，過於成人，繼母吕太夫人甚憐之。長以諸生入縣學，雖善文辭，自視欿如也。常折節厲行，爲鄉里法儀。有司聞其至行，以地治付之，辭以有母，不敢以公事累。有司愈欲致之，爲造廬謁吕太夫人，得請然後敢出。吕太夫人病喘，視膳嘗藥，未嘗假妻帑，莫夜候牀蓐間，晝則負以行室中，或欬甚，淡飲不得輸寫，即就吮之。及卒，號慟幾

① 據《制言》第五十三期。

絶，水漿不入口者數日。忌日必齋，時祭必泣，常疏食，不御羹肉，比老未嘗廢，鄉人稱雷孝子。

既應吏命爲鄉里服務，見人諍訟，必反覆譬解之，得解始已。即不解，乃以家財庚償。久之，人悦其德，諍訟亦愈止。家居則集譜牒，定祠制，以修一宗之法。于族黨，愔愔如也。其在街彈合耦之地，誾誾如也。先生雖修内行，然不慕古，善通時變。東安左邑也，當清末始建學校，或采法海外，衡嶺閒大譁，以奇服左道相訢，至相格殺，而東安獨無事。横舍相比，就師于省會者，成學而歸相望也。至今談者以爲非先生上説下教之力不足以致此。《記》曰："大孝不匱，置之而塞乎天地，敷之而衡乎四海，施諸後世，而無朝夕。"若先生者，可以當之矣。

民國十一年，先生年八十，湖南之士大夫三十餘人以爲鄉國之型典、南紀之禎瑞也，將以憲老之禮上壽于先生，而徵辭于炳麟，于是推迹事事，比于前世逸民長德上致耇造者，以爲之序。

關於國民應付時局態度之意見[①]

（一九二二年六月二十二日）

此次直系亂國毁法，形同盜匪，滬上各團體羣起集會通電，表示憤慨，此誠至好之現象。惟彼等竊國之謀，尚在急進，時機緊迫，則國民應取之態度，自尚有緩急之分。總觀此次各方面所表示者，其共通之點，一曰絶對否認曹錕有候選總統資格，二曰不承認北京國會選舉有效。惟關於今後建設，則議論未見一致，或曰組織中央行政委員會，以攝政權，或曰擁戴某某，或曰承認某某，雖各自有其理由，但兹事體大，必須從長計議，斷非此急迫之短時間所能解決。甚或因意見相左之故，頓起聚訟，互爲質難，斯其結果，徒使國民懈其敵愾之心，弱其注意之力，而反予敵對以可乘之隙，此至可慮也。故予謂在此時期，國民目標，應專集於如何可使曹錕不爲總統，如何可使國會澄清。曹錕既覆，國會合法，國民乃從容以談建設，則步驟不亂，而成功指日可期。

---

① 據《申報》一九二三年六月二十二日。

對湘當局通電之意見[①]

（一九二三年六月二十九日）

余見湖南省長、省議會電，有疑問者三事：湖南向來堅持省憲，此誠提倡自治者所應有。然去歲夏間，省議會堅執先制省憲，後制國憲。去冬以來，乃變爲國憲容納省憲。及今則又云先制省憲，後制國憲。夫先制省憲，後制國憲，是也，而中間何以忽有變更？若云國會聚散無常，故制憲先後主張有異，然湖南既未承認法統恢復，則明謂國會非合法矣。不合法之國會，何必以聚散爲轉移？此其前後抵觸，不能無疑者一也。觀今省長、省議會兩電，似以中央變亂，湖南可以袖手旁觀，此或亦自治省分所應有，然二十一條之取消，旅大之收回，此亦中央責任，何與湖南？乃於彼則不顧自治之名，至攘臂流血以爭之，於此則又適用自治之名，得以度外置之。此其進退失據，不能無疑者二也。湖南始終未承認法統恢復，故未承認中央政府，然伏見艦交涉事，竟以文電請求北國務院、北外交部，雖云日人不承認湖南有外交權，然湖南既不承認中央政府，即

---

① 據《申報》一九二三年六月三十日。

應貫徹始終，雖艱難苦楚之境，不得不以獨力支撑，彼若不應，唯有忍受苦痛耳。今爲日人所逼迫，至自變其不承認中央政府之主張，可恥孰甚？此其矛盾自陷，不能無疑者三也。夫西南六省，獨湖南逼近疆寇，形勢孤危，重以兩黨猜疑，時虞爆裂，故余亦不以發憤爲雄、匡救國事相責，但期其真能自治足矣。乃觀其所爲者，進不成爲杖義執言，而有模稜兩可之情；退不能真正保境息民，①而偏喜自陷於交涉漩渦之内，真有不可究詰者矣。差可幸者，既不承認國會，自然不認選舉有效耳。然謂他日必不承認北國務院、北外交部，余未敢信也。承認國務院而謂其不承認大總統，恐世人皆未敢信也。然則不認選舉有效之説，亦未敢保其始終也。

① “不”，原作“又”，據上下文義改。

最近之時局意見[①]

（一九二三年七月九日）

國聞通信社云：昨有人往訪章太炎氏，詢以“護法舊事，今日是否繼續進行？”章答曰：此次因曹、馮輩擾亂政局，反對者義在討賊靖亂，與護法無關。從前護法之事，是否終了，係別一問題。要之討賊靖亂與護法非一事，不得併爲一談也。訪客又問：前見孫洪伊主張始終護法，是否别有作用？章答曰：孫之主張護法，蓋一以反對段氏，一以否認黎氏，間接即爲曹錕減去敵人。然不知一提護法，則曹即督軍團首領，亦無使人承認之理。平心而論，段之派公民團包圍議院，黎之解散國會，亦有瑕疵可指。然稱兵犯闕，迫散國會，則實以曹氏爲首魁。且黎有開創民國之功，段有反抗帝制、討伐張勳之功，功罪固足以相掩。而曹錕終身有罪無功，非特督軍團一事而已。元年，北京兵變，其罪一也；四年，以直隸公民請願帝制，其罪二也；今又唆使軍警擾亂首都，其罪三也；與督軍團事合之爲四。孫於有功者則彰其罪而没其功，有罪者則必欲開脱其罪，是

---

① 據《申報》一九二三年七月十日。

豈足以掩天下之耳目乎？訪客末問：孫前宣言孫、曹攜手，陷電又勸議員保持國會，完成憲法，中山與諸議員果否墮其術中耶？章答曰：孫洪伊制伏中山之策，最爲凶狡，蓋猶鄭莊公之處共叔段也。中山功望最高，而天性又極自負，孫日言奉戴中山爲護法總統，中山未有不受也。處位愈高，其倒愈速，既倒則挾曹氏之勢，以劫制中山，使其攜手；中山急於求援，亦不得不受也。倒則身危，與曹攜手則名敗，此孫洪伊制伏中山之惡技，但恨中山不早悟耳。至所謂保持國會、完成憲法者，但以緩議員南下之舉，然何足以欺清白議員哉？

《華國月刊》發刊辭[①]

（一九二三年九月十五日）

輓近世亂已亟，而人心之俶詭，學術之陵替，尤莫甚於今日。周末列彊呑噬，并爲六七，生民塗炭，亦已甚矣。顧其時孟軻、郇卿、莊周、墨翟，各以其道游説，轍迹徧天下。下逮刑名之學，堅白之辨，用兵如孫、吴，辨説如蘇、張，莫不摇舌抵掌，自昌其術。用則見於行事，不用則箸之竹素，雖或精觕不同，淺深殊量，而要皆一時之好，其流風餘烈，足以潤澤百世，傳之無窮，故學術莫隆於晚周，與其國勢之敝若相反。

今則不然，居位者率懵不知學，苟聞其説，則且視爲迂闊而無當。學者退處于野，能塙然不拔，自葆其真者，蓋又絶鮮。大氐稗販泰西，忘其所自，得卯碟以爲至寶，而顧自賤其家珍，或有心知其非，不惜曲學以阿世好，斯蓋縈情利禄，守道不堅者也。若夫浮薄少年，中無所主，遭逢世變，佹託幽憂，冒取古人及時行樂之義，而益馳騖於紛華，象棊六博，醇酒婦人，以爲苟畢吾生而已足，此則志

① 據《華國月刊》第一卷第一期，一九二三年九月十五日出版。

氣尤脆弱者。語以講業，抑非其倫。嘗謂治亂相尋，本無足患，寖假至于亡國，而學術不息，菁英斯存，辟之於身，支幹灰滅，靈爽固不隨以俱澌。若并此而夭伐之、摧棄之，又從而燔其枯槁，踐其萌蘖，國粹淪亡，國於何有？故曰哀莫大於心死，可爲長懼深慼者此也。

往者息肩東夷，講學不輟，恢廓鴻業，卒收其効。民國既建，喪亂婁更，栖栖南北，席不暇暖。睹異説之昌披，懼斯文之將隊，嘗欲有所補捄，終已未皇。吴縣汪東，嘗從余學問，其行事不隨流俗，今鳩集同志，創爲《華國月刊》，志在甄明學術，發揚國光，選材則慎，而體例至寬，舉凡《七略》所録，分科所肄，以及藝術之微，稗官之説，靡不兼收並容，意使覽者有所歆動鼓舞，然後法語莊論得假之以行而其道不憖。商榷粗定，請余總持其事。余嘉其獨於舉世不爲之秋，思卓然有以樹立，且與頻年所懷，亦相冥契，故樂從其請。蒐集既勤，刊行有日矣。冀國故之未終喪，迷者之有復，馳騖者之喻所止，謂兹編之行，速於置郵，宜若可以操券。其或不然，豈惟學阨哉？懿！人心世道之憂也。

聲討曹錕賄選[①]

（一九二三年十月六日）

曹錕以四百八十票當選。曹本負罪中華民國之人，較尋常刑事犯尤宜加等。四年，以直隸公民首領請願帝制；六年，以督軍團稱兵叛亂，此皆確有證據，較今年六月十三日之變更爲明顯。内亂之罪已成，雖依法選出，國民何能承認？國會是否合法，議員有無冒名受賄，猶第二事。抑世論有但求依法産生，不問人選之語。惟所謂不問人選云者，謂其人之智愚貴賤可勿論也。至以身觸刑典，罪跡昭著之人，寧復能假託於法，與以原宥？此在根本上曹錕無論如何，不能爲我中華民國之大總統。此義既明，則西南各省，向以護法戡亂相團結，有何不可直斥？曹既當選，此後惟有回復戡亂原狀，足以褫其名義，或於西南再設軍政府，或各省攻守同盟，不立形式，則視乎時宜而已。

① 據《申報》一九二三年十月七日。

與汪東連句三首[①]

（一九二三年十月十五日）

當車以駕行

高樓張廣宴，東。響屧實長廊。峨冠八九人，遠來從何方？入門各咿嚘，舒手相扶將。主稱挏馬酪，客舉蒲萄觴。先生。酒酣起持要，妙舞神洋洋。一奏搶攦挐，聞者皆慨慷。參横月西没，爲懽殊未央。何以結相於？東。景泰五色章。何以報相好？約指銜金剛。先生。良遇不再值，中車紛翱翔。四牡夾道馳，道上自生光。東。簡書豈不畏？高卧安能詳。先生。

大言詩

直身礙閶闔，舉步跨崑崙。簸弄箕與斗，東。日月供噉吞。彈指落鵬翼，作扇麾九軍。先生。俯視龍伯國，擾擾若飛蝨。噓氣播之

① 據《華國月刊》第一卷第二期，一九二三年十月十五日出版。

散，東。足下無纖塵。先生。

小言詩

建國蚊首裏，辟地蟻喙中。東。飛來一芥子，造作千艨艟。牆根得半菽，太倉殊不容。先生。所爭兔毛塵，喋血興兵戎。伏尸五百萬，東。聚墳成棘叢。先生。

對蘇省票決憲法意見[1]

（一九二三年十二月十五日）

《約法》所載，中華民國之主權在全體人民，主權之最大者，莫如憲法之制定。故根本言之，制憲之權，應歸人民。迺《約法》上忽又以此權屬之少數議員，已爲矛盾。惟國人前以重國會故，不聞對此事多所論議。自賄選告成，憲法旋亦由北京國會通過，於是承認與否認聚訟，此實確言也。贊成者曰，賄選爲一事，通過憲法又一事。賄選爲犯罪，而在法庭未正式宣布其罪狀成立之前，未可遽斷其行爲無效。反對者曰，議員賄選，人格掃地，以全無人格之議員，焉有制定憲法之資格？二者表面上皆有理由，亦殊難與以判斷，故仍根據《約法》上主權在民之規定，投票決定，亦爲解決一法。況今倡其議者爲蘇，蘇壓於强藩之下久矣。北京憲法規定，田賦税歸省有，而蘇省田賦税最大。北京憲法實行，或非强藩所喜，故票決一事，或亦蘇人不得已之舉耳。惟蘇省票決，可否效力僅及於蘇，亦不能以此制限他省也。

---

① 據《申報》一九二三年十二月十六日。

吴采臣先生八十壽序[①]

（一九二三年）

浙東四明之麓，魚鹽蜃蛤所産，其民不匱。宋以來乃獨勤學，逮明清未衰，亦或轉化居，運籌策，一家之中士與商相疇，所謂身有處士之義而取給者，鎮海吴采臣先生其著者也。

吴氏世爲儒，贈公晚盧先生以清咸豐辛亥科中式浙江鄉試，有子八人。先生次居四。長兄曙樓先生，以清同治癸酉充選拔貢生，教于壽昌、桐廬諸縣。父兄皆善文辭，有行誼。其後長嗣晉夔，又以清光緒甲辰成進士，家之於薦紳之業可謂勤之矣。

先生少穎異，嗜學甚篤。家貧，兄負書教授于外，自度無以謀事畜，遂棄爲賈。久之，稍積訾。兩兄皆前卒，而太夫人春秋高，子姓甚衆，以一身任教養，所宅湫隘，久而後分居，即遇患難又與合。光緒中，法蘭西、日本更内犯，兵艦窺鎮海。先生避亂之田間，必率羣從偕赴之，未嘗獨先也。以外家周氏無後，爲營葬地。姊適金氏，貧無以自立，爲撫其孤。其善遇族姻如此。既以商處海上，直

① 據《制言》第五十三期。

山西洊飢，爲醻餞振之，甚厚。疆吏欲請其賞於朝，辭勿受。其佗稟禬之役，振乏興藝之事，無勿與也。蓋《周官》以六行教鄉之民，曰孝友睦婣任恤，如先生者，可謂兼之矣。

民國十二年，先生年八十，晉夔等將以其生之日爲壽，而介余之辭以祝之。余以先生賤更菀枯，老而益茂，諸子仕宦，清末嘗受封至二品。至于今，胤胄繁孳，定省無乏，其神明又足以副之。年及胡考，而步履不衰，能窺細書，是天之所相也，雖爲祝其何以加是？

顧念衰世之士，日與農賈遠，自謂不治家人生産，久之匱屈，或乞假不廉，爲人厭薄，而商又不習義，苟得羨餘，因之以汰侈，其本行無有也。《易》稱四德，利物足以和義。苟二者離，則義利之相去日遠矣。今能上不違忠信，下不惰力作，文行足以植之，嗇事足以輔之，以持其年，以畜其子孫，此其所以貴也。辭而祝之，蓋欲以爲一國化也。

重過威丹墓[①]

（一九二四年四月五日）

落魄江湖久不歸，
故人生死總相違。
衹今重過威丹墓，
尚伴劉三醉一圍。

① 據《制言》第二十五期。

倡白話者終不能廢文言[①]

（一九二四年四月十五日）

倡白話者終不能盡廢文言。即如箸書名“哲學史大綱”，此文言也。以彼等自定之律求之，當云“哲底學底史的大底綱”。

① 據《華國月刊》第一卷第八期，一九二四年四月十五日出版。

改定張原煒《先府君軼事》[①]

（一九二四年七月十五日）

先府君好讀書，未嘗知家人生産。一日，思食魚，亟携筐趣漁舟泊所。漁者欲以德府君，先權其筐，抑其懸使下。既納魚於筐，則揚之使上。已而減筐之重以計值，告府君重若干，值若干。府君大詫，謂：“稱物宜平，汝先抑之，後揚之，其誑我耶？”漁者答曰：“抑之使筐之重，揚之則求魚之輕，意以厚公。”且爲之譬解百端，府君良久乃省，其性遺物多類此。

附：

一、張原煒原文

先府君終歲客授，生計孅屑，一不以過問。一日，家居，思啖魚，見河干泊漁舟，亟自携器往就之。漁者權其器，故抑衡示增益，

① 據《華國月刊》第一卷第十一期，一九二四年七月十五日出版。

欲以德府君，凡稱物，必先權其器，謂之約。已乃納物其中，物逾其重者衡多振，其約則反是。府君誤以爲誑己也，强漁者揚使上。漁者爲譬解之百端，良久乃省，其闊達類如此。

此事至瑣屑，然敍次頗不易，屢與諸友相商榷，苦不能達，惟蹇叟先生有以教我。張原煒記。

二、張美翊點定本

先府君好讀書，終歲客授于外，家人生産，一不以過問。一日家居，思食魚，見河干泊漁舟，亟自携筐就之。凡入市稱物，必先權儲物之器。已乃納物其中，加減之，準物之輕重以計值，無或爽者。漁者見府君躬市物，欲以德府君，先權其筐，抑其懸，使之下，既納魚於筐，則揚之使上，告府君重若干，值若干。府君大詫異，謂"稱物宜平，汝先抑之，後揚之，何也？其誑我耶？"漁者答曰："抑之使筐之重，揚之則求魚之輕，意以厚公，非概施之人。"且爲之譬解之百端，府君良久乃省，既而曰："汝毋然。稱物宜平，汝厚我，得勿薄於人耶？"卒令平之，給以值。漁人歡謝而去，鄉人見之，咸歎謂長者長者。其闊達多類此。

華嚴庵記[①]

（一九二四年七月）

華嚴庵者，北枕莫愁湖，明太傅中山武寧王之别館也。入門而升，則有賭棋樓，堂上懸中山像，衮冕南向坐，貌綽如也。後室則莫愁像，莫愁像北向。迤西有室，清曾國藩部曲爲其帥設也。國藩像亦北向，憔悴深顰，若引慝於天。中山輔明祖匡中夏，攘斥胡元，廣南都之德於燕，其南向宜矣。國藩跳梁江湖之閒，東破洪氏，舉南都士民無少長皆殺之，以是爲胡清畢力，北面而設像亦相應。此其義，曾氏部曲葢諱之，然竟以當其位，是非之心，猝然不能弃於中，葢若有鬼神相之者矣，且非徒其部曲然也。國藩誠自以爲得意者，是何其色之慘，若無所容於天地之閒也。以義律之，國藩像宜徹。顧以國藩與中山比，功罪之著易明。今其像且與莫愁比肩，不以爲辱。夫以北面相虜者，位於中山之側，得與婢妾齒，猶過也。斯所以毋徹歟？中華民國十三年七月，章炳麟記。

① 據《華國月刊》第二期第二册，一九二四年十二月出版。

《華嚴庵記》書後[1]

（一九二四年七月）

李鴻章以國交選愞，被訾曰漢奸。惟曾國藩亦以教案受謗，後之事誠有難處者。曾、李之爲漢奸，不在其後，而在其定江南之時。自國藩拔安慶，去南都咫尺，順流臨卑，克敵之規已成。而左宗棠復自江西下衢州，據浙江上游。是時中江以東，富陽以北，敵之所保者無幾耳。規以再期，洪氏之滅無疑也。以國藩見之小而其欲速，令幕府李鴻章通欵戈登，藉其援以下蘇、松。資外兵，定内亂，自古所無有。此國藩、鴻章所以爲漢奸也。

唐之禦安史也，嘗用回紇。回紇異類，而安史亦本胡種，故用之爲有名。其後德宗攻朱泚，嘗欲藉吐蕃兵力，陸贄已深幸其不成矣。自是以外，蓋未有乞師外國以助内爭者。

今洪氏之勢不過朱泚，而國藩之力十百倍於德宗。蘇、松彈丸耳，亦不足以繫兩軍勝負之數。藉令戈登兵軼界外，自請戮力，猶當以義卻之，何乃蒙恥乞援，以喪亡之餘自處哉？今就令清固華

① 據《華國月刊》第二期第二册，一九二四年十二月出版。

夏，與洪氏分逆順，其用外兵，猶不能以逃漢奸之名，況其有胡漢之辨耶？國藩爲清拒漢，此忘中國之甚也；又召遠西戈登之師以軼内地，其忘中國又甚之甚者也。若是，曾、李異日之屈於外，其可以勿論邪？應之曰：當國藩橫於江海，威稜所播，外人亦漸不敢侮矣。後之所以見侮者，由前之藉其援，藉其援則可輕之道也。彼所以難處者，自前事不慎始，又何以解其咎乎？方鴻章初舉蘇州，未有後者外交之屈也。而減賦之政，又足以惠其民。然蘇人不以爲德，其稱以漢奸者，乃獨在他省士民先。由是觀之，其於國藩亦可知也。國藩死，遺奏猶及教案，自云疚神明，慙清議。然則乞援戈登之事，乃慙疚之甚者也。夫其憔悴深矉，若無所逃於天地閒者，所謂誠之不可弇邪！

鄭井叔妥賓鐘記[①]

（一九二四年八月十五日）

鄭井叔妥賓鐘，見阮氏《款識》，後入海寧許楗家。許之子居江蘇泰州數世，負商家錢，以是器抵墨幣五百圓。商家適求余作書，因以是贈。青緑隱體，篆刻絶精，誠古之法器也。據程易疇所言，以今裁尺度之，得四寸二分，以周尺通之，爲六寸三分。裁尺古今無定度，今度以慮虒銅尺，甬長五寸二分，自舞至于長八寸，自舞至兩欒長八寸八分，兩欒相去寬一尺有二寸，與易疇所謂裁尺四寸二分者，其度絶遠。不知易疇時裁尺之度何如也？八寸八分之長，與蕤賓律管長六寸八十一分寸之二十六者不相應。大抵絲竹之樂，皆以其長合度，而金石古不論焉。所以然者，石樂倨句磬折，諸面之度不同，金樂自舞至欒，與兩欒相距，縱横之度亦異，而甬可以出聲，則凡甬欒亦似當相合計之，究不知從何起度。古之作樂者，當别有其法齊，而今不可知也。易疇强云周尺六寸三分，適符蕤賓律度，是皮傅之談也。

---

① 據《華國月刊》第一卷第十二期，一九二四年八月十五日出版。

按:《隋書·律曆志》引梁武帝《鐘律緯》云:“《山謙之記》云:‘殿前三鐘,悉是周景王所鑄無射也。’遣樂官以今無射新笛飲,不相中。以夷則笛飲,則聲韵合和。西廂一鐘,天監中移度東,以今笛飲,乃中南吕。驗其鐫刻,乃是太蔟,則下今笛二調。重敕太樂丞令更推校,鐘定有鑿處,①表裏皆然。借訪舊識,乃是宋泰始中,使張永鑿之,去銅既多,故其調嘽下。”云云。是鐘之中律,在長度與厚薄相當,非專依律管尺度以求合也。

① “有”,原作“方”,據《隋書》改。

告江浙人無恐[①]

（一九二四年八月二十一日）

四省攻浙之説，甚囂塵上，而商民遂爲所愚。其富閩之孫、周，方自相攻，贛之蔡成勳，自保不暇，其有餘力以攻浙否耶？江、皖兩省，今皆任齊爕元掌握。夫兩倔强人有相攻之事，吴佩孚與段祺瑞、熊克武與吴佩孚是也，兩油滑人斷無相攻之事。試觀齊爕元與盧永祥，爲倔强人耶？爲油滑人耶？不待深識而知之也。且以利害言之，江、皖之兵，固未必能破浙江，一擊不勝，其後患無窮，則齊必不爲也。假令引吴佩孚各部軍隊以攻浙，是敵未受創，而己先損勢，齊亦不必爲也。以是觀之，焉有攻浙之事哉？然而謡諑蠭起，如真有此事者，安知非盧、齊自造此説以欺人耶？盧之納臧、楊，浙人所不願也，又令其黄口小子廣招軍隊以當一面，其部下諸將亦不願也。夫然，則不得不造四省進攻之説以自解，此其情之可見者也。齊處江南，與昔日馮國璋、李純之勢無異，利於南北相爭，則己得從中操縱，而浙固逼處江南左右，其挾以自重更易。夫然，則不

① 據《申報》一九二四年八月二十二日。

得不虚陳攻浙之計以鈞北方,此亦其情之可見者也。兩虚相會,遂若真情,而商民墮其術中,惴惴自苦,斯真杞人之憂天耶？吾今指明其詐,是與諸君以一服安眠藥也。

再告江浙人無恐[1]

（一九二四年八月二十三日）

昨因江浙戰爭之詐，略爲指出，期使兩省人民勿徒自苦。既而來吾門者皆曰："某處調兵進逼矣，某處調兵防守矣。傳聞有據，子焉能以己意斷其爲虚耶?"乃笑而應之曰：甚哉客之淺也。凡料事者，當以其人之性質求之，更以其事之利害參之，前書所陳，已略備矣。若夫調防换汛，本軍中所恒有，然立意欺人者，則不得不借此爲符驗。彼盧之所期者，欲擴張軍隊增加收入也；齊之所期者，欲取得軍械也。盧以四省來攻欺浙人，齊以進攻浙江欺北方，而後其所期者得達。然使空言無驗，則浙人與北方未必受欺，兩方調兵，皆自造證據也，其情亦豈難見乎？自頃金融緊急，錢肆倒閉，受盧、齊欺詐之賜已多，然亦兩省商民之自愚耳。試觀勸告和平之電，日有數起，不知善欺人者，正藉此爲證人證物，此愈有摇尾乞憐之形，彼愈作劍拔弩張之態，所謂借人之愚以掩吾詐者也。兩省商民，自以爲身陷水中，急於欲出，然而掊杷愈力，則陷水愈深矣。

① 據《申報》一九二四年八月二十四日。

若其中更有奸商惡儈，意圖操縱，而故張大其詞，一類誠實商民，乃不察而從之，斯則更堪憐憫者矣。吾之此言，亦再與諸君以醒酒湯也。

改革意見書(一)[①]

（一九二四年十一月一日）

曹、吴稔惡，自取覆敗。今者段能出山，馮、胡能得志以否，雖未可知，而吴已處於必亡。然而長國𡨚人，尚無奥主，則統一不如分治。誠循三國鼎立之規，而又不相攻伐，實較統一爲優。世有倡和平統一之論者，試思曹本僞主，國會則附亂選僞之人，且又過期久矣。舉國之中，無人有召集新國會之權，亦無人有選舉新總統之權，則合法政府，自此永斷。若令軍人相推，命爲元帥，此在法律本無所取，乃是改革之術耳。既不諱言改革，又何憚而不改爲分治耶？然此尚形式之論也。今日人材，本無首出庶物者，而才望等夷，各存心競，又無互讓之勢，則統一愈不和平，而求和平者亦不可主張統一。所以各省自治而上，尚須分爲數國，或分爲二，或分爲三，或分爲四、五，悉由形勢便利、軍民願望而成，譬如兄弟分財，反少内訌，此實今日觀時立制之要點也。

至統一禦外之論，十數年來，已知不驗，即觀西南、東北諸省，

① 據《申報》一九二四年十一月一日。

自理外交，其優勝遠非北京政府可比，此非其明驗歟？

其次如行政委員制，乃勉徇統一之論，原非上策。然若並此不行，欲以一人統治，微特才力有所不逮，且今之有功者，除陝軍胡景翼外，皆昔日負罪深重之人，補愆救過，差幸自贖，而欲肆於人上，誰能服之？則不得已而改爲委員，猶補苴罅漏之術也。鄙人謹以分治制及行政委員制貢獻，在己雖有軒輊之心，在人或無輕重之辨。何去何從，願審思之。民國十三年十一月，章炳麟。

東南六省人民宣言[1]

（一九二四年十一月七日）

民國二十有二省，强盛如關東，鞏固如新疆，皆未嘗侵略南土。獨自袁世凱以迄曹、吴，或居元首，或掌國務，或主兵柄，統緒相延，皆自稱北洋正統，而對於南方各省，遍置駐防。今西南差能自保，惟吾湖北、江西、安徽、江蘇、浙江、福建六省，猶爲北洋防軍宰制之區，其間曹、吴餘孽，又居多數，自命國軍，恣睢妄作。敲剥莫甚於鄂中，焚殺莫甚於江左，自餘四省，亦相伯仲。闖、獻復生，無此殘忍，此吾六省人民之深仇。是故驅除防軍，完成自治，乃六省人民自身之責任。今北方已稱改革，果有明達之士，無論建設政府至如何程度，皆應將六省地方繳還百姓，任其解决駐防，不加絲毫干預，亦不再派一將一兵，則傳統之惡政自去，南北之情志亦通。若復以北洋正統自居，襲袁氏派遣駐防之成式，或乃袒護羣凶，引爲私屬，恣其盤踞，自取安全。吾六省人民雖弱，寧玉碎而死，不瓦全而生。其當地駐防軍首領，有煽惑人民，詐言保境安民，與僞稱自治者，吾

① 據《申報》一九二四年十一月七日。

人民亦不能受其欺也。况武昌爲開國之源，列省並仗義之地，謀夫猛將，存者尚多，各宜奮厲精神，前來扶助，以盡敬恭桑梓之義。而西南先覺諸領袖，功業隆重，遠過北洋，並望以平日改革之方法，加之指導，則六省人民，死且不朽。諸公愛國愛鄉，兼愛唇齒，忍視六省人民之無告，而不少加援手乎？某等素無穰苴之略，猶恤嫠婦之心。三户求存，不敢自薄。敬代表東南六省人民意旨以告天下。

田桐、彭介石、張知本、但燾、董昆瀛、白逾桓、謝遠涵、徐元誥、張秋白、陳陶怡、茅祖權、章炳麟、張人傑、張乃燕、王心三、宋淵源、陳銘鐘。

改革意見書(二)[①]

(一九二四年十一月十四日)

鄙人前爲《改革意見書》，以分立數國爲正軌，以行政委員制爲中策。蓋以分立之説，駭人觀聽，故仍不廢行政委員制耳！爲是説者，固不獨鄙人一人，而反對者亦衆，有謂試驗學説者，有謂一國三公，莫適爲主者，盲知事有必然，而或適與他方政制相類，則取之者不肯不從。辛亥以前，吾輩所辛苦經營者，正爲排滿耳。其於民主共和，固非其所汲汲也。而以再立帝制，適以專制肇禍，是故歸之共和，非盲從法、美政制也。今者人情所向，亦不過爲撲滅曹、吴，曹、吴既敗，而合法政府無自産生。又觀曹、吴所以能爲亂者，則北洋派之武力統一主義爲之根本。今不去其根本，而徒以解决曹、吴爲快，後有北洋派繼之，則仍一曹、吴也。是故歸之行政委員制，以合議易獨裁，則一人不能獨行其北洋傳統政策，非盲從瑞士、蘇俄政制也。若謂一國三公，莫適爲主，試思前此政制，非以國務員負責，而總統爲守府畫諾之人乎？國務員不止一人，此與行政委員復

① 據《申報》一九二四年十一月十五日。

何異？而不見其無主。且當總統去職以後，國務員攝行大政，而亦不見其無主。然則總統果無權，則誠可以不設；總統果有權，以已見轢亂國務員之成議，是虛有法制而實不行也。由前則總統與國務員爲疊床架屋，由後則總統與國務員爲同室操戈，於此又何取乎？夫行政委員之合議，猶國務員之相維也，而又無總統以臨其上，亦何不便之有？

讀者或以廣州嘗置總裁數人，終以隙末，以此爲戒，而不悟總統與國務員之仇隙彌甚也。府院相爭，前事具在：當府之强，總統有迫走總理者矣；當院之强，總理有放逐總統者矣。此之爲害，視廣州總裁制又奚若乎？

廣州諸總裁所以極於相軋者，以初制未善故也。有統兵在外者，有自不赴任者，皆以僚屬爲之代表。代表本不能直與總裁抗禮，故勢仍并於一家，其餘遂生仇衅。及其分離，則以撤回代表，使政務會議不能滿數，爲消極之抵制焉。今既鑒於前失，當令行政委員非統兵在外者，不得隨意離職，告假逾月，則以候補人繼任，亦不得許二人以上同時告假；有之，即取消名義，以候補人繼任。如此，必無勢并一家之害，亦無消極抵制之憂矣。

今之有望實者，才識偏宕，試驗可知，縱非暴戾如北洋派者，其識度亦終不足。是故取行政委員制，使長短相劑，調之適中，爲補苴罅漏之術耳。其員額少則五人，多則七人，不必兼領部務，如唐代之同平章事、明代之内閣、清代之軍機，而主席者猶首輔與領班，但當歲易一人，不得永久主席，以防專擅之過。清時政本在軍機，人主亦與軍機同議，君少則太后訓政，此猶爲有元首者。明時政本在内閣，君雖冲幼，而太后不得臨朝預事，直出内閣數人自行其意，此等於無元首者，而不聞以政事棼亂爲失，所以者何？則當事之權歸於部，惟大事則閣有特策爾。

若夫委員領部，與多置委員至數十百人者，自非叢脞，必至紛呶，吾見其不可終日矣。

外此有遷都論，有國民直接選舉總統論，亦皆對症發藥。而遷都則重累多費，直選所得，猶不過今之有望實者。故以行政委員制爲差善，要是救偏補弊之術，終非根本之治也。根本之治，終以分立爲上策。雛形已成，人情亦順，但恐下士聞道，必將大笑耳。民國十三年十一月十四日，章炳麟。

王陽明先生像贊[①]

（一九二四年十一月）

𢇲默之皃，雷霆之聲。气矜之隆，學道之名。强哉矯乎，陽明先生。章炳麟贊之云。

① 據《華國月刊》第二期第一册，一九二四年十一月出版。

中學國文書目①

（一九二四年十二月）

引

余既爲《救學弊論》，或言專務史學，亦恐主張太過。求爲中學作國文書目，意取博汎，不專以史部爲主，于是勉作斯目，顧終不以自奪前論。窮研六書，括囊九流，余素殫精於此，而前論皆以爲不亟。蓋亂世之學，不能與承平同貫也。是目但爲中學引導，知者當識其旨趣。

目

凡習國文，貴在知本達用，發越志趣，空理不足矜，浮文不足尚也。中學諸生，年在成童以上，記誦之力方强，博學篤志，將從此始。若導以佻奇，則終身無就。今列應習書目如左，或誦或閱，或

① 據《華國月刊》第二期第二册，一九二四年十二月出版。

由教師選授。雖非舊術,以限於時序,有不得已而爲之爾。

《尚書》孔傳選誦選講

孔本有僞古文經二十五篇,宜簡去。其稱孔,亦是託名,正當稱枚傳。今不用段、孫二家《尚書》者,以段祇攷正文字,孫編次古注,未有裁決故。

參攷書:惠氏《古文尚書攷》、劉氏《書序述聞》、胡氏《禹貢錐指》。

《詩》毛傳鄭箋全誦全講

《詩》多與國政相系,不得以閭巷歌謡視之。鄭箋稍短,而《詩譜》最要。

參攷書:胡氏《毛詩後箋》

《周禮》鄭注全誦全講

《周禮》爲官制之原,歷代不能出其範圍,不限於封建郡縣也。《唐六典》、《明會典》、《清會典》編次之法,皆依《周禮》。杜及三鄭注並精善,後儒不能加。

參攷書:惠氏《禮説》、江氏《周禮疑義舉要》、孫氏《周禮政要》。

《春秋左傳》杜解選誦選講

《左氏》詳述行事，括囊大典，前代史志暗昧，至是始明徵其辭。漢儒牽附《公羊》，動成違戾，故後代以杜解爲正，本非蔑古。

參攷書：杜氏《春秋釋例》、顧氏《春秋大事表》。

右經部。唐時以九經並列，宋以來合《論語》、《孝經》、《爾雅》、《孟子》則爲十三。今祗列《書》、《詩》、《周禮》、《春秋左氏》者，以爲經本古史之流，法制莫備於《周禮》，而《儀禮》、《禮記》其細也。三古大事略具於《尚書》，東周以上《詩》亦以韻文補之。春秋大事莫備於《左氏》，而《公羊》、《穀梁》不具也。若《論語》、《孝經》、《孟子》，則諸生多已誦習，不煩重舉。《周易》則義旨淵深，不可猝解。《爾雅》則今與《説文》、《廣韻》同編。故此祗取四經爲主，觀其經法行事，足以識古。猶懼義訓奥密，篇第雜亂，事狀深隱，故特存參攷書以備講習。然皆依於大體，不流於瑣碎也。若夫今文古文之爭，漢學非漢學之辨，此專志於經皆所有事，非學校教授所及也。

《史記》選誦選講

《史記》爲諸史之宗，文章雖美，而用在實録，勿以文人之見求之。

參攷書：梁氏《史記志疑》。

《資治通鑑》選閲選講

《通鑑》攷定正史之誤，且多補苴闕軼。故獨爲信史，非專以貫穿紀傳爲能。

《續通鑑》選閲選講

此書不如《通鑑》甚遠，然捨此亦無他書可代。

《明通鑑》選閲選講

述明征撫東夷及明清和戰事。亦有曲筆，大體可觀。

清五朝《東華録》蔣良騏，選閲選講

此書雖簡略，以直筆不諱爲美。清初事狀，或有緣飾，則仍實録、方略之謬爾。

史部地理總參攷書：顧氏《方輿紀要》、洪氏《乾隆府廳州縣志》。

右史部。史之發人志趣，益人神智，其用實倍於經，非獨多識往事而已。漢儒通經致用，中興二十八將，則多習《左氏》。及昭烈課子，仲謀教吕蒙，始用《漢書》三史。自是通史致用遂爲通則。人不習史，端者不過爲鄉里善人，庸者則務在衣食室家，而尚奇者或爲亂政之魁。清末至今,其弊可見。大抵學校專趣口講,則部帙廣博者不便,非空言籠罩,則偏詳皇古而略近代,舍實取虛,背明向暗,所謂好畫鬼魅惡圖犬馬者矣。或取紀事本末爲説,然年月闊略,須附紀傳編年以行,事各爲志,亦於當時利病相隔,終不可以爲訓也。今者趣重目治,得救口講之獘,導原《史記》,以存三古周秦大略。其後則專以《通鑑》爲主。唯清代未有專書,王氏《東華録》有文牘而無行事,且亦緐蕪寡要,略涉忌諱,徑與删除,尤爲阿諂,故采蔣氏書備數。如此,尚得七百餘卷。比於全史,雖止四分之一,中學猶不能盡習。其閒亦有碎事無關得失者,故以選閲選講約之。高才之士,亦不以此爲限也。讀史者不識郡縣建置,如行棋無局,故以顧、洪二家爲總參攷書。

《老子》王弼注全閲略講

《老子》本内聖外王之書,切弗比附羽流,致成迷罔。王注以上,韓非《解老》、《喻老》最善。其河上公注出於僞託,不足觀也。

《莊子》郭象注選閲略講,亦可選誦

《天下》篇爲《莊子》自序,依此可得指歸。

《荀子》楊倞注選閱選講，亦可選誦

《荀子》體大慮周，與《孟子》立異。古者道統之説未興，自漢至唐，孟、荀二子同稱大儒。宋以來漸被排擯，此執一之誤。

《韓非子》選閱選講，亦可選誦

韓非有法有術，近人徑以刀筆吏爲習申韓，大謬。

《吕氏春秋》高誘注選閱選講，亦可選誦

《吕氏》本雜家，凡周秦諸子之説，今已無存者，可藉此窺其一二。

《中論》選閱選講，亦可選誦

《中論》述朋黨之獘，足爲近時鑒戒。《申鑒》亦相似，或謂徐偉長以此阿附魏武。然《抱朴》外篇亦有是論，異世同聲，又何所阿附也？

《申鑒》選閱選講，亦可選誦

《顔氏家訓》選閱選講

《家訓》質實平易，不爲高談，鍼砭末俗，至今可用，惟涉及階級

者宜省。

《文中子》选閱選講

《文中子》雖僞書,然評事多當。且亦其子孫所託,非絶無緒言。

《二程遺書》選閱選講

明道疏通,伊川錮蔽。此陸子静之言也。觀《遺書》當取其高明光大之論爲主,若後人所譏支離之病,此則朱學有之,伊川無是也。

《王文成公全書》《傳習録》、《文録》等,選閱選講

王、湛同稱,湛之學本陳公甫,聰明闊達。陳或過王,其書多詩,明白論學者頗少,故今但取王氏。

《顔氏學記》選閱選講

顔氏一派,趣重實事,兼有俠風,實與温公之學同源而稍壯烈矣,亂世尤不可闕。

右子部。諸子非純粹哲學,大抵可行於身,可施於國,與張皇幽眇、空理取勝者大殊。管、墨二子,文義艱深,轉寫多誤,不便初學。《淮南》文豔而用寡,《法言》語短而理詘,故並置之。自宋而

後，理學分途，不勝列舉。然《通書》、《正蒙》之流，辭過淵奥。朱、陸同異之辨，無益於人。故上取二程，下取文成爲主。《顏氏學記》與宋明理學異趣，要其所歸，則《周官》德行、道藝之事，合於古之儒術，故亦録焉。修身應物，終以理學爲要，此諸家者，亦不墮入迂滯也。

《古文辭類纂》選誦選講

姚氏是選，裁别過嚴。然自南宋至明中葉，文近制舉者，悉與屏除，此可見文章義法矣。若數典、記事、談理三件，非此所能盡。

《續古文辭類纂》王氏，選誦選講

《古詩源》選誦選講

《古詩紀》太緐，近人《八代詩選》，猶患其多，兹取《古詩源》，以其簡而有法。

《唐詩别裁》選誦選講

詩體至唐已備，故不及宋明，别裁亦不失雅正。

右集部。陳説事義，非文不宣；抒寫情性，非詩不達。然中學諸生，方務爲學，此則未暇。究之經史諸子，文皆閎美，善文者本不賴於集部，惟由是知其體式爾。詩則自有别才别趣，苟非其人，雖習亦無效，今於别集悉置不録。總集如《文選》，亦不宜於始學。祇取四種，使知辭尚體要，詩歸正則則止矣。且玩春華而忽秋實，本學者之大戒。唐李德裕謂其家不蓄《文選》，惡其浮華。語雖過激，於今日則正爲鍼砭。若夫俚歌鄙語，揮霍立就，則無足置論矣。文史諸書，如《史通》、《文史通義》等，今亦不采者，所求乎學子在其深造以致遠，不欲其語高而長傲也。

《説文句讀》全閲全講

王氏是書，簡要易知，改竄文字太甚，得大小徐舊本可校。

《説文解字注》參閲閒講

段氏書精求音韵訓詁，然後知《説文》非《九經字樣》之流，草創方始，過誤自所不免，不足以傷其大體也。其改竄文字太甚，得大小徐舊本可校。

《爾雅義疏》參閲閒講

郝氏書勝於邵二雲，視王氏《廣雅疏證》則猶未逮。然廣陳五雅，爲專治訓詁者事。今《爾雅》尚備參閲，不能及其餘也。

《廣韵》參閲

《廣韵》本辨音之書。唐宋功令，作詩許通用。清《佩文韵》即其遺也。功令既廢，自宜以《廣韵》爲主，且攷迹古音，非《廣韵》無以闚門徑。以此事尚非中學所亟，故衹録《廣韵》。

《經傳釋詞》參閲閒講

右文字訓詁音韵之書，古所謂小學也。研精此事，非十年不爲功。然不識其原，於舊籍必多窒礙。讀書而不識字，識字而不能舉其正音，是冥行索暗而已。今存此五種。

《世説新語》參閲閒講

魏晉閒精言眇論多在此書。若專取機鋒，流入輕侻，則負作者之心，且亦自誤。

《夢谿筆談》參閲閒講

《困學紀聞》翁注選閲選講

《日知録》黄釋選閲選講

顧氏書有被清人改削處，如稱明不稱我朝是也。藩鎮諸條，開端言明代之患大略與宋同，絶不舉其事迹，其被删可知。

《十駕齋養新録》參閲間講

右諸書本諸子類。所謂儒家、雜家、小説家之書也。《紀聞》以下，包羅深廣，讀諸書者，咸有取資。而《日知録》獨舉大體，其《世説》則多存名理，《筆談》則兼綜藝事。非諸説部所擬，是以分出諸種於子部外，爲學者博其趣爾。

《中華民國憲法》全閲

此書西南諸省未認，然將來修改，恐亦不能逾此。

《中華民國刑律》檢閲

《儀禮·喪服》篇檢閲

《清服制圖》檢閱

右法律禮制之書。文人不知禮法，則昌狂自恣，流害風俗，甚於盜賊。且入官以後，冥冥不習者多矣。宋儒束身，或摭古禮，而條章殘缺，古今異宜，終難見之事實，故明儒多依當代法制爲定。今者婚姻喪紀，未有定則，所以垂示百姓者，惟有憲法、刑律而已。喪服今猶未廢。赴告之書，尚存儀式。而國家未頒喪服等次，苦無據依。《儀禮》諸篇，今久不用，惟《喪服》尚存大略，其閒天子、諸侯、大夫以階級異服者，自漢而下，已爲棄物。平民喪服等制，則大體不殊，歷代稍有變更，其規模猶昔也。今既無國典可依，故上采《儀禮・喪服》，下存清代服圖。雖沿斬、齊、功、緦諸名，實未定衰裳法式，故當時民閒持服，略依明制，其式亦具於《儀禮》。

《西獄華山廟碑》跋[①]

（一九二四年冬）

岳山碑傳世者，以長垣本爲佳。吾宗荷亭，清末有事吉林，自女真人家复尋此本，碑額瀏處與長垣本差同，而圭字不損，葢欲駕而上之矣。是碑偁“中宗”曰“仲宗”，昔人以爲好奇。近雒陽三字石經見世，“中宗”篆隸正作“仲宗”，乃知古文《尚書》師讀如此。世以此碑爲中郎筆，按中郎所書石經祇三家，今文耳目濡染，未及古學，作是碑者，其學必在中郎上也。民國十三年冬，章炳麟。

① 據《紹興師專學報》一九八二年第一期。

跋但植之《鼂鼉賦》[①]

（一九二四年）

漢賦尚矣，後之作者，絶塵莫及。自來造作，要不能脱唐人藩籬。兹篇上方不足，下方有餘。六朝人集中，亦多見之。

① 據《制言》第二十七期。

書秦蕙田《五禮通攷》後[①]

（一九二五年一月）

昔曾國藩喜秦蕙田《五禮通攷》，謂宜與杜、馬二家爲參。余讀其書，平章經禮，未能如杜公；以用於世，又去馬氏甚遠。顧何以得此於國藩邪？

比茶陵譚延闓示余王闓運筆記，乃知國藩爲穆彰阿所識拔，和戎之議，牢持於其心。而《五禮通攷》獨楬和親一部，爲杜、馬二書所無有，宜矣，其深相會也。

和親者，自漢而有之。中國之與異域，其張弛不常，有時國無勝兵，或欲爲人民休息計，及其人以賓旅入者，與之和親，謀國者所宜有。若蕙田之爲此，其意殆有異矣。始宋相江寧秦檜，以與金人解仇議和，受册封，解三帥兵，殺岳飛，禍其國，士民疢之，惡聲六七百年不絶口。而檜後皆徙無錫爲著姓，慙不敢自名，蕙田則其人也。所以楬和親者，則孝慈之意邪？

昔邱文莊言檜有恢復功，人以爲好奇。文莊，海南人也，習其

① 據《華國月刊》第二期第三册，一九二五年一月出版。

所見，常以南兵不能當北虜，獨於明棄交趾，則歎息不容口，葢方隅之見然也。及其修《英宗實録》，有言于謙當以不軌書者，應之曰："己巳之變，微于公，社稷危矣。"其持正又如此。今蕙田以其祖之恥，國藩以其所受於舉主者，遂以中國之於異域，宜始終屈節，固不得與文莊比。然自國藩張大秦氏，卒藉戈登兵以拔蘇、松，其辱國有甚於和親者。其後郭嵩燾之徒，乃誠以檜爲明哲，此亦未足異也。檜不過主和親，蕙田不過欲雪其祖，而國藩乃召戎以軼中國，是又檜與蕙田之罪人也。

《現代民主政治》序[①]

（一九二五年二月）

入人之國而察其政治，於其俗尚因革，法度張弛之所由來，心知其意，而不爲虚名高論所瞀者，斯可與之觀國矣。並世之士，著書騰説者雖衆，其能不囿於時病，不域於國情，得乎中庸者，蓋有之矣，我未之見也。

中夏代議之制，導源於漢孝昭始元鹽鐵榷酤之會議。自左雄以考試制與選舉制參用，隋唐而後，乃專用考試制登進人才，而以給事中、御史司代議之柄。中夏之治，所以不盡爲暴君專制所壞者，幸賴先哲貽謀之善耳。遠西之移植代議制於彼土，蓋百有餘年矣。立國於方輿之上，規放此制，號稱代議之府者，數以百計。方其建立此制之始，如火然泉達，取法者唯恐不及。今者法久弊生，爲剏始者所不及燭，謀國者無以善其後，乃回溯民本之義，建立創制權、復決權、罷免權，欲用以追議士之横恣，矯政黨之窳敗，息庶僚之貪汙，見卵而求時夜，於治標亦宜。然施之廣土衆民之國，民

① 據《華國月刊》第二期第四册，一九二五年二月出版。

德不齊，方俗各異，以立法、行政之事，責難於齊民，而提防不嚴，銜轡不謹，其所收穫，吾未見其有愈於代議制也。

余頃與諸子閒居講論，刱爲《華國月刊》，曾著論主采前代給事中、御史制，建置監察、彈劾兩權，廓清代議之弊。蒲圻但燾獨是余說，謂持此以往，太平之治，不難立致。惜蒲萊士已没，不獲聞吾之言，以爲代議制之藥石也。蒲萊士從政日久，察理論事，無所偏倚，不苟爲詭説以誣民，其於諸國政俗汙隆、典章易置之故，亦能撢其源流。兹書之作，致力勤而用心苦，求之彼中，誠難能可貴。暢卿之譯是書，亦將以爲納牖之用也。然若以兹書爲代議制之針艾，欲以之起其膏肓，則不特蒲萊士之所不敢任，而亦余與暢卿之所未許也。暢卿既譯是書，重以年來所身歷於代議政黨叢弊之所由，當有痛心搤腕不能自抑者。試更進而求中夏之政典，於余所揭櫫之給事中、御史制，轉相攷核，以與代議制校其得失，吾知其必曠然若發蒙也。因暢卿求序，遂書以了之。

汪寄菴、星伯書畫例[1]

（一九二五年二月）

書例

楹聯:三尺三元,每尺遞加一元。

堂幅:每尺二元。

屏條:每尺一元。

横幅:如堂幅。

便面:每頁一元。

册頁:如便面,大册加倍。

匾額:每字一尺以内二元,二尺以内四元,三尺以内六元。

篆書加倍,來文加倍,精楷加倍,泥金加倍。劣紙不書。書屏、墓志另議。

山水例

堂幅:每尺六元,六尺以上另議。

直幅:三尺八元,三尺以上每尺遞加四元,不足三尺者以三

① 據《華國月刊》第二期第四册,一九二五年二月出版。

尺計。

屏條:如直幅。

横幅:如堂幅。

便面:每柄四元。

册頁:如便面,大册加倍。

青緑加半,景點加倍。卷子另議。泥金磁青劣紙不畫,墨費加一。

星伯鐵筆

石章:每字壹元。

極大極小加倍。印譜每册二元。牙角、晶銅、劣石不刻。

先潤後作,約日取件。

收件處:北京、上海、蘇州各大箋扇號。

寓上海福星里五十二號《華國月刊》社、蘇州婁門北街華陽橋西一八八號。

張仲仁、章太炎、顧鶴逸、費仲深代訂。

論組織辛亥同志俱樂部[1]

（一九二五年三月七日）

此次組黨活動，醞釀甚久。其初各方意見，擬即乘時合組一黨。據唐君少川意見，以爲不妨即命名國民黨，但以其恐與現在之國民黨相混，未能成立。又有人主張襲同盟會之舊名者。但以此次組合，既係集合南北革命同志，南方同志如光復會、共進會等，雖俱與同盟會直接間接有關；而北方如馮玉祥、張紹曾輩，則與同盟會可謂絲毫無關。故經衆商定不如命名稍取混統，其先擬名“辛亥革命同志俱樂部”，後逕將“革命”二字删去。現在此種組織，尚爲初步，至正式組黨，尚須有待，因同志北行者多，擬俟返滬後再商。

---

① 據《申報》一九二五年三月八日。

定期追悼王文慶通告[1]

（一九二五年三月十二日）

王君文慶於民國十四年夏正十一日歿於上海福民醫院。君本光復舊勳，及袁氏稱帝，又與浙中豪俊驅除朱瑞，名滿東南，而性情澹泊。最近浙局不甯，方欲投袂，竟以腹疾告終，身後蕭條，家無積粟。古人有言，死於我殯，此則後死之責。生平言行，亦宜著之銘頌，以妥英靈。爰於陽曆三月二十九日、夏曆二月初六日下午一時，假上海公共租界北京路報本堂開會追悼，並商身後事宜，籌備處假愛文義路聯珠里全浙公會内。

① 據《申報》一九二五年三月十三日。

對改南京城爲中山城的意見①

（一九二五年三月二十四日）

聞擬改江寧城爲中山城，此蓋摹擬華盛頓府爲之，以義則不應爾也。國家非一人之私，雖一省城亦不應施號以自伐。中上帝王，昔雖專制，然亦未聞以私氏冠地方者。明太祖攘斥胡元，不假他力，其功至高，建都南京，始造城郭，亦未聞以朱氏冠之。孫公勳業雖高，比於明祖，則猶稍遜，而城池復非孫公所造，何得私之於己？況改建共和，稱曰民主，尤不應以一人名號，變國家都邑之正稱。華盛頓氏，乃彼土習慣使然，若施之中國，則以爲僭濫矣。竊謂孫公功業，昭在耳目，載之國史，豈以改立稱謂而傳？若夫營葬鍾山，與明祖孝陵相儷，生榮死哀，亦已備至，自非陵谷變遷，寇賊發掘，其傳必視虚號爲長。曾記民國元年，孫公曾改本籍香山爲中山縣，未幾爲袁氏而廢，其後孫公再蒞廣州，並未恢復，蓋亦知虚號之不足重也。且孫公本字逸仙，其自署中山者，乃因避地日本，借彼土

① 據《申報》一九二五年三月二十五日。

姓氏以榜門耳。復又改稱高野，亦借東人姓氏爲之，而口語相傳，中山遂爲定號。原其事始，陸非地望，亦非别字，徒以隱諱之故，始借東人氏族爲標，此本不爲典要，尤不宜以易城邑正稱也。

祭王文慶文[1]

（一九二五年三月二十九日）

維民國十有四年夏曆乙丑三月朔越五日，炳麟等謹以清酌庶饈之儀，致祭於王君文慶之靈曰：嗚呼文慶！正氣所孕。有清末造，崛起革命。振臂疾呼，追逐豪俊。瀛海歸來，浙局底定。名滿東南，氣攝藩鎮。芻狗功名，土苴政柄。恬退山林，澹泊明性。每當政變，奮不避刃。義師所指，介胄忠信。甲子之役，不幸敗衄。入險出夷，身免者僅。三軍皆墨，憂憤交併。欝欝滬瀆，寢成錮病。藥石無靈，刀圭雜進。自冬徂春，醫術告罄。嗚呼文慶！歲寒後凋，疾風知勁。喘息尚存，詎甘退聽。天促其駕，遽振驂乘。解脱塵緣，從兹清淨。男兒死耳，亦復何靳？嗚呼文慶！哀我同人，氣求聲應。死别悠悠，生存已賸。欲整河山，誰闢途徑？下覓九淵，上窮千仞。相對欷歔，寂寂無興。痛哭失聲，撫此遺櫬。聊具芻酒，以將恭敬。魂兮有知，請臨觴政。哀哉尚饗。

---

① 据《申報》一九二五年三月三十日。

論孫中山的歷史功績[①]

（一九二五年三月下旬）

三民主義爲先生所首創，惟民族主義因有憑藉，故先生能集其大成，以達目的；至民權二字，照國内現狀觀之，尚未能完全做到；至民生二字，一切實施，則更爲幼稚。總之，先生做事，抱定奮鬥精神，堅苦卓絶，確爲吾黨健者。深願大家竟先生未竟之功，努力救國，則追悼先生，始有價值也。至於擬改江甯城爲中山城，此蓋摹擬華盛頓府爲之，以義則不應爾也。改建共和，稱曰民主，不應以一人名號，變國家都邑之正稱。華盛頓事乃彼土習慣使然。竊謂孫公功業，昭人耳目，載之國史，生榮死哀，亦已備至，自非陵谷遷變，寇賊發掘，其傳必視虚號爲長也。

① 據《中山叢書》附志《中山逝世後中外各界之評論》。

徵求對句[①]

（一九二五年三月）

前中山後中山皆葬鍾山之麓。鍾中諧音。

① 據《華國月刊》第二期第五册，一九二五年三月出版。

輓孫中山聯[1]

（一九二五年四月十二日）

洪以甲子滅，公以乙丑殂，六十年間成敗異；

生襲中山稱，死傍孝陵葬，一匡天下古今同。

① 據《辛亥革命七十周年》，上海人民出版社一九八一年版。

再輓孫中山聯[1]

（一九二五年四月十二日）

孫郎使天下三分,當魏德萌芽,江表豈曾忘襲許?
南國本吾家舊物,怨靈修浩蕩,武關無故入盟秦。

① 據《制言》二十五期。

書段若膺《明世宗非禮論》後[1]

（一九二五年四月）

明大禮之議，楊文忠等以爲宜考孝宗，兄武宗，遂爲璁、萼所持。段若膺爲十論定之，曰爲人後者，不必皆子行，《春秋》僖公以庶兄後其弟閔公，三傳猶謂閔、僖爲父子，則世宗宜考武宗。《禮經》偁爲人後者爲其父母報，本生之不改其號，亦人情自然。歐陽公之説，亦不失也。

斯議博而篤矣，未及禮之微也。《喪服傳》曰："爲人後者孰後？後大宗也。大宗者，尊之統也，收族者也，不可以絶。"故族人以支子後大宗也，適子不得後大宗。夫必二者備，然後應於爲之子之義，所後者非大宗，則不受重，故羊曁、羊伊不肯後祜，諸葛喬、皇甫謐，皆先後叔父，後還其宗，已爲適子，則不得爲人後。漢哀帝、明世宗，皆適子也，而又無兄弟，既失禮而取爲後，又援禮以繩之，必不得矣。斯所以致褒猶璁、萼之口也。世宗，戾人也。其與璁、萼之罪，不在本事。因其事以自恣，削黜老成，杖殺諫士，鷙刻之道既

① 據《華國月刊》第二期第六册，一九二五年四月出版。

流，訖嚴嵩敗，然後已。明德既衰，後雖有賢相弗能振，則世宗、璁、萼之罪也。且以不仁之人而修禮樂，其極必趣於鬼道。是故大典成則議郊祀，郊祀成則修齋醮，舉軍國之重，以歸功於玄修，使庫藏耗竭，將校解體，及俺荅犯京師，明之不亡者幸耳。是故世宗爲僻王，而璁、萼爲逢君之惡，雖桀、紂之謚，廉、來之戮，不足以塞其罪矣！何乃論禮之是非哉？楊文襄初家居，亦以璁議爲是。後起家主兵部，浸及再相，大禮已決，諸臣之死竄者，已不救矣。然獨請宥議禮諸臣，又言持論者尚紛更，臣獨安靜，尚刻覈，臣獨寬平，斯貞邪之所由分歟？

爲華界販賣鴉片之宣言[①]

（一九二五年五月二十一日）

頃日海上私販鴉片者，明目張膽，無所顧忌。人民日呼籲於北廷，政府但以敷衍了事。其所派查禁人員，始爲曾毓雋，後爲盧永祥、鄭謙。曾、盧往日之事，共在耳目，派令查禁，此與狐謀皮也。即北廷之執政者，平居嗜好，當亦人所共聞，人民欲藉其力以申禁，此仍與狐謀皮也。當今軍界、政界，與鴉片既有不可解之緣，誠欲禁絶，上之行法，當始尊貴；下之檢貨，宜在人民。昔清廷雖無善政，而調驗烟癖，雖王公將相不能免。今應由國會非常會議推舉公正人員兼有兵柄者，爲禁烟員，苟有所聞，雖當軸秉政者，亦當拘係以待戒淨，然後貴人凜然，不敢觸犯，此所謂行法當始尊貴也。今之販賣者，託於軍警保護，然轉相授受，與其屯積之所，仍在商家，軍警焉能事事而庇之？宜仿抵制日貨辦法，由工商人等自行緝獲，當衆燒毁。如果開設土行，明白有據者，既在觸犯刑律之限，拘其

---

① 據《申報》一九二五年五月二十二日。

人,禁其貨,軍警亦何能强庇?從前抵制日貨,調查所及,細入秋豪,何不可仿而行之?此所謂檢貨宜在人民也。若不能自立,徒以文電求之他人,必無效驗可覩矣。

祭胡景翼文[1]

（一九二五年五月三十一日）

維中華民國十四年五月三十一日，章炳麟等，敬以醴酒花果之奠，公祭於故上將軍胡公笠僧之靈：嗚呼哀哉！國家昏亂，羣盜縱横。廓清區宇，必資豪英。矯矯胡公，光大含宏。崛起西北，虜運告盈。功成不居，負笈滄瀛。志存匡濟，復履戎行。會逢僭竊，赫然陳兵。篡夫氣褫，終懼天刑。賊之餘孽，盗弄權衡。毁法亂紀，賣國求榮。聲罪致討，兵敗義申。隆志東歸，雌伏不鳴。國胡多難，姦猾頻生。此攘彼奪，雞鶩相爭。及錕竊位，益播醜聲。勃然虎嘯，斬刈鯢鯨。羣兇殄滅，禹甸清明。開府中原，大梁揚旍。百廢俱舉，民物咸亨。劉、憨肆毒，師出無名。摧鋒伊洛，禍亂克平。烝黎喁喁，望治方殷。何圖不禄？遽爾返真。天柱既折，地維則傾。安所依賴？痛哭失聲。設位以祭，聊致欵誠。嗚呼哀哉！尚饗。

---

① 據《申報》一九二五年五月三十一日。

胡景翼遺像贊[①]

（一九二五年五月）

淵海之量，螭虎之武。懿此碩人，宜司中土。壽不盈三紀，而氣彌於永古。

① 據《胡景翼遺事》，一九二五年出版。

對五卅慘劇之意見[①]

（一九二五年七月一日）

五卅慘劇，舉國悲憤，民氣激昂，實行經濟絶交，一致對外，足見吾民族精神未死。近漢、粤又繼續發生慘案，英人實屬慘無人道。吾人現時須一致對英。滬上交涉，雖已移京，無論成敗，應努力奮鬥，堅持到底。交涉員雖不努力，有民衆爲後盾，當不虞失敗。惟至使吾人悲嘆者，國内軍閥，勇於内爭，怯於公戰，所發言論，未嘗不冠冕堂皇，查其所行，適背道而馳。故軍閥已不可恃，所可恃者，惟吾民衆耳。不過民衆手無寸鐵，現學生聯合會雖有軍事委員會之組織，而收集軍械，則極感困難。但以現時激昂之民氣，一面督促政府，一面實行經濟絶交，努力奮鬥，堅持到底，終必得最後之勝利。

---

① 據《申報》一九二五年七月二日，題《章太炎對學生會代表之談話》。

與公平通信社記者的談話[①]

（一九二五年八月十三日）

問：近日京津及南中各省忽有恢復法統之説，甚囂塵上，真相若何，先生對此之意見又若何？

答：恢復法統，雖有其説，但證以國人厭亂之心理，欲回復曹錕時代之憲法，固屬萬不可能之事。至余則向主恢復《臨時約法》者。然今日欲語恢復法統者，則尚屬無稽之談也。

問：報載九省聯盟，直系各省暗與國民軍聯絡，時局上將有新發展之形勢，先生果有所聞乎？

答：國民軍與直系各省之勾結顯然爲拒奉之一種策略，果使國民軍不失其原有之地位，則時局趨勢，亦惟暫守其靜默而已。

問：江浙形勢緩和，戰事當不致實現乎？

答：江浙間事，非僅局部之問題，實隱與大局趨勢有密切之關係，但目前可決戰事不致實現也。

問：西南各省近與北京政府釋嫌修好，和平統一，果得實現乎？

---

① 據《申報》一九二五年八月十四日。

答:西南各省,因爲求外交步驟之合一起見,故粵政府爲粵案與政府磋商對外一致之方略,西南間有派員列席國民會議者,但此純爲相互間之聯絡。國民會議,依余之觀察,成立實難握算,遑論和平統一之能實現乎?

讀《論語》小記[①]

（一九二五年八月）

《論語》者，六藝之紀綱。自漢以來，綴學者靡不誦之，以爲義易知也。然古文《論語》初出壁中，宣帝下太帝博士時，尚稱書難曉。見《論衡・正説篇》。而齊、魯二家，復多異字。今之集解本，乃參合三家爲之，雖以馬、鄭、苞、周之訓，及近代經師所甄明，猶有未釋然者。定海黄家岱嘗云：《論語》多齊魯、方言。《鄉黨》篇“逞顔色，怡怡如”，《方言》云“逞，快也，自山而東口逞”，是“逞顔色”用齊語也。“色斯舉矣”。色斯，猶率然。《公羊》哀六年《傳》有“色然而駭”之文，當是齊語。《陽貨》篇“患得”之義，訓不得。《公羊傳》“如勿與而已矣”，何注：“如，即不如也。”齊人語急，則此不得謂之得，亦齊人語矣。黄説如是。然亦有字詁雅訓炳然在前，而先師多失其義者，余更紬繹數事，録如左方。

《泰伯》篇“士不可以不弘毅，任重而道遠”。按：《説文》强從弘聲，舊言强弱者，多借强爲彊，則弘亦可借爲彊。且《説文》弘，弓聲

① 據《華國月刊》第二期第八册，一九二五年八月出版。

也，弓聲剛厲，則引伸自有彊義。此之弘毅，猶通俗言强毅耳。强故能任重，毅故能致遠。苞氏訓弘爲大，任重焉用大爲也？《子張》篇："執德不弘，信道不篤，焉能爲有？焉能爲亡？"弘亦今强字。《釋詁》："篤，固也。"執以强言，信以固言，其義相類。

《顏淵》篇"膚受之訴"。按《説文》："臚，皮也。"膚籀文臚，是膚、臚本同字，古多用臚爲傳義。《漢·百官公卿表》"大鴻臚"，應劭曰："郊廟行禮贊九賓，鴻聲臚傳之也。"《叔孫通傳》"臚句傳"，蘇林曰："上傳語告下爲臚，下告上爲句。"然通言亦無上下之别。《晉語》"風聽臚言於市"，韋解："臚，傳也。"此膚受即今字臚受，受此臚言，謂之臚受，猶云傳受耳。夫論政可以傳言知利病，聽愬不得以傳言定是非，蜚語流辭，莫尋根本，此愬若行，則黑白殽亂，枉濫無極，故以不行爲明遠。《唐律》："諸投匿名書告人罪者，流二千里。得書者，皆即焚之。若將送官司者，徒一年。官司受而爲理者，加二等。被告者不坐。輒上聞者，徒三年。"然則匿名投書爲臚，得書不焚爲受，將送官司及上聞，爲臚受之訴，其義至明。明清律尚嚴匿名揭帖之禁，亦本唐法。然臺官風聞，緹騎偵事，皆許上聞，則臚受之訴仍不絶，是以歎明遠之難也。馬氏説爲皮膚外語，皇疏謂如皮膚之受塵垢，皆失其義。漢人或言末學膚受者，蓋謂承受師傳，無事理實徵耳，亦非皮膚義也。

《憲問》篇"公叔文子之臣大夫僎，與文子同升諸公"。按《説文》："僎，具也。"大夫僎者，猶言官事不攝，此文子與管仲所同。管仲視爲私屬則謂之不儉，文子同升諸公，則謂之文。周制，諸侯之卿，尚命於天子，則卿之家臣官大夫者，命於君可知。《記》載工尹商陽言“朝不坐，晏不與”者，惟士爲然。既官大夫，則公朝得與其主並坐。當時獨文子能行是禮，故曰可以爲文。僞孔及皇疏乃以僎爲大夫之名，殊無所據也。

《衛靈公》篇“君子固窮，小人窮斯濫矣”。固與濫，相對爲文。《釋詁》：“堅，固也。”《易·文言》：“貞固足以幹事。”然則固窮者，猶言處困而貞，亦猶言貧且益堅耳。《莊子·讓王》篇亦載此事，云：“内省而不窮於道，臨難而不失其德。天寒既至，霜雪既降，吾是以知松柏之茂也。”正明堅貞之旨。蓋孔子以子路不平，故不答其問，而告以處窮之道。若謂君子固應窮者，禹、稷、伊尹之達，又當何説？若如集解謂君子固亦有窮時，則又增字解經矣。

《陽貨》篇“懷其寶而迷其邦，可謂仁乎？”按：迷本從辵，《易》言“先迷失道”，《楚辭》言“及行迷之未遠”，皆指行路言之。《説文》：“迷，惑也。”《易·文言》曰：“或之者，疑之也。”孔子棲棲游説，去留無恒，故陽貨諷之，言懷其國之禄，而於其國去留無定爾。皇疏謂：“汝懷藏佐時之道，不肯出仕，使邦國迷亂。”夫不仕則身不與事，何能使邦國迷亂耶？

書　例[①]

（一九二五年八月）

篆聯：七尺至八尺三十元，六尺廿四元，五尺二十元，四尺十六元，不及四尺者以四尺論。

行聯：七尺至八尺廿四元，六尺十六元，五尺十二元，四尺十元。

篆中堂：一丈六十元，八尺四十八元，七尺四十二元，六尺三十六元，五尺三十元，四尺二十四元。

行中堂：一丈四十元，八尺三十二元，七尺二十八元，六尺二十四元，五尺廿元，四尺十六元。

篆屏幅：一丈每幅廿四元，七尺至八尺廿元，六尺十六元，五尺十四元，四尺十元。

行屏幅：一丈每幅十六元，七尺至八尺十四元，六尺十二元，五尺十元，四尺八元。

立幅準屏幅例。

---

① 據《華國月刊》第二期第八册，一九二五年八月出版。

横幅、半幅準屏幅，全幅準中堂。

篆榜：一尺字每字十元，二尺字每字二十元，三尺以外别議，不足尺以尺計。

碑誌、篆額、手卷、册葉另議。

磨墨費一成。先潤後作，一月取件。

收件處：上海麥根路福星里五十二號華國月刊社、上海箋各大紙店。

湖南縣長考試甄録試布告[1]

（一九二五年九月二十九日）

爲布告事。案准湖南省長趙緘送湖南縣長考試甄録試試卷四百三十七本，請會同主試委員評定甲乙，分别取舍。查對彌封底册，列榜揭示，並希賜覆等因。准此。兹經審閲完竣，取録何長□等一百六十名。除緘覆湖南省長，定期舉行初試、覆試外，相應將取録各員姓名，按照評定名次揭示如左。仰即知照。此布。

① 據長沙《大公報》一九二五年九月二十九日。

湖南縣長考試揭曉榜示[1]

（一九二五年十月四日）

榜示事。照得湖南縣長考試，業經定期，分别舉行初試、覆試各在案。查《湖南縣長考試暫行條例》第十七條之規定，須將取録者之姓名等第列□揭示。[2]兹經本委員長章會同主試委員評定甲乙，[3]取録合格者吴天牧等三十名。除册報湖南省長趙給與縣長考試合格證書外，合行□示於左，[4]須至榜示者。

---

① 據長沙《大公報》一九二五年十月四日。

② □，原爲空格。

③ “章”，原作“長”，據上文改。

④ □，原爲空格。

在湖南省議會的演講[①]

（一九二五年十月七日）

湖南自制憲自治以來，時處風雨飄摇之中，現在已漸臻鞏固。在西南各省中比較爲好，如雲南、廣西，雖掛自治招牌，并未制憲，是假自治；廣東内部現正糾紛；川、黔則已受執政府命令；均不足以言自治。

湖南雖係中華民國之一省，不能脱離國政府，但須有合法政府方可承認。此次段祺瑞之執政府，法律并無根據，段自稱爲革命行動，殊不知曹錕乃叛法賄選之人。推翻曹錕，[②]祇能算懲辦犯罪之人，何能認作革命？近來召集國憲起草委員會、參政院、軍政財政委員會等，此種人員，均係各省督辦、省長所派。督辦、省長如有變動，即須更派。是彼等只能代表督辦、省長私人，不能代表地方。政府方面派人參加與否，議會可不過問，至於議會乃人民代表，不能贊成，否則議會將無以立足。

又，國民會議選舉亦屬不合法之舉，且代表又無起草國憲之

---

① 據長沙《大公報》一九二五年十月八日。

② 二“錕”字，原皆誤作“琨”。

權。湘爲自治省分,可以不辦。政府如辦,議會爲人民代表,應加干涉。須有合法中央政府,湘省始可承認。

近來湘省情形較西南各省爲安靜,希望抱定聯治主義做去。大勢所趨,頗有成功之望。不宜妄自菲薄。

跋姜拙文得明太祖像[1]

（一九二五年十月八日）

拙文於金陵得明祖像，豭喙前出。余所見明祖像，皆如是也。明故宫又有一像，則與平人無異，或疑作豭喙者畫工增飾爲之。然擬以近人武鳴陸幹卿，亦豭喙，但微短耳。頗謂故宫别像乃當時特爲修飾者，豭喙者乃真形也。鳶肩燕頷，皆偉人特徵。豭喙之爲開國主，亦爲以異。然明祖成大業，而幹卿晚不得志，則意相之與姓必相合然後貴。余驗此甚衆，願與善相人者決之。

① 據長沙《大公報》一九二五年十月十八日。

在漢口答某外人詢[①]

（一九二五年十月二十一日）

揚子江流域，須給直系，仍以段爲臨時執政。一方由曹錕通電退位後釋放，召集舊國會，但分子中有參預賄選者，仍除名。關内駐屯奉軍全退關外，雙方派代表議和。

又問：馮吴間有接洽否？

章答：確無接洽，但去年馮班師前，奉天約定不入關，有日人作見證。今奉軍到長江，馮方當然不喜。

① 據《申報》一九二五年十月二十四日。

與青年會幹事楊文泉的談話[①]

（一九二五年十月二十四日）

此次吴孚威出山討奉，係爲國家存正義、儆兇暴，當然表示贊同。惟此次戰爭之目的，須純粹爲國家着想，方可得國民同情。若稍涉報復主義，或欲爭持地盤，與賄選者流同作日暮途窮之計，此不惟爲輿論之所弗許，而成效亦未可預知也。

楊氏又問以對於總務參贊説之意見。

答云：無論如何，决不任何名義，惟以國民資格參與其事。各他如所謂組織政府問題及法統等説，言及法統，則徒召糾紛；組織政府，則自解士氣，皆今日所不可行，須於戰勝後議之耳。

① 據長沙《大公報》一九二五年十月二十五日。

與《申報》記者的談話[①]

（一九二五年十月二十八日）

問：此次浙孫發難，吴氏再起，其志趣可得聞乎？

答：此次反奉派舉兵，於時各首領，容或存有其他目的者。嗣經人從中疏解，現已歸單純，即一致反奉不及其他是也。

問：吴子玉有反對現政府及護憲意，確否？

答：吴對現政府雖有不滿之處，然無倒之之意。至謂吴欲護憲，乃外間推測之辭。即護法，吴亦認爲徒滋紛擾，現尚談不到者。故現在長江方面，除反奉而外，無其他目的。

問：何故欲反奉？

答：其理由備見吴、孫等通電，多數國民必表同情，而直、魯、蘇諸省人民感覺尤切。

問：國民軍派將參加反奉運動否？

答：聞吴、孫與豫岳，事前確有成約，岳氏允于孫氏發動後三日即響應，今岳仍按兵不動，深爲不解，或竟受奉方之愚，亦未可知。

---

① 據《申報》一九二五年十月二十九日。

問:河南如不動,則鄂軍不能假道豫省,由隴海而與孫會師徐州乎?

答:豫岳之態度,當數日内判别之。吴則聞决擬率兵搭輪赴寧,與孫會攻徐州,故該方日後當有劇戰也。

與《申報》記者談時局[1]

（一九二五年十一月十六日）

北方馮、張間之妥協，已成事實，否則段祺瑞決不敢下强硬之命令。馮玉祥素善取巧，吴佩孚此次上當甚大。吴之軍隊，一時不易集中，其左右如蔣百里等尚有政治眼光，而吴景濂等之妄談護憲，適足以誤事。故就各方形勢觀察，均將暫傾和平。關於恢復法統事，曾有主張黄陂出山者，但此時尚談不到。孫傳芳軍隊之撤回，係爲預防蔣介石入閩，其實孫氏早可將蚌埠一帶交皖軍保守，而自鎮寧垣。

① 據《申報》一九二五年十一月十七日。

談蘇浙贛皖閩五省協會事[1]

（一九二五年十一月三十日）

五省協會，實爲蔣伯器等所發起，其目的似在輔助及監督五省總司令之行動，一面以五省人民之力，以建議五省興革之事。惟昨晚到會者僅江浙人士居多，其餘各省，參加者尚屬不多，故尚在發起時期，正謀邀集五省人士加入，成立之期尚須有待。

① 據《申報》一九二五年十二月三日。

談恢復法統等政治主張[①]

（一九二六年一月二十日）

問：今者恢復法統之論，倒段擁段之辯，紛然淆亂，先生究以何者爲是？

答：吾所主者，不在去段氏一人，而在否認駐紮北京之政府。蓋自袁世凱以後，北京久無紀綱，財政操於外人之手，國政聽於驕帥之言，所謂政府者，即近畿軍閥之差遣。然曩日猶微有主權也，其後黎氏逐，曹氏囚，段氏軟禁，此數者正僞雖殊，而軍人固已受其任使，乃復淩犯如此，是北京之有政府，衹爲亂人俎上肉耳。惡習已成，不可改革。況復重以赤化，燒殺刦虜，任其所爲，鬼蜮豺狼之窩，而可承爲首都，以其駐紮者爲政府耶？故吾所反對者，非段祺瑞一人也，乃北京之政府也。今日置此不論，段祺瑞固當去矣，而曹錕亦犯授意逐黎行賄選之罪，其得之爲非正。今欲認曹爲真正元首，以其僞署之國務院攝政，其與段氏，薰蕕無辯也。今所欲考慮者，不在段氏之當倒與否，而在倒段以後何以繼之耳。法統之

① 據上海《民國日報》一九二六年一月二十日。

説，就綱紀言，則《約法》、《總統選舉法》並國會兩院諸法是；就人之表彰法統者言，則黎元洪與他日之新選國會議員是。苟捨是不言，而復以僞繼僞，則倒段與擁段何別焉？

問：有言《約法》亦如蒭狗，當召集國民會議，其組織與召集方式，則參孫、段二家所定者用之，亦可乎？

答：此鄧寶珊寒電所言，鄧已自行否認矣。姑就其説論之。彼謂“恢復法統之主張，出自軍閥議員，矯誣民意，莫此爲甚”。以此反對賄選議員之憲法可也，以此反對《約法》不可也。《約法》者，中華國民所共守，軍閥議員，亦中華國民之一，人之所當共守者，而軍閥議員以力恢復之，何得謂爲矯誣民意？

問：有言黎之任期已滿者，其説何如？

答：第一任大總統，自民國二年十月十日袁世凱當選起，至七年十月十日馮國璋去位止，本已滿足五年。以馮國璋參與徐州會議，附和復辟之謀，實爲變更國體之從犯，其繼任爲非正，故南方軍政府，始終未嘗承認馮氏，馮氏繼任十五個月之時期，應除去不算，是以黎之復位，人無異言。復位但得十二個月，任期何以爲滿？若高凌霨等之攝政，則其人皆已經黎免職，私匿命令，僭攝職務，固不得以依法攝政認之。屈指而計，黎之任期未滿者，尚近三月，若再除袁氏帝制時期，則第一任大總統任期未滿，幾五月有餘矣。又除袁氏取消帝制自稱總統時期（帝制以後復稱大總統，此乃擅自稱號，與民選不相涉），則第一任大總統任期未滿，幾及八月矣。今之任期已滿者，是必承認馮之繼任也。馮果當承認，則十一年黎氏復位，國會何以復承認之？縱除去袁氏帝制後五個月另六日，何以容黎氏復位一年，而不於其間改選耶？

問：黎若於北京復位如何？

答：依照孫、劉對漢獻帝例，衹認元首，不認餘人可也。

問：黎君不能復位當何如？

答：有其所新任之國務總理在，就南方攝政可也。

問：并新任國務總理亦不能攝政，當何如？

答：斯時無合法之總統、總理，亦無合法之國會可任改選事者，唯有暫缺中央政府而已。總統、國會，法之所當有；而非法之總統、國會，則法之所不許。故暫缺中央政府者，所以尊法，非違法、毀法也。割據之名，人所諱言，婉其辭則曰保境安民，此二名者，猶二五之與十也。依據《約法》，本無不許割據之條，但不得自外於中華民國。苟中華民國名不替，雖割據何所講焉？

問：張一麐答吴佩孚電，似即主張割據者，亦有可取者乎？

答：居今日而言統一，正所謂夸父逐日，不知其材力不勝也。前者袁、段及吴，醉心於此，無不接踵僵仆，亦可以戒矣。顧爲之説者曰，此數公皆以武力統一之念自敗，非統一之義能敗人也。雖然，武力而外，必有德量、威刑、智識、勇敢四者，然後足以成統一之事。今束縛諸將，惟懼其權之陵己，少或縱之，而其下又思代取，則四者之缺可知矣。張一麐之論，蓋於今之人材，亦窺之至悉也。撥亂及正，談何容易？苟不論其材，而徒以法律相羈屬，則其敗亦與專恃武力者等耳，惟張所分畫，頗爲武斷。今南方湘、滇並稱自治，北方魯、晋、新疆亦各獨立，非肯附屬於他人也。但當大小棋置，隨其所統以爲之區，安能使較爲劃一哉？雖有割據之局，而赤化必當討伐，則又張一麐所未知也。

論代表會議三不可[①]

（一九二六年一月二十九日）

今日言代表會議者三，吾以爲皆不可行也。一曰恢復舊國會。舊國會過失孔多，而賄選又爲人人所指目。論其年限，則北京開會，已及四年，衆議員任期既滿，猶思盤踞，此乃忝窃非分，又不論其曾有賄選否也，則舊國會不可恢復也。

二曰召集段氏式之國民代表會議。此本於法無根，以國會中斷，思爲補苴罅漏之術。今西南代表在京者，尚持其議。彼以主張聯省自治，思假此會以成之。不思擾攘之秋，非能以法律空文撥亂也。誠欲聯省自治，當自省自治始；欲省自治，當自修政蓄力始。今省自治之著者，莫如湖南，有其實無其名者，莫如山西。以二省雖未足言治，觀其紀綱不壞，軍民相安，固猶愈於他省。夫後進從先進，後覺法先覺，此步驟不易者也。今各省尚不能法湖南、山西，而遽欲以空文成聯治，其浮虛無實，不已甚乎！苟有是志，退而與其省之長官、百姓籌措實事可也。如其官務專恣，民無守心，是雖

---

① 據《太平導報》第一卷第四期，一九二六年一月二十九日出版。

定爲版法，著以金科，亦何補焉？然此尚爲代表有志者言也。以吾所歷長江各省，聞各縣初選時，當選者仍以一二萬金之賄得之。若次及覆選，不知其賄又當幾何？此乃與國會選舉無異。謂其稍具安國家利人民之心無有也，況能提挈庶政以還之地方哉？則段氏式之代表會議不可行也。

三曰召集孫氏式之國民代表會議。此其無根與段氏式同，乃其所限以爲資格者：一曰專門學校，二曰職業團體，三曰黨會，非公其權於四萬萬人也。職業之中，農人爲最多，而農會至今未集。就有一二農人，能盡入會乎？工人視農人爲少，然諸通邑大都之間，工人或以其羣相集。小縣僻市，工人之勞苦役作，亦不殊也，而皆散處，不能以凝聚。夫二丈之渠，必有舫師；百室之邑，必有縫人。次及泥水掃夫之流，其業雖微，要皆以力勤事者，其團體竟安在哉？商人又視工人爲少，然名之曰商，是雖負販荷担，亦商人之流也。今所在商會，雖有數千金之市肆者，尚或未能列入，況其甚微者乎？由此觀之，職業團體，未足盡真有職業者百分之一。舉其一而遺其百，則猶不如曩日之以區域選舉者，得牢籠萬有而盡入之也。黨會益汎濫無稽矣，苟明定此以爲選舉資格，巧黠之士，烏集百人，悉可懸牌張幟，自爲題署。是乃獎勵遊民，召致奸僞，於激濁揚清之道益悖矣。然此衹論其不遍不實爾。果令赴選，其必無如曩時之行賄設詐者乎？徒易其法而奸欺如故，普遍則又不如，則孫氏式之國民代表會議不可行也。

夫琴瑟不調，則改絃而更張之，更張者所以求其調也。今持第一説者，無所變更，徒以竊位尸禄爲務，其爲國人所不與，已甚明矣。而持第二、第三説者，思以其道易天下，究其弊，不無以愈於前，而謂革去故鼎取新者固如是耶？大抵代議政體，不甚適於中華。今前三説既不可行，依法惟有改選衆議院。然其容奸聚枉，猶如故也。蓋嘗論之，昔人言共和政體，以道德爲主。道德尚空漠難指，今但求有責任心足矣！若赴選者以菹會爲營業，求選者以得票爲倖途，其不能竭誠任事可知。以往事徵之，則選舉會與設局開捐無異，而當選者與捐納得官無異。責任心已澌滅矣。今國猶是國也，民猶是民也。不能使人人有責任心，而徒紛列代表方案，與國家竟何益耶？

與國聞通信社記者談時局[①]

（一九二六年一月三十日）

中國政局，現在難有辦法。關於護憲、護法之説，護法自較護憲爲正當，惟已不足令人重視。黄陂再出，如言護法，則爲當然之事。然其關鍵乃在再出以後是否能收拾局面。豫省變亂，吴佩孚之力，雖未必即能驅岳維峻，然土匪蠭起，岳終難於維持。但就國内各方面論，吴氏實力較薄，即使入豫或竟入京，亦屬毫無辦法。倒段一事，各方雖視爲當然，然亦冷淡視之。蓋今日國内之問題，已不在此，而在注意如何打倒赤化。護法、倒段，題目雖大，而以打倒赤化相較，則後者尤易引人注意。十餘年來之戰爭，尚係内部之爭，今兹之事，則已攙入外力，偶一不慎，即足斷送國家主權，此與歷次戰事絶對不同。

---

① 據《申報》一九二六年一月三十一日。

與國聞通信社記者談法統運動[①]

（一九二六年二月四日）

張紹曾單人在天津跳舞耳。報紙所傳，或不無過甚之處。報載余致張氏電，係二十餘日前之事，後已沉寂，至次余並無聞知。報傳李印泉君赴津，或係不確。至張氏此次之活動，係因馮玉祥爲其在灤州時之舊部，吴佩孚爲其親戚，以此相言，彼等未必能相拒却。但馮玉祥反覆已多，此次决不贊成即刻去段，吴佩孚氏亦未必肯擁戴張氏。惟國會議員麕集天津，則有其事，因彼等祇求恢復，固不暇計及爲何人也。假令段祺瑞今日而下令招集國會，則議員亦未始不欣然肯來。惟在漢之一部份議員，以曹錕關係，擬擁顔惠慶攝閣。各方所懷心理不同，張氏未必能順手做去耳。

---

① 據《申報》一九二六年二月五日。

勸孫傳芳好自爲之[1]

（一九二六年二月二十三日）

督軍之席，頗不易爲，試觀已往督軍，其結果未有良佳者。君今且爲五省聯軍總司令，其權位之大，較諸督軍，增加五倍，則尤不易爲，希望好自爲之，則五省人民之幸也。

① 據《申報》一九二六年二月二十七日。

與人談時局[①]

（一九二六年二月二十六日）

孫傳芳現除五省範圍以内之事，一概不談。鄂豫戰事，無論孰勝，均置不問。即中央政治，所謂護憲護法，除若輩國會議員外，無人欲討論及之，故段祺瑞之是否復留，孫意亦置不問。

鄂豫戰事，自靳雲鶚佔領歸德以後，[②]岳之地位，頗瀕危殆，但以爲即使豫鄂事即行解决，而孫將始終維持其態度，且將無由影響及於孫之地位，因吴果獲勝，馮之勢力，未必能消滅殆盡。即使馮之勢力大受打擊，而立於吴前面之奉天勢力，必更有復燃而强大甚於吴氏之勢，則孫氏必暫可置身事外也。

段氏之下討吴令而不下護張令，頗能於利害之辨下抉擇者。蓋吴終無利於段，張不必爲段害也。

蕭死外間，謂有毒害等情，自非事實，但急死確係實情。蓋自吴到鄂，日日向蕭索餉，而蕭每以吴氏逼迫情形，向社會求恕。其實論鄂省財政現狀，固甚困難，然亦不必向銀行、商會逼索，因漢口

---

① 據《申報》一九二六年二月二十七日。

② “鶚”，原誤作“鴞”。

烟税每年達三千萬,其公開以作軍餉者十分之四,年有一千二百萬,其餘作蕭氏私人報酬者約二成,年有三百六十萬。蕭涖鄂四年,積資千萬以上,蕭苟能稍解私囊,吴亦不必取諸於民,故人民亦因此頗以蕭慳吝爲憾。且如最近鹽斤加價事,蕭以責任加諸吴身,及人民代表向吴請願,吴即電蕭令其取消,於是叢怨於蕭,故蕭實處於兩不討好之地位,而逼至死路也。

在國民外交協會成立大會上的演説[①]

（一九二六年四月十一日）

我國當此外侮内亂交迫之秋，吾人欲圖自存，非有堅决之毅力，一致奮鬥不可。今發起國民外交協會，亦所以盡我國人之心力，以謀對付外侮之方針。

① 據《申報》一九二六年四月十二日。

反赤救國大聯合宣言草案[1]

（一九二六年四月十四日）

自莫斯科第三國際産生以來，過激主義者假共産革命之名，行對外侵略之策，傾其全力，冀圖一逞。乃既見屏於歐，[2]復不容於美，遂悉其兇焰，轉而東向。我國適當其衝，勾結野心之軍閥，煽惑無識之青年，授以利器，濟以金錢，於是暴徒附和，盲衆爭趨，甘心爲虎作倀，患遂中於心腹。故居今之世，反對赤化，實爲救國之要圖。

夫赤化之爲害，非專就共産言也。共産主義之弊，爲另一問題，赤俄以對内試驗共産失敗，改用新經濟政府，而對外仍利用共産之名，藉資號召，以遂其鯨吞蛇噬之圖。十九世紀帝國主義者，以經濟亡人國，其毒顯著於外，其爲害易見；而過激主義者，欲以赤化亡人國，實開千古未有之創例，其毒隱伏於内，其爲害難知。昔蒙古、滿洲人以武力入主中國，用我禮樂制度，猶宰割數百年。今過激主義者以赤化侵略中國，吾人如不思抵禦，恐淪於萬刦不

① 據《申報》一九二六年四月十六日。

② “歐”，原作“滿”，據文義改。

復矣。

且吾人苟聽赤化之流傳，即不亡於過激主義者，亦必召豆剖瓜分之慘，何也？海通以後，中國之於列强，無所偏親，故列强於中國，亦無偏怨。假令易以赤幟，則均勢之局一破，遠東大戰，立見開始。其戰爭結果，要以共分杯羹爲議和之條件。言念及此，不寒而慄。

是故反赤之舉，非學理制度種種問題，而爲國家、民族危急存亡之利害關鍵也。同人等惄焉憂之，亟謀抵抗之道。顧兹事體大，經緯萬端，非羣策羣力不爲功，大之須聯合世界民族共籌防禦，小之亦須聯合全國各界掃除蟊賊。爰有反赤救國大聯合之組織。在此反赤旗幟之下以三事相期許：

一曰保持國家獨立，凡一切侵略、一切誘惑、一切强權，均須排除，依國際平等之原則，與各友邦携手互助；

二曰發展民治精神，凡不正當之勢力、不合理之政治、不安寧之狀況，力求革除，團結民衆，共趨法律軌道之上；

三曰實行社會政策，以調和勞資之衝突，普及適宜之生計，改良工人之待遇，俾假借共産學説者無由施其煽惑。

同人等才力綿薄，矢志堅貞，危厦漏舟，羣謀補救，凡我同志，盍興乎來？

反赤救國大聯合宣言[①]

（一九二六年四月二十八日）

自赤俄假社會革命之名，行對外侵略之實，一見屏於歐，再見斥於美，[②]易其兇焰東向，吾國適當其衝。勾結野心之軍閥，煽惑無識之青年，啗以金錢，授以利器，於是盲衆爭趨，爲虎作倀。居今之世，反對赤化，實爲救國要圖。

顧赤化爲害，非專就共産言也。共産主義自爲另一問題，赤俄以之試驗於内已敗，則更取新經濟政策而代之。其對外也，仍利用共産之名號召，以遂其鯨吞蠶食之狡謀焉。十九世紀帝國主義者以經濟亡人國，其禍昭著，有目共睹；而過激派欲以赤化政策亡人國，詭譎變幻，其後患也難知。昔蒙古、滿人以武力入主中夏，襲吾禮樂制度，[③]猶宰割數百年。今過激派侵略中國，吾人忽焉寡禦，則且沈淪萬劫不復矣。

而况赤化流傳，縱不即亡於赤俄，亦必召豆剖瓜分之慘乎！何

---

① 据《申报》一九二六年五月二日。

② “斥”，原作“斤”，據文義改。

③ “度”，原作“庭”，據文義改。

者？海通以後，中國於列强無所偏親，嚮使易以赤幟，則列强均勢一破，遠東大戰之啓，其結果當以共分杯羹爲議和之條件。言念及此，不寒而慄。

是故反赤之舉，非學理、主義、制度種種問題，而爲國家、民族危急存亡之關鍵也。同人等慭焉憂之，亟謀抵抗之道，爰有反赤救國大聯合之組織。對於赤黨，其據地稱兵者，則由軍人張其撻伐，其聚衆騷動者，則由士工謀與抵抗，而在此反赤旗幟之下，以三事相期許：

一曰保全國家獨立，凡一切侵略、一切誘惑、一切强權均須排除，依國際平等之原則，與各友邦携手互助；

二曰發展民治精神，凡不正當之勢力、不合理之政治、不安寧之狀況，力求改革，團結民衆，共趨法律軌道之上；

三曰實行社會政策，限制廣大之地權，普及適宜之生計，改良佃傭之待遇，俾假借共産學説者無由煽惑。

同人等才力綿薄，矢志堅貞，危厦漏舟，羣謀補救。凡我同志，盍興乎來？

釋秦量[1]

（一九二六年五至六月間）

秦量一，土繡徧滿，洗刷一晝夜，見始皇所刻四十字，結字疏散，而筆勢峻拔，與琅邪、泰山石刻不同。以官斛槩之，得五合有半，校以漢器，斗斛存者當得三升三合。按：量以十進，葢始漢時。周世豆區釜鍾，則以四相乘。秦時當亦未用十進也。《説文》："秳，百二十斤也。"稻一秳，爲粟二十斗。禾黍一秳，爲粟十六斗大半斗。此于禾黍一秳之量，五十而得一，不知量名云何耳？民國十五年孟夏，章炳麟識。

① 據《章太炎先生學術論著手迹選》。

國民大學暨附中招男女生啓事[①]

（一九二六年六月二十八日）

本校現招大學本科國學、英文、報學、哲學、史學、商學、教育、圖書館學、社會學、政治、經濟等系。國學、英文、報學、商業、師範專修科及中學各班備有詳章及報考須知，函索即寄。考期陽曆七月七日，陰曆五月廿九日。報名自本日起可向上海戈登路九十號本校招生委員會通訊可也。校長章太炎啓。

① 據《申報》一九二六年六月二十八日。

上海法科大學招生啓事[①]

（一九二六年六月二十八日）

本校大學部現招法律、政治、經濟、商業各系及預科，並專門部法律、政治、經濟、商業各科及轉學生。考期陽曆七月三號、四號，索章程須附郵三分（簡章見二十六以前本報）。校址：上海法租界蒲柏路四八三號。校長章炳麟（太炎）、董康。

① 據《申報》一九二六年六月二十八日。

《騰越寶峰山佛殿碑記》跋[①]

（一九二六年七月）

印泉常以其先鍾英公從亡之節語余，而于傳記無可質證。今得是碑，官位名氏具在，且有永曆七年之文，非但李氏奉以爲寶，在歷朝石刻中亦如吉光片羽矣。民國十五年七月，章炳麟記。

---

① 據李根源《景邃堂題跋》，曲石精廬一九三二年刊本。

支持唐繼堯阻撓北伐之手稿殘文[①]

（約一九二六年八月十三日）

雲南吾舊遊蓂公，于掃除帝制勳尤高。今者赤禍僨起，輸款蘇俄，而自謂國民，延致外患，而自謂革命。踰嶺北出，兩湖、江西悉遭蹂躪，計南方之土屬於第三國際所轄者已有五省，所恃者西南半壁能拊其背耳。西南三省不相謀，則不足以戡亂禁暴；雲南不能爲川、黔倡導，則出師先後參差不齊，或反爲賊乘。蓂公往昔舉義討袁，卒使國體恢復，其後南方義師靡不盡力，以是爲三省綱領。旋以軍計小誤，威聲漸損，二省亦紛然無所趣向。今蓂公痛心赤禍，復遣使節與川、黔修好，不以盟主自居，而以平交相遇，此三省復合之機也。

聞自雲南來者，猶以財政竭蹶有所歸咎，甚者有不遜之言。計蓂公之於民國，勳業卓然，無可掩抑，且於北廷不法之舉未嘗有所阿附，此尤今人所難能。若夫行政小失，爲處大任者所不能免，而他省政事不逮雲南者亦尚衆。若赤黨之掊克聚斂，[②]則彼此懸絶

---

① 據《社會科學》一九八二年第一期。

② “掊”，原作“培”，據文義改。

矣。雲南爲天下奥區，蓂公之才足以當天下重任。若蓂公不自菲薄，則當養賢和衆，勤思補闕，教以沾莠民，謙以接川、黔群帥，以成攘除赤化，恢復國權之業。若雲南將吏欲有所建樹，則當思輯和三省，戮力戡亂。而於己土之能當大任者，不應以一眚掩其大德矣。吾往日自雲南歸，於蓂公亦微有不滿。次聞舉兵攻蜀，讁言尤甚。今去此土，殆逾十年，思雲南表裏山河之固，與蓂公爲國之忠，真於他省有求之不可得者。

比歲以來，痛心赤禍，思有握兵符、據形勢者，苟無坐延外寇之事，雖素負瑕釁，猶將遏惡揚善，藉以靖難。求之夏口吴氏，而吴氏遽挫，求之金陵孫氏，而孫氏旋進即退。國之舊勳，吾黨之同志，有持志確固能爲國盡力者，獨蓂公僅存，其能無引領以望哉？夫碩果不食，則剥可以復；師貞丈人，則衆有所比。雲南賢達，必有忠信如我者焉。

國民大學暨附中遷移招生啓事[①]

（一九二六年八月二十日）

本校現已遷入靜安寺路新校舍，大學本科國學、英文、報學、教育、圖書館學、社會學、政治、經濟、商學等系及國學、英文、報學、商業、師範等專修科、附屬高、初中學各級均擴充學額，招考男女新生及插班生。章程、詳章附郵票一角，簡章函索即寄。報名向上海靜安寺路三一八號本校招生委員會通信，考期陽曆八月卅一日及九月十日兩次。保送：本校鑒於時局影響，如學生不能按期来考者，可由該縣勸學所或教育局負責保送，得免考入學。開學：九月十六日。自八月卅日起，新舊生可繳費住校。校長章太炎啟。

① 據《申報》一九二六年八月二十日。

輓張謇聯[①]

（一九二六年八月底）

承濂亭薪火之傳，能以文章弁科第；

載端木胡連之器，豈因貨殖損清名？

① 據張孝若《南通張季直先生傳記》。

張母楊太君五十壽序[1]

（一九二六年）

世之稱婦德者，多貴其勞行苦身，而高貲之家鮮傳。夫守志之堅，教思之篤，豐與約一也。處約者以井臼勞其形，處豐者以制榦僮御、衰分稟食勞其神，此又何所差第哉？故巴有懷清之臺，魯有陶門之績，昔人貴之，如此其無軒輖也。

鄞張母楊太君者，蓋縣諸生子雲先生之配，而咀英之母，亦南方之高貲者也。張氏以商起家，尤善儲藥，自秦蜀嶺外珍異之艸、譎怪之物，無所不致。北采遼東人葠，輸之其鄉，以是雄於財。太君早歲持門户，能制奇羸。忠信重禄，使人樂爲用。選材益良，懋遷過于舊數倍。遭革命軍起，物産梗阻，又毅然罷之。其摶精悴神，雖田閒之嫗不過也。

太君十八而歸于張，二十四而寡，遺一男兩女皆弱，字之慈，督之嚴。男就外傅歸，太君於鐙燭下再課之，逮丙夜不倦。有勸以休暇者，曰："吾子幼而孤，已失教誨，異日才，家之幸。不才，家之累。

---

① 據《制言》第五十六期。

且非是何以對其父于地下?”及咀英長,卒能如母教。

故事,年未三十而寡,能守志字孤者,未老得旌其門。咀英欲以請,太君曰:“庸行也,何足以動世?”促罷之。夫隱約其志,既成而辭其榮名,伐石樹桓,不足以爲費,而卒不欲以是自顯,斯尤處豐者之所難。太君之志,于是爲不可及已。

民國十五年,太君生五十年矣,夏正七月,其設帨之期也,咀英以母卓行不聞于朝野,欲以其時因祝嘏之辭以彰之,而請于余。余曰:有之而不自伐者,母之志也;台親以令名者,子之職也。兩者固不相悖,乃舉其節槩著者,以推論及于豐約之際,且告於咀英曰:子富而事其親,獨奉甘脆適温凊爲易,①其佗視貧乏者尤難。《傳》載敬姜與其子公父文伯之言,“沃土之民,淫而不材。瘠土之民,勞以嚮義”。咀英受母義方之教久矣,其可無惕於斯耶?古之高材達士不具論,就儲欒家者言之,韓伯休託焉者也,陸子靜世其業者也,此皆産在中人以下,而能卓然爲世鉅人。咀英之欲顯其親,固不在辭,能自進於伯休、子靜,則庶幾乎?自今以往,太君之壽至于八九十,未可量也。咀英之所以顯其親者,宜與之爲未可量也。斯辭也,則可以爲序。

---

① “凊”,原作“清”,據文義改。

輓唐繼堯聯[1]

（一九二七年五月二十三日）

功似周絳侯，才似李西平，僭制已除，[2]獨秉義心尊奥主；
燕昭晚求僊，齊桓晚好内，雄圖雖蹶，終于民國是完人。[3]

① 據《制言》第二十五期。

② “已”，《黄侃日記》作“既”。

③ “終于民國是完人”，《黄侃日記》作“誰憐敵國起舟中”。

介紹名相崑雲使者蔡北崙先生[①]

（一九二七年六月）

蔡北崙先生，別署崑雲使者，閩之名下士也。早年留學，中歲服官，素研相術，自擬汝南。其深刻處係用科學智識探究古法，又得西洋骨相精髓，發明新例甚多。吉凶禍福，所言皆能實驗，無一空談。蓋其自海外歸來，閱人既多，故風鑑非尋常相術家所能及。近隱於山，欲藉以交天下士，達人君子宜注意焉。

介紹人：沈彭年、丁福保、太虛、熊希齡、曾熙、王露、朱孝臧、褚輔成、高振霄、章梫、王雪岑、羅振玉、李雲書、沈恩孚、葉柏皋、史量才、印光、趙竹君、黄炎培、葉楚傖、馮蒿叟、鄭蘇戡、章炳麟、梁啓超。

① 據《申報》一九二七年六月三日。

論醫二則[①]

（一九二七年七月）

其一

間嘗以事謁太炎先生，縱論至於醫，先生垂問：西醫腸窒扶斯之腸出血、穿孔性腹膜炎，何吾土不多見？衡之對以中醫治療傷寒，有曲突徙薪之妙。病在太陽，治即愈於太陽；病在陽明，治即愈於陽明。彼西醫治療傷寒，最初無特效藥，惟利用其待期療法，故其后有腸出血、腹膜炎之弊。然則此二症者，均西醫因循有以誤之也。先生以此說固然，按之實際，則猶不止此。夫西醫籍謂傷寒病之成因，起於傷寒桿菌，并謂其菌喜宿於腸。此語（菌宿於腸）因果倒置。當此症潛伏時期，桿菌或散布周身血液，決不在腸。何以言之？西醫謂此症潛伏時期，有頭痛、四肢痠痛、惡寒發熱、戰慄等證象，此與太陽症絕類，麻黄、桂枝、大青龍，其效如響。然麻黄、桂枝未必是菌殺藥也，病之所以愈，或因遍身血液中桿菌因汗而排泄於

① 原載《上海國醫學院院刊》第一期，一九二七年七月出版，此據《蘇州國醫雜誌》第十期，一九三六年夏出版。

外。西醫於潛伏時見大便之祕者，輒以甘汞、蓖麻子油下之，於是虛餒其腸，血中黴菌乘虛攻襲。誤下之後，壞病未見，又無善治，於是遷延時日，屯聚於腸之菌，逐漸滋長，遂造成腸出血、腹膜炎之變。準此以觀，西醫談虎色變之腸窒扶斯，①即西醫早用下腸有以致之也。不然，腸出血與穿孔性腸膜炎，②在西醫籍中原因如何？症候如何？診斷預後又如何？言之津津，何中醫絶少遇見？就吾土之經驗，以反證其學理，吾之所言，大致不謬。顧中醫於太陽症，亦未嘗無誤下者。惟所用之藥爲硝、黄、枳、朴，其力猛悍，其發也暴，其壞病爲結胸。西醫之下藥爲甘汞、蓖麻油，發作性遲慢，病人受其害於無形之中，故同一誤下，而結果不同。以此隅反，中醫設誤用甘汞、蓖麻油治太陽表證，其結果之不良，可斷言也。

其二

見惠湯本氏《皇漢醫學》，觀其議論痛切，治療審正，而能參以遠西之説。所謂融會中西，更迭新醫者，唯此公足以當之。柯、尤往矣，今日欲循長沙之法，此公亦一大宗師也。至其所録，治效奇中者固多，然由東方專以仲景爲法，而《千金》、《外臺》諸方，置之不譚。有時病證爲仲景書所未道者，③則不得不用複方。約方如囊，古有明訓。仲景諸方，固有可複者，亦有斷不可複者。如葛根朮

---

① “扶”，原誤作“腸”。

② “血”，原作“出”，據文義改。

③ “景”，原誤作“量”。

附，合爲一方，則奇觚不中於繩矣。又有《千金》正方，俛拾即是者，乃不肯以《千金》爲用，而必取仲景方複合之。如所録某氏治角弓反張證，以大承氣湯與烏頭湯合用，治雖有效，而約方尚非合法。承氣湯之用，主在硝、黄，烏頭湯之用，主在烏頭、麻黄。湯著……(此處原文似有遺漏。)然《千金》有三黄湯，即麻黄、細辛、獨活、黄蓍、黄芩五味。心熱者可加大黄，内有久寒者可加附子。釋此不用，而必以迂回取徑，亦見其隘也。大氐自王叔和以至孫思邈、王燾諸公，所論病理，不必皆合，而方劑則皆取於積驗，非獨孫、王也。即宋時《和劑》、《聖濟》以及許叔微、陳無擇之書，其因證處方，亦多有可取。但令不失仲景型模，亦無屏之不録之理。金、元以後，乃當别論耳。此則吾人所當論推者也。

次韻許行彬《六十自述》[①]

（一九二七年底）

誰言窮士善悲秋，一簣何能障亂流。味到功名真食肋，身餘文字亦懸疣。華辭洗盡安嵇竈，仙侶偕來識李舟。老矣不須縈世變，天公亦自老將休。

百年袞袞漫傷神，魚鳥相依亦可親。作賦久拚還采筆，行歌終勝擔樵薪。夜中秉燭延清景，雲外銜蘆謝弋人。自有烏巢定功罪，休將馬磨鑑人倫。

山河滿目話從前，捲地風雲起九連。南海幾曾虞北海，蒼天終恐啓黃天。羊頭賜爵功何在，鼠穴馳車後亦顛。莫道桃源無甲子，笑渠束帛枉戔戔。

處上黄星定有無，恠來安道喜夸誣。在田何事求龍見？避世真應作狗屠。豎子卜居爭鎬洛，先生垂釣自江湖。濯纓正有清流在，不羨人間九老圖。

① 據《制言》第三十五期。

輓張子午聯[1]

（一九二七年）

丹青不渝，松柏不凋，一諾至今懷季布；

直木先伐，甘井先竭，儒冠終竟誤高陽。

---

① 據《制言》第二十五期。

四　思[①]

（一九二七年）

吾思李秘監，弱冠振長翮。正色軒陛閒，媚子爲辟易。直道豈諧世？垂老四五謫。河圖出東序，華裔想筆迹。試誦雲麾碑，避讒竟何益？

吾思馬貴與，殷獻負深痛。懷玉豈自衒？巖棲無安棟。相嬈呼好人，儒官被羈控。白錦雖成章，裁爲負版弄。感彼魯兩生，千載激清諷。

吾思王元美，文肆質猶竊。高義摩霄霓，辭章辨流派。顧省批鱗士，死生思未懈。惜考幾事疏，所天爲爾絓。失意在秋曹，豈爲一圖畫？

吾思黄太冲，遭時亦淒緊。袖錐廷尉前，意氣厲秋隼。摇落歌式微，忠孝道已盡。微書馳驛來，何其忘遠引。嚼嚼於陵翁，食壤寧爲蚓。

① 據《太平雜誌》第一卷第二號，一九二九年十一月十五日出版。

除夕簡曾重伯廣鈞[1]

（一九二八年一月二十二日）

湘鄉有狂客，未始藏狂言。少壯負華選，豪飲江海邊。晚節始治生，而營湖壖田。長沙昨于役，道故漿酒閒。君老意未下，送難來我前。未見五經師，力能轉坤乾。新莽古作者，君其同淵泉。我言文章伯，伊誰格皇天？邈矣魏武王，次乃君之先。狂謔雖相劫，意氣殊茫然。旄頭横嶺來，湘上無人烟。君既盡室下，雖困心猶堅。我病遂失聰，終日牀上跧。廿年喜論議，精駁常自憐。及爾同頒白，變故紛相煎。大地黲一色，焉知茅與荃？新魏亦何失？仰視皆上賢。正得張公祺，閭里猶安眠。衆甫苟盡閱，媸者都成研。作詩寄狂語，君其賡新篇。

① 據《太平雜誌》第一卷第二號，一九二九年十一月十五日出版。

哭教諭君[①]

（一九二八年一月）

素無大功親，同氣餘三，奪我寡兄何泰酷；

偕行六十載，殘年有幾，别當多難更誰堪？

① 據《制言》第二十五期。

論中西醫之長短[①]

（一九二八年二月）

中醫迂緩而有神效，其失也糊塗；西醫切實而直速，其失也執著。

① 據李根源《雪生年録》卷三。

寒食詩[①]

（一九二八年四月四日）

介推雖隨波，邈然辭萬石。
芳聞纏民思，逮玆鑽燧易。
曰余棲莪井，頗與軒翿隔。
雜花飛帷牆，新艸滯行役。
赤熛有干時，清塵無枉迹。

① 據黄侃《石橋集》，《制言》第三十六期。

題手抄本《阮大鋮詩集》①

（一九二八年春）

大鋮五言古詩，以王、孟意趣而兼謝客之精練。律詩殻不逮，七言又次之。然搉論明代詩人，如大鋮者尟矣！潘岳、宋之問，險詖不後於大鋮，其詩至今存。君子不以人廢言也。戊辰孟春，太炎。

---

① 據《黄季剛先生手寫日記》，臺北學生書局一九七七年版。

輓黎元洪聯[1]

（一九二八年六月六日）

繼大明太祖而興，玉步未更，[2]倭寇豈能干正統？[3]

與五色國旗同盡，[4]鼎湖一去，譙周從此是元勛！

① 據《人間世》第十一期，一九三三年九月出版。

② “更”，《制言》二十五期作“移”。

③ “倭”，《制言》作“綏”，《近代史資料》總三十六號作“侫”。

④ “同”，《制言》作“俱”。

又代人作輓黎大總統聯[1]

（一九二八年六月六日）

草昧起真人，以大義相推，民國規模從此定；

頑疏遭閏運，但潔身無貳，皇天高朗鑑吾誠。

① 據《制言》第二十五期。

介紹袁缶鳴鬻字廉潤[1]

（一九二八年十月十七日）

對聯無論大小，均一元；横額、屏條減半；中堂同對聯；市招每字半元。

外埠郵票通用紙可代辦。漢魏六朝鼎篆各體隨意指索。

收件處：上海新大沽路永慶坊四三八號及上海各大箋扇莊。

① 據《申報》一九二八年十月十七日。

自定年譜[①]

（一九二八年）

僞清同治七年（一八六八年）一歲[②]

余先自分水遷餘杭，距今幾五百年。[③]曾祖諱均，字安圃。祖諱鑑，字聿昭。考諱濬，字輪香。是歲十一月三十日（一八六九年一月十二日）生。[④]

同治八年（一八六九年）二歲

同治九年（一八七〇年）三歲

同治十年（一八七一年）四歲

同治十一年（一八七二年）五歲

同治十二年（一八七三年）六歲

始就傅。[⑤]

---

① 據《近代史資料》一九五七年第一期，又《章太炎先生自定年譜》，上海書店出版社一九八六年影印版。

② 初稿本作“亡清同治七年生”。

③ “距今幾五百年”，初稿本作“幾四百年”。

④ “是歲”，初稿本作“余于同治七年”。

⑤ 此句初稿本無。

同治十三年(一八七四年)七歲

光緒元年(一八七五年)八歲

光緒二年(一八七六年)九歲

外王父海鹽朱左卿先生諱有虔來課讀經。時雖童穉,而授音必審,粗爲講解。課讀四年,稍知經訓。[①]暇亦時以明清遺事及王而農、顧寧人箸述大旨相曉,[②]雖未讀其書,聞之啓發。

光緒三年(一八七七年)十歲

光緒四年(一八七八年)十一歲

光緒五年(一八七九年)十二歲

光緒六年(一八八〇年)十三歲

外王父歸海鹽,先君躬自督教。[③]架閣有蔣良騏《東華録》,[④]嘗竊窺之。見戴名世、吕留良、曾静事,甚不平,因念《春秋》賤夷狄之旨。先君不知也。家故藏書,遭亂散盡,先君時舉目録示之。稍課律詩及科舉文字,[⑤]余慕爲古文辭,見天啓、崇禎人制義,[⑥]稍可之,猶以爲易。先君誨之曰:"爾文思倜儻,學古非難也。[⑦]以入制義,則非童子所應爲。"[⑧]由是稍就繩墨,然終不憙。

光緒七年(一八八一年)十四歲

---

① "訓",初稿本作"義"。

② "王而農、顧寧人",初稿本二人名互乙。

③ "躬",初稿本作"親"。

④ "架閣"上初稿本有"時"字。

⑤ "及科舉",初稿本作"制舉"。

⑥ "人",初稿本作"時"。

⑦ "學古非難也",初稿本作"勉爲古文辭不難"。

⑧ "爲"下初稿本有"也"字。

光緒八年(一八八二年)十五歲

光緒九年(一八八三年)十六歲

先君命赴縣應童子試,以患眩厥不竟,先君亦命輟制義。[①]頗涉獵史傳,瀏覽《老》、《莊》矣。

光緒十年(一八八四年)十七歲

初讀四史、《文選》、《説文解字》。自是廢制義不爲。

光緒十一年(一八八五年)十八歲

初讀唐人九經義疏。時聞説經門徑于伯兄籛,乃求顧氏《音學五書》、王氏《經義述聞》、郝氏《爾雅義疏》讀之,即有悟。自是壹意治經,文必法古。眩厥未愈,而讀書精勤,晨夕無間。逾年又得《學海堂經解》,以兩歲紬覽卒業。

光緒十二年(一八八六年)十九歲

光緒十三年(一八八七年)二十歲

光緒十四年(一八八八年)二十一歲

是時紬讀經訓,旁理諸子史傳。[②]始有箸述之志。

光緒十五年(一八八九年)二十二歲

光緒十六年(一八九〇年)二十三歲

正月,先君歿。遺命以深衣斂。既卒哭,肄業詁經精舍。時德清俞蔭甫先生主教,因得從學。竝就仁和高宰平先生問經,譚仲儀先生問文辭法度。同學相知者,楊譽龍雲成最深。[③]是歲求《通典》

---

① “命”,初稿本作“令”。

② “旁”,初稿本作“兼”。

③ “楊譽龍”上初稿本有“仁和”二字。

讀之，後循誦凡七八過。

光緒十七年（一八九一年）二十四歲

光緒十八年（一八九二年）二十五歲

納妾王氏。①

光緒十九年（一八九三年）二十六歲

女㸚生。②

光緒二十年（一八九四年）二十七歲

始與錢唐夏曾佑穗卿交。穗卿慧辯，一時鮮匹，亦多矯怪之論。

光緒二十一年（一八九五年）二十八歲

先妣朱太夫人歿。

光緒二十二年（一八九六年）二十九歲

遷居會城。作《左傳讀》。余始治經，獨求通訓故、知典禮而已；及從俞先生游，轉益精審，然終未窺大體。二十四歲，始分別古今文師説。譚先生好稱陽湖莊氏，余侍坐，但問文章，初不及經義。③與穗卿交，穗卿時張《公羊》、《齊詩》之説，余以爲詭誕。專慕劉子駿，刻印自言私淑。其後徧尋荀卿、賈生、太史公、張子高、劉子政諸家《左氏》古義，至是書成，然尚多凌襍，中歲以還，悉删不用，獨以《敍録》一卷、《劉子政左氏説》一卷行世。

初，南海康祖詒長素著《新學僞經考》，言今世所謂漢學，皆亡

①② 此句初稿本無。

③ “譚先生”至“經義”，初稿本無。

新王莽之遺;古文經傳,悉是僞造。其説本劉逢禄、宋翔鳳諸家,然尤恣肆。又以太史多據古文,亦謂劉歆之所羼入。時人以其言奇譎,多稱道之。祖詒嘗過杭州,以書示俞先生。先生笑謂余曰:"爾自言私淑劉子駿。是子專與劉氏爲敵,正如冰炭矣。"祖詒後更名有爲,以公車上書得名。又與同志集强學會,募人贊助,余亦贈幣焉。至是,有爲弟子新會梁啓超卓如與穗卿集資就上海作《時報》,[①]招余撰述,余應其請,始去詁經精舍,俞先生頗不懌。然古今文經説,余始終不能與彼合也。

光緒二十三年(一八九七年)三十歲

春時在上海,梁卓如等倡言孔教,余甚非之。或言康有爲字長素,自謂長於素王。其弟子或稱超回軼賜,狂悖滋甚。余擬以向栩,其徒大愠。會平陽宋恕平子來,與語,甚相得。平子以瀏陽譚嗣同所著《仁學》見示,余怪其襍糅,不甚許也。平子因問:"君讀佛典否?"余言:"穗卿嘗勸購覽,略涉《法華》、《華嚴》、《涅槃》諸經,不能深也。"平子言:"何不取三論讀之?"讀竟,亦不甚好。時余所操儒術,以孫卿爲宗,不憙持空論言捷徑者。偶得《大乘起信論》,一見心悟,常諷誦之。

時新學初興,爲政論者輒以算術、物理與政事并爲一談,余每立異,謂技與政非一術,卓如輩本未涉此,而好援其術語以附政論,余以爲科舉新樣耳。唯平子與樂清陳黻宸介石持論稍實,然好言永嘉遺學,見事頗易。余所持論不出《通典》、《通攷》、《資治通鑑》

① "新會",初稿本無。

諸書，歸宿則在孫卿、韓非。康氏之門，又多持《明夷待訪録》。[①]余常持船山《黄書》相角，以爲不去滿洲，則改政變法爲虚語，宗旨漸分。然康門亦或儳言革命，[②]逾四年始判殊云。

女叕生。

光緒二十四年（一八九八年）三十一歲

初，余持《春秋左氏》及《周官》義，與言今文者不相會。清湖廣總督南皮張之洞亦不憙《公羊》家，有以余語告者，之洞屬余爲書駁難。余至武昌，館鐵政局。之洞方草《勸學篇》，出以示。余見其上篇所説，多效忠清室語，因荅曰"下篇爲翔實矣"。梁鼎芬者，嘗以劾李鴻章罷官，在之洞所，倨傲，自謂學者宗。余聞鼎芬先與合肥蒯光典爭文王受命稱王義，至相箠擊，因謂鼎芬不識古今異法。一日聚語，鼎芬頗及《左氏》、《公羊》異同。余曰："内中國，外夷狄，《春秋》三家所同。弑君稱君爲君無道，三家亦不有異。實録之與虚言，乃大殊耳。"他日又與儔輩言及光復，鼎芬甚焉。未幾，謝歸。

其秋，康有爲得清主寵任，以變政獲罪。清廷稱朝野論議政事者爲新黨，傳言將下鉤黨令，羣情惶懼。日本人有與余善者，招游臺灣。九月，攜家南渡。時伯兄年四十七，無所出，撫叕爲己女以歸。[③]

光緒二十五年（一八九九年）三十二歲

---

① "唯平子"至"待訪録"，初稿本作"余時與卓如等同撰《時務報》，所持政論不出《通典》、《通攷》、《資治通鑑》諸書，卓如喜梨洲《明夷待訪録》"。

② "康門"，初稿本作"康氏弟子"。

③ "時伯兄"至"以歸"，初稿本無。

臺灣气候蒸溼，少士大夫，處之半歲，意興都盡。五月，渡日本，游覽東西兩京。時卓如在横濱，余往候之。值清廷遣劉學詢、慶寬等攝録康、梁，爲東人笑。香山孫文逸仙時在横濱，余于卓如坐中遇之，未相知也。七月，返至上海。識康氏弟子唐才常，才常方廣糾气類，期有大功，士人多和之者。

女㺭生。[①]

光緒二十六年(一九〇〇年)三十三歲

清自誅竄康、梁以後，[②]與外人尤相忌，剛毅用事，遂有義和團之變。其夏，宛平不守，清太后、清主西竄長安。唐才常知時可乘也，與僑人容閎召集人士，宣言獨立，然尚以勤王爲名，部署徒眾，欲起兵夏口。余謂才常曰："誠欲光復漢績，不宜首鼠兩端，自失名義。果欲勤王，則余與諸君異趣也。"因斷髮以示決絶。[③]未幾，才常于夏口就戮，鉤黨甚亟，其徒皆竄日本，余亦被連染。然以素非同謀，不甚恇懼。是歲，孫逸仙亦起兵惠州，旋敗退。

光緒二十七年(一九〇一年)三十四歲

才常既敗，余歸鄉里度歲。正月朔旦，友人廬江吴保初君遂遣力急赴余宅曰："蹤迹者且至矣，亟行。"余避之僧寺。十日，知無事，復出上海。平子及諸友皆相見慰問，君遂終以明哲保身相勉。[④]余曰："辮髮斷矣，復何言!"平子笑曰："君以一儒生，欲覆滿洲三百

① "女㺭生"，初稿本無。

② "梁"下初稿本有"徒黨"二字。

③ "髮"上初稿本有"辮"字。

④ "相勉"，初稿本作"爲誡"。

年帝業，云何不量力至此，得非明室遺老魂魄馮身耶？”[1]余亦笑。會蘇州東吴大學求教員，君遂言：“是有美洲教士任事，君往就之，或得其力。”乃赴蘇州。時俞先生篤老，往謁，先生督敕甚厲。對曰：“弟子以治經侍先生。今之經學，淵源在顧寧人，顧公爲此，正欲使人推尋國性，識漢虜之别耳，豈以劉殷、崔浩期後生也？”遂退。

光緒二十八年（一九〇二年）三十五歲

去冬自蘇州返鄉里。正月朔旦，君遂又遣力走赴余宅曰：“聞君在東吴大學，言論恣肆。江蘇巡撫恩銘赴學尋問，教士辭已歸，懼有變。亟往日本避之。”[2]于是東渡。時孫逸仙方在横濱。湖南秦遯力山者，故唐才常黨，事敗東走，卓如不禮焉。往謁逸仙，與語，大悦。[3]余亦素悉逸仙事，偕力山就之。逸仙導余入中和堂，奏軍樂，延義從百餘人會飲，酬酢極歡。自是始定交。力山又言：“同舍生有張溥者，直隸滄州人，年甫弱冠，而志行甚堅，僕與偕來就君。”及見，甚奇之。溥字博泉，後更名繼，字溥泉云。力山初與蔡鍔松坡同事卓如，其後力山主光復，而松坡隸保皇黨，意趣不協。余與力山發起中夏亡國二百四十二年紀念會，力山招松坡同往，松坡痛哭不肎與。余留日本三月，復歸。旋返鄉里。

余始箸《訄書》，意多不稱。自日本歸，里居多暇，復爲删革傳于世。初爲文辭，刻意追躡秦漢，然正得唐文意度。雖精治《通典》，以所録議禮之文爲至，然未能學也。及是，知東京文學不可

---

① “馮”，初稿本作“憑”。

② “亟”，初稿本作“急”。

③ “大”，初稿本作“甚”。

薄，而崔寔、仲長統尤善。既復綜核名理，乃悟三國兩晉閒文誠有秦漢所未逮者，于是文章漸變。

光緒二十九年（一九〇三年）三十六歲

妾王氏歿。①

清翰林院編修山陰蔡元培鶴廎初爲上海南洋公學教員，余因友人蔣智由觀雲識之。會公學生與任事者交惡，相率退學，鶴廎就租界設愛國學社處之。招余講論，多述明清興廢之事，意不在學也。溥泉與巴人鄒容威丹自日本歸，長沙章士釗行嚴亦來。三人皆年少英發，余以弟畜之。威丹箸書稱《革命軍》，屬余爲序。行嚴亦就《蘇報》昌言革命。學社諸子又時會林下演説，遠近和者浸衆。適康有爲騰書主君主立憲，力護清虜，余作書駁之。侵尋聞于清廷。清廷責兩江總督魏光燾不覺察，②甚厲。光燾遣候補道俞明震赴上海查辦，余與威丹就逮，羈繫租界。時五月上旬也。清廷求各國領事引渡，不許。願以滬寧路權易之，亦不許。余駁康書雖無效，③而清政府至遣律師代表與吾輩對質，震動全國，革命黨聲氣大盛矣。

光緒三十年（一九〇四年）三十七歲

羈繫逾歲，獄猶未決，清廷復要各國公使裸治。是年三月，上海縣知縣赴會審公廨，攝余與威丹聽判。知縣宣讀外務部會同各

---

① 此句初稿本無。

② “責”上初稿本有“諭”字。

③ “康”下初稿本有“氏”字。

國公使判文：[1]章炳麟監禁三年，鄒容監禁二年，許以覊縶時日作抵，期滿後不得駐上海租界。時清廷自處原告，故不得不假判决于各國公使，然自是革命黨與清廷居然有敵國之勢矣。聽畢，入外人所置獄中，[2]獄吏課以裁縫役作。友人或求納致書籍，獄吏許之。始余嘗觀《因明入正理論》，在日本購得《瑜伽師地論》，煩擾未卒讀，覊時友人來致，及是，並致金陵所刻《成唯識論》。役畢，晨夜研誦，乃悟大乘法義。威丹不能讀，年少剽急，卒以致病。

光緒三十一年（一九〇五年）三十八歲

在獄研誦《瑜伽師地論》。威丹獄期將滿，春正月，病温，醫師以爲必死。二月，就會審公廨保釋，得諾。出獄前一日，舁赴工部局醫院，醫師予藥一函，歸服之，夜半即死。明旦，余往撫其屍，口張目視，慟不能出聲。晡時舁屍出獄，上海劉季平捨地葬焉。

光緒三十二年（一九〇六年）三十九歲

在獄研誦《瑜伽師地論》。五月，期滿出獄。同志自日本來迓。時孫逸仙與善化黄興克强已集東京學子千餘人設中國同盟會，倡作《民報》，與康氏弟子相詰難。主之者，溥泉及桃源宋教仁遯初、番禺胡漢民展堂、汪兆銘精衛、朱大符執信也。余抵東京，同志迎于錦輝館，來觀者七千人，或著屋檐上。未幾，以壽州孫毓筠少侯之請，入同盟會，任《民報》編輯。余以胡、汪詰責卓如，辭近詬誶，[3]故持論稍平。湖南徐佛蘇來道卓如意，欲爲調停，克强不許。其

---

① “外務部”，初稿本作“外交部”。

② “獄中”，初稿本作“監獄”。

③ “詬誶”，初稿本作“罵詈”。

冬,《民報》刱置滿一歲,赴錦輝館慶祝,觀者萬人。是時東京人材最盛,滿洲人留學者至匿姓名不敢言。國内學子以得《民報》爲幸,師禁之,轉益珍重,化及全域,江湖耆帥皆願爲先驅。而湖南陳天華亦著小册稱《猛回頭》,潛輸内地,重摹至十餘次。威丹所作《革命軍》者,則直銀二十兩云。天華後以憂憤蹈海死,不與其成,可惜也。①

是歲義軍起萍鄉,安化李燮和柱中所爲也。

光緒三十三年(一九〇七年)四十歲

逸仙自南洋還東京,作青天白日旗,張之壁上。克强欲作井字旗,示平均地權意。見逸仙壁上物,爭之曰:"以日爲表,是效法日本,必速毁之。"逸仙厲聲曰:"僕在南洋,託命于是旗者數萬人。欲毁之,先擯僕可也。"克强怒,發誓脱同盟會籍。未幾,復還。時日本人入同盟會者八人,自相克伐。漢人亦漸有同異。孫、黄、胡、汪南行,②遯初亦赴奉天。數月,遯初復來。同志聞逸仙與日本西園寺侯陰事,漸相攻擊,異議始起。

寶慶譚人鳳石屏來。石屏于同志年最長,耆艾骨骾,有湘軍風。③

是歲山陰徐錫麟伯蓀刺殺清安徽巡撫恩銘。伯蓀性陰騺,志在光復,而鄙逸仙爲人。余在獄時,嘗一過省,未能盡言也。後以道員主安徽巡警學堂,得閒遂誅恩銘,爲虜所殺。其黨會稽陶成章

---

① "不與"至"惜也",初稿本無。

② "胡、汪",初稿本無。

③ "寶慶"至"軍風",初稿本無。

焕卿時在日本,與余善,焕卿亦不憙逸仙。而李柱中以萍鄉之敗,亡命爪哇,焕卿旋南行,深結柱中,遂與逸仙分勢矣。

光緒三十四年(一九〇八年)四十一歲

初,孫、黄之南也,以同盟會事屬長沙劉揆一林生。林生望淺,衆意不屬。既與逸仙有異議,孫、黄亦一意規南服,不甚顧東京同志,任事者次第分散。溥泉以言社會主義爲日本法官逮捕,脱走歐洲。遯初貧甚,常鬱鬱,醉即卧地狂歌,又數向《民報》社傭婢乞貸。余知其事,曰"此爲東人笑也"。急取社中餘資賙之。然資金已多爲克强移用,報社窮乏,數電告逸仙,屬以資濟,皆不應。其夏,克强襲破雲南河口,旋敗歸,抵東京,遯初不往見。余謂克强曰:"吾在此以言論鼓舞。而君與逸仙自交趾襲擊,雖有所獲,其實不能使清人大創,徒欲使人知革命黨可畏耳。愚意當儲蓄財用,得新式銃三千枝、機關銃兩三門,或可下一道數府,然後四方響應,藉羣力以仆之。若數以小故動衆,勞師費財,焉能有功?"克强未應。余又言:"遯初在稠人中,粗有智略。君來何不就與計事?"克强遽曰:"人云遯初狂,下視儕輩。聞其言曰:'不殺孫、黄,大事不可就。'是何嫉我之深也?"余曰:"讒閒之言,何所不至? 遯初誠狂,嫉君則未也。"克强乃稍與遯初計事。頃之,清遣唐紹儀赴美洲,紹儀過日本,因脅日本當事封禁《民報》,使館亦遣人潛入報社下毒。社員湯增壁飲茗,幾死。余欲取紹儀,紹儀已去;因詣留學生總會館,自頗黎函中得紹儀像,擊墮地,蹴碎之。會清主、太后先後死,袁世凱罷,紹儀至美洲,亦無所就而返。

宣統元年(一九〇九年)四十二歲

《民報》既被禁，余閒處與諸子講學，克强復南。時東京同盟會頗蕭散，而内地共進會轉盛。共進會者，起自川、湖閒游俠，聞同盟會名，東行觀之，以爲迂緩，乃陰部署爲共進會，[①]同盟會人亦多附焉。其魁則四川張百祥也。旋歸，衆益盛。後武昌倡義，卒賴其力。焕卿自南洋歸，余方講學，焕卿亦言："逸仙難與圖事，吾輩主張光復，本在江上，事亦在同盟會先，曷分設光復會。"余諾之，同盟會人亦有附者，[②]然講學如故。

宣統二年(一九一〇年)四十三歲

時東京與南洋聲聞轉疏，孫、黄異議，逸仙亦他去。克强在香港，與丹徒趙聲伯先合。伯先始爲江蘇標統，練達戎事，以黨人見黜。南行與克强、石屏計事，[③]欲自桂林起兵下湖南。議甚秘，未行也。焕卿數言克强得伯先，事或可就，逸仙似無成者。余謂"集黨數年，未有規畫，恐詒之後人耳。然清自袁世凱廢，張之洞死，宗室用事，人民胥怨，固不能久。粤人好利而無兵略，湘中樸气衰矣，[④]亦未必屬孫、黄也。君以光復會號召，所謂自靖自獻，成敗利鈍，誰能知之?"

余學雖有師友講習，然得于憂患者多。自三十九歲亡命日本，提獎光復，未嘗廢學。東國佛藏易致，購得讀之，其思益深。始治小學音韵，徧覽清世大師箸纂，猶謂未至。久乃專讀大徐原本，日

① "部署爲"，初稿本作"集"。
② "人"，初稿本無。
③ "石屏"，初稿本無。
④ "衰矣"，初稿本作"亦衰"。

繙數葉，至十餘周。以《説解》正文比校，疑義冰釋。先後成《小學荅問》、《新方言》、《文始》三書，又爲《國故論衡》、《齊物論釋》，《訄書》亦多所修治矣。弟子成就者，蘄黄侃季剛、歸安錢夏季中、海鹽朱希祖逖先。季剛、季中皆明小學，季剛尤善音韵文辭。逖先博覽，能知條理。其佗修士甚眾，不備書也。恨歲月短淺，佗學未盡宣耳。

爻適嘉興龔寶銓未生。①

宣統三年（一九一一年）四十四歲

三月，②克强集同志攻兩廣督署，不克，死者七十二人，所謂黄花岡之役也。是役使清大吏震怖，然同盟會才俊亦略盡矣。伯先治軍嚴肅，爲廣州人忌，發憤致死，或疑爲被毒，煥卿尤恨之。石屏以廣州非用武地，轉向江漢，集中部同盟會，共進會人多附者。③其夏，四川以爭鐵道事，起者數十萬人。秋八月，武昌兵起。余時方與諸生講學，晨起，閲日報得之，不遽信。及莫，閲報，所傳皆同。一二日知鄂軍都督爲黎元洪，用事者則譚人鳳、孫武。④孫武者，字堯卿，武昌人也，嘗抵東京，與同盟會，後兼隸共進會。余故識之，不意其能成此大事。嗣聞湖南、江西相繼反正，⑤始輟講業。以上海未拔，不得遽返。九月，東南粗定，獨江寧未下，于是附輪歸國。十月，抵上海。

---

① 此句初稿本無。

② “三月”，初稿本無。

③ “石屏”至“附者”，初稿本無。

④ “譚人鳳”，初稿本無。

⑤ “湖南、江西”，初稿本作“江西，湖南”。

是時江蘇有五都督，蘇州、江北、鎮江、上海、吴淞也，其佗軍政分府又不與。[①]上海都督陳其美者，字英士，歸安人。初英士與李柱中謀襲江南製造局，柱中不許，英士先率部黨突入，被獲。其黨叩首請柱中往援，柱中以湘軍從之，製造局官長散走，餘卒盡降。柱中日夜撫慰降人，疲極。英士乘其倦卧，集部黨舉己爲上海都督。柱中覺，大怒，欲攻之，懼爲清虜笑，乃率衆直走吴淞，亦稱都督。陳、李交惡。余至，宿柱中軍府。念江蘇有五都督，而上海、吴淞尤相偪，教柱中去督號，稱總司令，奉程德全爲江蘇全省都督。德全者，字雪樓，雲陽人也，故清江蘇巡撫，反正稱蘇軍都督。兵多，故余教柱中屬焉。柱中從之。焕卿先自爪哇歸，浙江已反正，舉山陰湯壽潛蟄仙爲都督，以焕卿爲參議。蘇、浙、鎮江、吴淞諸軍方攻江寧，遯初自武昌來，道克强任漢陽總司令，得湖南援，可守。[②]時南方獨有江寧未下，規模粗定，諸軍皆推武昌爲中央，遯初自許當爲執政，[③]屬余作人物品目。余念同志中唯遯初略讀政書，粗有方略，然微嫌其脱易，似前世劉禹錫輩。時輩既無過遯初者，因爲宣布。未幾，漢陽陷。余方在堯化門觀軍，歸次鎮江，聞秏。東人報言，哺時黄興當來過此，因留待之。舟過，遣同志往候，克强疑不敢見，乃歸上海。後三日，英士來言："克强今日詣余軍府，程都督亦至，特招

① "是時"至"不與"，初稿本無。

② "初英士"至"可守"，初稿本作"焕卿嘗爲余言之，李柱中時爲吴淞都督，本光復會人，與陳不協。余到上海，即宿柱中軍府，勸去督號，稱總司令，奉程德全爲江蘇全省都督。柱中從之。時焕卿先自爪哇返浙，浙已反正，舉山陰湯壽潛蟄仙爲都督，以焕卿爲參議，未成。遁初亦自武昌東下"。

③ "自許當爲執政"，初稿本作"求爲相甚急"。

君會議。”既至，余言江寧即下，當爲援鄂計。克强稱武昌絶地，赴援無益，不如北伐便。余言天時向寒，南軍無裘褐，且兵寡不能與北軍相當，終當援鄂以固根本。聞漢陽破時，礮彈及武昌督府，然石屏等以獨力支柱，軍心不攜，焉有委棄理？① 克强不可。雪樓雖是余説，而不敢口贊也。江寧既下，浙府屬余爲浙江代表。各省代表半已上武昌矣，其半尚留上海。②克强欲自爲大元帥，代表多屈從之。議于江蘇教育會，蘇、浙二都督亦至。③余言克强功雖高，已受黎督委任爲漢陽總司令，不得以部將先主帥；且前已推武昌爲中央，焉得背之？諸代表未有言。蟄仙稱浙江有事，遽引去。蘇軍偏將顧忠琛横刀直入曰："諸君議何故不決？吾軍人，不能容諸君猶豫。”諸代表皆起，决推黄興爲大元帥。余曰："武昌先起，今處黎督何地？”乃推黎元洪爲副元帥。議罷，江蘇督部總務廳湖南章駕時聞之，怒曰："南方倡義，可録者兩大功耳：發難自武昌，下江寧者程公之力。黄興何故得先之？若然，吾將舉兵攻興。”克强大懼，讓大元帥于雪樓。雪樓初反正，尚不能制顧忠琛，亦不敢受。英士聞，遽以商團四十人護克强，其徽識曰"禁衛軍"焉。④後十餘日，代表先上武昌者皆返，以前所推舉非代表全體意，復上江寧，議于江蘇咨議局。主黄者猶未屈，諸軍詾詾，浙司令朱瑞尤憤。克强微知之，急請程、湯、陳三督同赴江寧。浙軍責蟄仙規避，語未終，英士狼狽

---

① "聞漢陽"至"棄理"，初稿本無。

② "各省"上初稿本有"時"字，"已"、"矣"、"其"字初稿本無。

③ "蘇、浙"，初稿本作"江、浙"。

④ "議罷"至"軍焉"，初稿本無。

走還上海。蟄仙許通情代表,終推黎元洪爲大元帥,黄興爲副元帥。以漢陽新破,北軍方逼夏口,武昌不可置政府,推副元帥就江寧組織内閣。[①]克强欲入江寧,無應者。未幾,逸仙返。甫達岸,[②]自言攜兵艦四桉至,且挾多金。又言戰則非吾所任,和則吾能任之。[③]軍民惑焉,[④]遂選孫文爲臨時大總統,黎元洪爲臨時副總統云。

中華民國元年(一九一二年)四十五歲

孫公于太陽歴一月一日就職。始行太陽歴,以江寧爲南京。時府中粤人與遯初不協,惡其豫政,用爲法制院總裁。克强任陸軍總長。政府號令,不出百里,孫公日騎馬上清涼山耳。[⑤]

初,趙伯先之死,未有疑克强者也,焕卿不能分别,并惡之。至是,日與黄、陳不台,[⑥]自設光復軍總司令部于上海,募兵。余告之曰:"江南軍事已罷,招募爲無名。丈夫當有遠志,不宜與人爭權于蝸角閒。武昌方亟,君當就蟄仙乞千餘人上援,人義所在,蟄仙不能卻也。如此既以避偪,且可有功。戀此不去,必危其身。"焕卿不從,果被刺死。[⑦]

焕卿既死,孫公延余至江寧,欲任爲樞密顧問,不能卻。乃曰:

---

① "就",初稿本作"于"。

② "甫達岸",初刻本無。

③ "又言"至"任之",初稿本無。

④ "民",初稿本作"人"。

⑤ "政府"至"山耳",初稿本無。

⑥ "趙伯先"至"至是,日",初稿本作"焕卿"。

⑦ 初稿本此下有"或言英士爲之也"一句。

“上海、江寧，咫尺地耳。若有獻替，郵書半日即至，無必常宿直廬也。”因返上海。其夕，聞孫公以漢冶萍公司許日本松方正義合資，與盛宣懷同署名。時南通張謇季直被任爲實業總長，余就問其事，季直言：“有之，吾亦不得不辭職矣。”余遽上書請速廢約。孫公以軍餉爲辭，往覆數四，卒得請而廢約。

初，克强在漢陽，視武昌諸將蔑如也。其義故淺躁者，欲因推克强爲都督以代黎公，未果。及漢陽敗，克强竄上海，武昌諸將甚恨之，然未嘗怨孫公也。孫公初返國，不曉情僞。湖北參議員劉成禺禺生、時功久季友皆同盟會舊人，説孫公宜寵異武昌諸將，勿令怨望。克强與湯化龍椓之。化龍者，以湖北咨議局議長起主民政，亦與諸將不善，隨克强下竄者也。[①]孫堯卿至南京，不用。時黎公已被副選，[②]諸將請仍稱大元帥。移書南京，稱湯化龍湖北逃官，不當任用。兩府之怨，自此起矣。清遣唐紹儀來議和，精衛力贊袁氏。余適與清故兩廣總督西林岑春煊雲階遇，雲階言，在清宜死社稷，在南宜北伐，無議和理，余頗是之。然以南府昏繆，自翦羽翼，不任孌伐；假手袁氏，勢自然也，故持論頗同精衛。[③]二月，清主退位。袁世凱被選爲臨時大總統，南政府將解，孫、黄以袁氏難制，欲令遷都江寧以困之。余謂“江寧僻左，不足控制外藩。[④]清命雖黜，[⑤]其遺

---

① “化龍”至“者也”，初稿本無。

② “副選”，初稿本作“選爲臨時副總統”。

③ “故持論頗同精衛”，初稿本無。

④ “不足”，初稿本作“不能”。

⑤ “清命雖黜”，初稿本作“清主雖廢”。

蘖尚在，北軍未必無思舊主者；重以蒙古、東三省之援，死灰將復熾，[①]賴袁氏鎮制使不起耳。一日南遷，則復辟之禍作矣”。克强聞之，憤甚，與余辯難，且遣使者三人入宛平迎袁公南下。袁公亦誘致兵變以劫之，[②]卒不能成言。[③]夫假人威力以翦建夷，[④]名實歸之；而又欲以小慧牽制，所謂既不能令又不受命者矣。斯孫、黄所以敗也。然克强辨義利，有常識，愛軍吏，愈於孫公。[⑤]

袁公就職，余復被任爲高等顧問。四月，入都。時唐紹儀任内閣總理，[⑥]遯初以農林總長教紹儀掣制公府，[⑦]京師號爲“唐宋内閣”。共和初政，少年横欲推致極端，以階級名號既廢，又欲黜蒙古王公封號，唐、宋皆是之。余謁袁公曰：“蒙古何賴于中國？所倚者，諸子爭位，中國以册立定之耳。今域中尚有土司，與王公何異？土司無封爵，而蒙古有封爵者，内外之異。然其有土長民一也。必欲廢之，則蒙古不爲我屬矣。”袁公以爲然。亦會漠北諸藩貳心于俄，故撫柔漠南爲慎。惜其後專意南征，[⑧]棄漠北不顧。然熱河、察哈爾、綏遠盡設特别區域，漠南比于郡縣，袁公功不可没。

初，同盟會箸籍者不過二千人。[⑨]自南都建立，一日附者率數

---

① “重以”至“復熾”，初稿本無。

② “公”，初稿本無；“劫”，初稿本作“脅”。

③ “言”下初稿本有“而返”二字。

④ “建夷”，初稿本作“逆胡”。

⑤ “然克强”至“孫公”，初稿本無。

⑥ “唐紹儀任内閣總理”，初稿本作“内閣總理爲唐紹儀”。

⑦ “以”，初稿本作“任”。

⑧ “南征”，初稿本作“征南”。

⑨ “箸籍者”，初稿本作“人”；“人”，初稿本無。

千。武昌諸將，同盟會、共進會分處其半，以與南府不合，復立民社，與同盟會新附者競。余亦暫集人士爲統一黨。既入都，謀與民社合。清世所遺君憲黨人，亦欲藉民社庇蔭，民社許之。余知植黨無益，自是泊然矣。其後唐、宋罷政，同盟會收集小黨數區，合爲國民黨。民社已先改爲共和黨。二年春君憲黨復自立，稱進步黨云。①余嘗謂中國共和，造端與法、美有異。始志專欲驅除滿洲，②又念時無雄略之士，則未有能削平宇内者。如是猶不亟廢帝制，③則爭攘不已，④禍流生民，國土破碎，必爲二三十處，故逆定共和政體以調劑之，⑤使有功者得更迭處位，非曰共和爲政治極軌也。調劑敷衍，所謂以相忍爲國，起因既爾，終後即當順其塗徑，⑥庶免敗績覆駕之禍。⑦用人行政，亦有去泰、去甚耳。⑧急欲求治，其計已愚，況挾其私圖以黨相競乎？然時同盟會舊人尚忘其原，況新進躁動不識本邸者？或詆余爲逢迎袁氏，至竟孫、黄及袁皆以不能容忍，⑨相隨挫敗。余記是語，以諗後人。

袁公甚信參謀次長陳宧，北洋宿將皆下之。宧雅多奇策，余

---

① “同盟會收集”至“黨云”，初稿本作“植黨愈廣，同盟會變爲國民黨，民社已先改爲共和黨，而君憲黨則稱進步黨云”。

② “專”，初稿本作“特”。

③ “猶不亟廢”，初稿本作“而因襲”。

④ “爭攘”，初稿本作“相爭”。

⑤ “逆定”，初稿本作“豫擬”。

⑥ “塗徑”，初稿本作“軌道”。

⑦ “敗績覆駕”，初稿本作“横決”。

⑧ “亦有”，初稿本無；“耳”，初稿本作“可也”。

⑨ “及”，初稿本作“與”。

曰："人以袁公方孟德，是子則爲司馬宣王矣。仆袁氏者，必是人也。"①

七月，之武昌，謁黎公。聞武昌人甚重張之洞，以爲人材軍實皆張氏所遺以爲倡義資也。②返自武昌，與袁公道之。袁公憤然曰："南皮豎儒，今猶爲人引重耶？"因數張過咎數端，③又言初練陸軍及遣學生出洋，④皆己所建明，無與南皮。劇談至三刻頃，余始雖審袁公雄猜，猶謂非卞急者，及聞其排詆張之洞，獨念曰："死者尚忌之，况於生人？褊淺若是，蓋無足觀矣。"後袁公長子克定以書抵余，託佛法爲廋辭，曰"夫人人皆有佛性，則人人可作如來。然人人可作如來，而人人未有佛性。則法施不如財施明矣"。余識其旨，尤不懌，欲辭顧問去。袁公遣王賡來，擬以倉場總督位之。余曰："有官守，無職事，非僕所能居也。"會以事赴三姓，北抵卜魁，還返。乃任爲東三省籌邊使。命下，被冰雪赴之，⑤冀以避地，然卒不免也。

是冬，石屏亦被任爲長江巡閱使。⑥

中華民國二年（一九一三年）四十六歲

設籌邊署於長春，僚屬財十人耳，既鮮事，經費亦少。吉林民政司韓國鈞紫石適去官，薦泰縣繆學賢子才於余。子才善測繪，嘗爲吉林圖，余甚愛之。紫石言"松花江、遼河相距二百餘里，可穿運河以通

---

① "袁公"至"人也"，初稿本無。

② "張氏"至"資也"，初稿本作"張之遺，非是不能倡義也"。

③ "張"，初稿本作"張氏"。

④ "又"，初稿本作"且"。

⑤ "被冰雪赴之"，初稿本作"即行"。

⑥ "是冬"至"閱使"，初稿本無。

之。自遼入運，自運入松花，自松花入黑龍，四五千里，皆方舟之道也，君何不爲之?”余曰:“昔張季直嘗言是，余以遼河水少，海口易涸，果穿運河，遼水東注，則海口遂淤。且松、遼南北分注，中間相隔二百餘里，遼水不入松花江者，必其間有高原間之，恐穿治亦不可就。僕之在此，猶叔遨寢丘耳。行署公費，一月財三千圓，復能得巨資通松、遼耶?”紫石曰:“嘗試測之，費亦無幾。英人秀思，昔嘗測量遼口者也。君召之來，何如?”余行署本有鹽山韓沅濤旭初能測繪，又得子才相輔。念事無成理，測實可知，因召秀思測之，中間果高，其議遂寢。子才復爲繪黑龍江圖，校舊東三省圖爲精矣。

吉林有滴道山煤礦，法人求開採，以銀六百萬兩開治二十年爲期，期滿仍還中國。督署許之。省議會大譁，稱都督賣滴道山。余曉之曰:“吉林無煤，[①]俄人以之藉口，合抱之木，伐爲東省鐵道薪柴。今滴道山煤得出，則俄人無辭。夫煤礦之占地有限，而森林之面積無窮，以此易彼，何憚不爲?且吉林諸礦，人民不能集資自採，[②]但除俄、日兩國以外，有請願開採者，不妨斟酌與之。二十年後，礦質既盡，地亦歸我。諸君何葸葸也?”議員曉悟，然終以都督無賴，不肯同意。

韓人僑居延吉者數萬口，多以採金爲業，請願歸化。政府畏日本，不敢許。余爲議曰:“間島之爭，中國幸而獲直。[③]然處其地者皆韓人，不予歸化，名爲吾有，其實與日本領土無異，宜速許之。”政府

① “無煤”，初稿本作“無煤礦”。

② “人民”，初稿本作“吉林人”;“採”，初稿本作“開”。

③ “直”，初稿本作“勝”。

終不敢從。

湯夫人來歸。①

袁公就職歲餘，漸恣肆，克强甚畏惡之，②欲因正式國會改選總統，然已亦不俚衆口。③余謂宜推黎公，上書問其去就。會遯初亦與黎公成言，或言其有所要挾，機事不密，三月，盜殺遯初於上海。余以四月託事南行。克强欲舉兵，猶豫。時人望多屬黎公者，黎公以遯初死，懼及己，益懔。④五月，余復上武昌。數日，雲階亦至。⑤先是，江湖羣狡，常借克强名號擾亂武漢間，克强不能禁也。⑥黎公疑怖，召北軍李純以一師下夏口，⑦諸將多諫。余力言順衆望以安之，則亂流自止。雲階亦勸黎公毋辭大選，黎公意未決。謂余曰："君且入都視之，⑧其人苟可諫，安用更置？必不可諫，如君等計耳。"瀕行，黎公爲設祖餞。約晡時會食，至日落，黎公始出，⑨曰："屬有日、俄二領事來謁，言多，故遲耳。"余曰："二領事亦何言？"黎公曰："彼忌項城，專以大位動我。辯語移時，其志可疑也。"余曰："若是，則知吾輩所言，非一家私意矣。日本人或忌項城，俄人何與焉？"⑩卒

① 此句初稿本無。
② "畏惡之"，初稿本作"忌之"。
③ "然已"，初稿本作"而孫、黄"。
④ "黎公以"至"益懔"，初稿本無。
⑤ "雲階"，初稿本作"岑雲階"。
⑥ "不"，初稿本作"未"；"禁也"，下初稿本有"及是愈甚"。
⑦ "召北軍"至"下夏口"，初稿本作"調北軍李純至漢口"。
⑧ "視"，初稿本作"觀"。
⑨ "至日落，黎公始出"，初稿本作"至則黎公不出，日落始來"。
⑩ "與"，初稿本作"忌"。

不得要領，遂入都。袁公已下令授余勳二位，冀以歆動。入府，袁公問曰："克强意何如？"余曰："遯初之死，憂懼者不止克强一人。"袁公曰："報紙傳克强欲舉兵，稱爲遯初復仇，[①]何誣繆如是？"余曰："南方報紙亦傳公將稱帝。道聽塗説，南北一也。"袁公曰："吾以清運既去，不得已處此坐，常懼不稱，亦安敢行帝制？人之誣我，乃至於是。"余曰："以愚意度之，言公將稱帝者，非毁公，乃重公耳。夫非能安内攘外者，[②]妄而稱帝，適以覆其宗族，前史所載則然矣。法之拏坡侖，雄略冠世，克戡大敵，是以國人樂推。今中國積弱，俄、日横於東北。誠能戰勝一國，則大號自歸，民間焉有異議？特患公無稱帝之能耳。誠有其能，豈獨吾輩所樂從？孫、黄亦焉能立異也？故曰言公將稱帝者，非毁公，乃重公也。"袁公默然，兩目視余面，[③]色悴悴。時辰鐘過三分，[④]乃曰"明日來受勳耳"。遂出。凡留京師七日，復歸上海。以南北相持，辭東三省籌邊使。數日，溥泉亦來。時國會成立已兩月，溥泉被選爲參議院議長，知有變，南行避之。[⑤]會協和免江西都督，東下，謀定即歸。[⑥]七月十二日人定，[⑦]溥泉、行嚴突至余宅，以討袁檄相示。余曰："冒昧作此，將何爲？"行嚴曰："兵將動矣，檄文何如？"余曰："此何必工，如弟所屬草

① "稱"，初稿本作"謂"。
② "安内攘外"，初稿本作"内安外攘"。
③ "面"，初稿本無。
④ "時辰鐘過三分"，初稿本作"鐘過五分"。
⑤ "數日"至"避之"，初稿本無。
⑥ "會協和"至"即歸"，初稿本作"會江西都督李烈鈞協和東來"。
⑦ "人定"，初稿本無。

可也。”十五日，克强果起兵江寧。初，克强自知力不制北，又以江蘇人怨之，嘗欲以軍事屬雲階。[①]雲階語余：“事若克捷，宜以清宗室爲大總統，庶幾袁氏舊部不能爲變。”余曰：“君欲復辟耶？”雲階曰：“非也。宣統帝不可爲元首。屬之恭親王，暫主大政，不爲子孫萬世基。”[②]因説春時劉廷琛、于式枚等來謀復辟，馮國璋、張勳皆與謀。今乘其機以覆袁氏，易爲力。余曰：“項城之罪，[③]在殺宋教仁，非得罪民國也。覆項城而戴清之宗室，[④]名曰總統，實與天子無異。倒行逆施，[⑤]誰助公者？”[⑥]雲階曰：“嘗問諸有經驗者，皆善是策。”[⑦]余曰：“有經驗者，非鄭孝胥耶？[⑧]彼有大清之經驗，未有民國之經驗也。是策行，[⑨]則南北皆傳刃於君矣。”雲階議始寢。教克强奉程都督爲主，勿令走。有亟，則己來助之。克强乃行。北軍鄭汝成來據東南製造局，英士日與言賄賣，汝成得爲備。雲階屬英士急攻之，其規畫亦多中者，竟不從也。未幾，江寧軍有異言，克强走。雲階亦竄檳榔嶼，[⑩]南事敗壞。余念袁氏網羅周布，無所逃死；中國已復而猶亡

---

① “初，克强”至“雲階”，初稿本作“時克强欲以軍事屬雲階”。

② “屬之”至“萬世基”，初稿本作“屬之恭親王可”。

③④ “項城”，初稿本作“袁氏”。

⑤ “名曰”至“逆施”，初稿本無。

⑥ “公”，初稿本作“我”。

⑦ “皆善是策”，初稿本作“皆以是策爲然”。

⑧ “耶”，初稿本作“乎”。

⑨ “是策行”，初稿本作“若從其計”。

⑩ “教克强”至“檳榔嶼”，初稿本作“未幾，程德全走，克强亦走，雲階南行亡竄檳榔嶼”。

命，[①]所不爲也。會共和黨人急電促余入都，稱國民、共和二黨懲於舊釁，欲復合。[②]余念京師、上海皆不能避袁氏凶燄，八月，冒危入京師，宿共和黨。戒嚴副司令陸建章憲兵守門，余不得出，然入門者如故。[③]十月，袁世凱被選爲正式大總統，[④]黎元洪被選爲正式副總統。[⑤]十一月，國民黨被解散。黎公入都。十二月，國會亦解散矣。

中華民國三年（一九一四年）四十七歲

是時共和黨猶以空名駐京，憲兵逼迫，余終日默坐室中。[⑥]弟子獨錢季中及貴陽平剛少璜時時來候。[⑦]余念共和黨不能久支，二月，張伯烈亞農爲余謀，直往謁袁公辭别，不見，則以襆被宿其門下。從之，遂被禁錮。先屬陸建章錮一軍事廢校中，漸移龍泉寺。當事皆走使告曰："以家屬來則無事。"余念是爲譎術，湯夫人亦懼袁氏有異謀，皆謝之。建章慕愛先達，相遇有禮。及移龍泉寺，别以巡警守之。警吏入見，[⑧]語言瞻視，浸陵人矣。袁克定復遣德人曼德來省，且言可移處克定彰德宅中，余默不應。至六月，[⑨]余以資斧空匱，飭厨役斷炊，不食七八日，神氣轉清，唯步起作虚眩耳。舊友廣

---

① "已"，初稿本作"既"。

② "會共和"至"復合"，初稿本作"會國會中國民、共和二黨皆同盟會分支，有意復合，共和黨人急電促余入都"。

③ "余不得出，然入門者如故"，初稿本作"余雖不出而入門者如故"。

④ "袁世凱"，初稿本作"袁公"；"大"字初稿本無。

⑤ "黎元洪"至"副總統"，初稿本作"黎公副之"。

⑥ "余"，初稿本無。

⑦ "弟子獨錢季中"，初稿本爲"弟子中獨吴興錢夏季中"。

⑧ "警吏入見"，初稿本作"警官來見"。

⑨ "六月"，上初稿本有"夏"字。

州黄節晦聞書致當事,道不平。①當事懼余餓死,②復令醫工來省,③得移東城錢糧胡同。政府月致銀幣五百圜,賃屋治食,悉自主之。以巡警充閽人,④稽察出入。書札必付總廳檢視,⑤賓客必由總廳與證,而書賈與日本人出入不與焉。時弟子多爲大學教員,⑥數來討論。余感事既多,復取《訄書》增删,更名《檢論》。處困而亨,漸知《易》矣。

是冬,孫堯卿自德意志歸,來候。時同志舊勳與余相遇者,獨堯卿、柱中二人耳。⑦初克上海,柱中功高,授勳纔得五位。川邊經略使尹昌衡以事下獄,禍不測,柱中獨與前貴州都督楊藎誠上書救之,堯卿亦爲言云。⑧

中華民國四年(一九一五年)四十八歲

日本以往歲取青島,知袁公將改號,以"二十一條"要之,袁公懼,如約。人心始去。⑨

三月,長女叕、少女㠭及長婿龔寶銓入都省視,⑩遂居焉。歙吴承仕絸齋時爲司法部僉事,好説内典,來就余學。每發一義,絸齋

---

① "神氣"至"不平",初稿本無。

② "懼",初稿本作"恐"。

③ "工",初稿本作"生"。

④ "以",上初稿本有"唯"字。

⑤ "檢",初稿本作"驗"。

⑥ "弟子",初稿本作"學子"。

⑦ "是冬"至"二人耳",初稿本句在"出入不與焉"之下。

⑧ "初克"至"言云",初稿本無。

⑨ "日本"至"始去",初稿本無。

⑩ "長女叕"至"省視",初稿本作"兩女長女叕、少女㠭、嘉興龔寶銓未生入都候視"。

録爲《菿漢微言》。時袁氏帝制萌芽已二歲矣,[1]往日當事數遣客來伺余意,道及國體,余即以他語亂之。間亦以辭章諷刺,《宋武》、《魏武》二頌及《巡警總鹽》、《肅政史》二箴皆是時所爲也。[2]七月,籌安會起,[3]勸進者日數百。余知袁氏將滿貫也,顧不能無感憤,賴以禪觀制止。孫少侯時爲袁氏要人,柱中以獄事被脅,[4]皆豫籌安會。余甚惡少侯,而知柱中無他,[5]柱中來見,[6]不甚誚讓也。然柱中頗自媿,不繼見矣。八月,叕自經死。[7]事傳日本,誤謂余已死。既而上海報紙依以入録,湯夫人急電問安。余復電曰:"在賊中,豈能安?"露章明發,逆知袁氏技盡,無能爲害也。是冬,多惡夢,自爲《終制》。十二月,雲南護國軍起。

中華民國五年(一九一六年)四十九歲

一月一日,袁世凱所謂洪憲元年也。[8]護國軍事聞,世凱始恐。然以陳宧在四川,倚以鎮懾,謂西南可無事;江上列戍,亦自謂慎固也。[9]余雖被禁止,數聞北軍敗耗。時有欲迎黎公赴廣西者,余聞,密書授人致黎公,勸决策。未幾,廣西獨立,世凱自褫帝號。聞南北有議和意。又聞西南設軍務院,雲階在肇慶稱都司令,[10]所部桂

① "已",初稿本作"將"。
② "所",初稿本作"而"。
③ "七月",初稿本作"及"。
④ "柱中"上初稿本有"李"字。
⑤ "余甚惡"至"無他",初稿本作"余甚恨少侯無狀"。
⑥ "來見"下初稿本有"全知其情"四字。
⑦ "叕自經死",初稿本作"長女叕忽自經死"。
⑧ "袁世凱",初稿本無。
⑨ "始恐"至"固也",初稿本作"惶怖無策"。
⑩ "又聞"至"司令",初稿本作"又聞岑雲階軍在肇慶"。

軍，不出湖南，顧日與龍濟光競。欲移書示以方略，檢視既嚴，書不可達，乃取銀幣千圜，存交民巷日本正金銀行，銀行員得出入余門，因取書屬展轉達之。久之，軍事岑寂。至五月中，陳宧以四川獨立，世凱猶不信，見其露布，始怒，命秘書發電痛詆之。秘書不肯，世凱慚怖，歐血至盌許，漸不支。余時欲觀南方實狀，[①]友人有在海軍部者，與日本海軍增田大佐、柴田大尉相知，示余易和服亡走，自鐵道達天津。至期，日本駐津領事密攜憲兵迎於車棧。既發，未上車，偵者踵至，稱汝負我錢，何故脱逃？取指環及常弄古玉去，羣曳以走，日本軍官與焉。領事所攜憲兵前進，奪軍官去。余被曳至巡警總廳。時世凱已病，警吏氣亦衰，[②]但促歸邸而已。六月六日，日將昏，朱逖先入告曰："公署學校處處皆下旗，[③]袁世凱必死矣，且秘之。"明日，知黎公繼任，即東廠胡同邸中爲行府。余欲往見，守門巡警尼之，乃書付逖先轉達公府。九日，有人來傳公府音問，云總統得書，即飭内務總長王揖唐即王賡更名。下令撤警。揖唐不肯，總統無奈何。十三日，門人餘干郭同宇鏡來，自言佐公府秘書。余問撤警事，[④]宇鏡答曰："此曹所忌，在先生出暴其短耳。今宜陳情總統，言袁氏已歿，[⑤]無庸念舊惡。同以手書示揖唐，[⑥]其事必解。"從之。十六日，果以院令撤警。增田、柴田皆來賀，余感其意，以范文

---

① "陳宧"至"實狀"，初稿本無。
② "吏"，初稿本作"官"。
③ "朱逖先"，初稿本作"弟子海鹽朱希祖逖先"。
④ "撤警事"，初稿本作"何時撤警"。
⑤ "已"，初稿本作"既"。
⑥ "揖唐"上初稿本有"王"字。

正公手書一卷贈焉。[①]

余寓錢糧胡同，與陸軍少將哈漢章同巷居，亦素識其人。[②]既撤警，漢章方爲公府軍事幕僚，[③]數至邸中，稱段祺瑞跋扈，謀以徐世昌代之。余知世昌與宗社黨有連，兼聞其首贊帝制。念漢章以總統儌幸，[④]禍自此始矣。二十一日，入謁黎公，告以行意。黎公亦道京師危狀。余曰："軍警不能爲變，清世達官，其心難任也。今所望者，南方不屈，則公亦安。"黎公但稱毋苦百姓而已。二十五日，黎公遣一衛官護行，[⑤]至天津，浙江已遣戚則周來逆。[⑥]是晚登舟，七月一日至上海，抵家。

余既歸，適海軍獨立。政府下令召集國會。浙江都督吕公望戴之遣人來迎，[⑦]到杭縣，[⑧]勸勿遽取銷獨立。[⑨]留五日，旋歸。而軍務院已解。[⑩]時克强亦自美洲來，聞其聲嘶楚，語頓挫，不能爲長言。[⑪]問曰："何憊至是？"克强以數患歐血告。言及國事，嗟歎而已，

---

① "增田"至"贈焉"，初稿本無。

② "余寓"至"其人"，初稿本作"余寓錢糧胡同時，陸軍少將哈漢章雲裳與余同巷居，余亦素識其人"。

③ "漢章"，初稿本作"雲裳"。

④ "念漢章"，初稿本作"私念雲裳"。

⑤ "衛官"，初稿本作"副官"。

⑥ "逆"，初稿本作"迎"。

⑦ "戴之"，初稿本無。

⑧ "杭縣"，初稿本作"杭州"。

⑨ "勸"，初稿本作"余勸以"。

⑩ "軍務院"，初稿本作"軍政府"。

⑪ "語頓挫，不能爲長言"，初稿本作"語言斷續"。

終不言方略也。直徐世昌、[①]馮國璋、張勳等有徐州會議、彰德會議,皆密謀復辟,以傾民國。[②]余見國事日岌,八月,南赴肇慶,視雲階。時雲階方攻龍濟光,[③]其軍中任事者爲騰衝李根源印泉,[④]而行嚴次之。余問往時何不亟圖長江以規形勢,而偪促於嶺外爲?印泉出示五月三十日軍事計劃書,擬陸榮廷下湖南、李烈鈞出江西、林虎左右策應。余曰:"是計當矣,何故不行?"印泉曰:"袁氏旋殁,黎公繼任。江西爲政府直隸之地,義不當加兵也。"余曰:"即如是,湖南亦然,何以陸榮廷復進攻耶?"印泉曰:"湖南湯薌銘已先獨立,地屬我,[⑤]故可攻耳。"余怪其辭遁。後知印泉利廣東富原,[⑥]故令協和卻歸攻之,[⑦]以龍濟光所部皆雲南産,[⑧]可以情撫也。[⑨]濟光卒不可破,而都司令部窮蹙矣。余見南方無可與謀者,[⑩]遂出游南洋羣島,歲晚始歸。[⑪]歸時肇慶都司令部已解,[⑫]馮國璋已被選爲副總統,克强已歐血死。人才日乏,凶暴日長,[⑬]知大亂之將作也。聞

① "直",初稿本作"于時"。
② "民國",初稿本作"黎公"。
③ "方攻龍濟光",初稿本作"尚攻廣州,未拔"。
④ "軍中",初稿本作"軍府"。
⑤ "地屬我",初稿本作"地非段府所有"。
⑥ "利廣東富原",初稿本作"謀據廣東"。
⑦ "歸攻之",初稿本作"攻廣州"。
⑧ "産",初稿本作"人"。
⑨ "可以情撫也",初稿本作"冀乘其敗而撫之"。
⑩ "南方",初稿本作"南中"。
⑪ "晚",初稿本作"莫"。
⑫ "時",初稿本作"則"。
⑬ "暴",初稿本作"惔"。

主選馮國璋者爲唐紹儀、孫洪伊，[①]而溥泉亦爲之關通。余見溥泉，痛責之。溥泉深自悔，明年送克强葬，伏地痛哭，至不能起。[②]

初，孫公好尚與克强異，厭薄軍官，而憙少年輕薄與江湖屯聚者，訖爲大總統不能悛。二年之變，孫公勸克强急起，克强不從，後亦致敗，孫、黄同時竄日本。英士等日夜慫恿孫公，雜集同盟會人及新附者爲中華革命黨，氣甚盛，尤排擯克强。克强慚憤，避之美洲。所隸軍官協和、印泉輩及二年起兵者，無所附，皆南走歸雲階，與孫公交惡，獨石屏不肯。克强歸時，余問往候孫公否？克强曰："往則遭其詈耳。"及克强卒，其徒亦集同盟會新附者谷鍾秀、張耀曾等稱政學會，皆宗雲階，與孫公角。余頗任調和，釁已深，不能合也。其後政學會日益披昌，衆怒歸之，而中華革命黨轉衰，所謂爲淵敺魚，爲叢敺爵者矣。[③]

中華民國六年（一九一七年）五十歲

是時宗社黨徧布上海、青島間，[④]康有爲、勞乃宣、劉廷琛、[⑤]鄭孝胥、章梫爲著。而内與梁鼎芬、陳寶琛等通，[⑥]散布揭帖，[⑦]訟言無忌。余聞鼎芬獻綸旅金鑑於清廢主。[⑧]又知彼中計畫，黨首皆爲

① "馮"，初稿本無；"唐紹儀、孫洪伊"，初稿本作二人名字互乙。
② "溥泉……不能起"，初稿本無。
③ "初，孫公"至"者矣"，初稿本無。
④ "青島間"，初稿本無。
⑤ "勞乃宣、劉廷琛"，初稿本無。
⑥ "通"，初稿本作"相通"。
⑦ "散布"，初稿本作"發行"。
⑧ "清"，初稿本無。

輔政大臣，徐世昌則輔政王也。[①]一月末，故内閣總理鳳皇熊希齡至上海，[②]以其情報唐紹儀，且徵求革命偉人同意，紹儀怪其妄。余曰：“不然。革命偉人必不贊助復辟，彼亦自知之。所謂同意者，欲令同意於馮國璋耳。”繼見孫公爲道之。[③]孫公曰：“復辟果成，[④]則聚而殲旃爾，養寇可也。”[⑤]余曰：“不然。馮國璋方欲傾黎公，必慫恿張勳爲此，而己不與焉。勳事成，則己又出師討勳，然後以副總統繼任。公何不了也？”孫公曰：“不然。[⑥]馮國璋北洋老革，清主果立，彼得一王封足矣，安敢望繼任？”余曰：“不然。馮平日固非有大志者，今爲副總統，則覬覦之心自起，豈以王封自滿乎？”孫公終不悟，[⑦]余數騰書公府儆之。黎公時任哈漢章，亦不省也。既，黎公遣使授孫公大勳位，雲階勳一位，協和復勳二位。孫、李皆受，[⑧]雲階以不肯三鞠躬，不受。余知其無禮於民國也，稍疑惡之。有頃，[⑨]對德宣戰議起，國會譁然，[⑩]公府欲更置内閣。[⑪]余亟移書國會中相知者曰：“今之内閣，本一武人，行事悖繆，不可勝書。然以比於清袁貴相，尚無術而易與。若去彼得此，則其禍更深。”清袁貴相，謂徐

---

① “清”，初稿本無。
② “徐世昌”上初稿本有“而”字。
③ “至”，初稿本作“來至”。
④⑥⑦ “孫公”，初稿本作“逸仙”。
⑤ “聚而”至“可也”，初稿本作“北洋根株剗絶矣，縱之可也”。
⑧ “授孫公”至“皆受”，初稿本作“來授逸仙、雲階協和三勳，二子皆受”。
⑨ “有頃”，初稿本作“頃之”。
⑩ “譁然”，初稿本作“大譁”。
⑪ “内閣”，初稿本作“段祺瑞”。

世昌也。其後公府更欲以李經羲代段氏，經羲有小術，而素怯吝，不能爲輕重。[①]陸榮廷入都，黎公遇之甚厚。然榮廷亦覬清廢主，且與張勳交驩。黎公以榮廷故，謂張勳無他腸。[②]及倪嗣冲反，雷震春擁徐世昌於天津，私稱大元帥，[③]公府復召張勳入都以抗之。由是國會解散，而復辟之禍成矣。自克强起兵江寧時，[④]嘗欲撫納張勳，以傾袁氏，卒爲所賣。是歲春，協和又遣彭程萬與勳通問，[⑤]榮廷復要束之，[⑥]是以黎公不疑，[⑦]召勳致變，其禍甚於江寧之役。時爲黎公奔走者，[⑧]郭宇鏡也。宇鏡以是蒙訽，思欲湔浣，舉措不慎，嗟何及矣？

孫公初以失位觖望，[⑨]聞中央有變，輒喜，故與余輩異情。石屏始終謂孫公不可居首長，余亦不能慊。[⑩]然中國首義，人所知者孫、黎二公而已。[⑪]黎公初遣海軍總長程璧光南下，冀爲後圖。[⑫]璧光者，字玉堂，香山人。清末嘗西行購軍艦四艘，即孫公指目以爲己

---

① “輕重”，初稿本作“損益”。
② “陸榮廷”至“他腸”，初稿本無。
③ “雷震春”至“大元帥”，初稿本作“擁立徐世昌於天津，稱大元帥”。
④ “自”，初稿本作“初”。
⑤ “通問”，初稿本作“交觀”。
⑥ “榮廷復要束之”，初稿本無。
⑦ “是以”，初稿本作“及”。
⑧ “其禍”至“黎公”，初稿本作“而中間”。
⑨ “孫公”，初稿本作“逸仙”；“失位”下初稿本有“常”字。
⑩ “石屏”至“不能慊”，初稿本無。
⑪ “人”，初稿本作“爲人”。
⑫ “冀爲後圖”，初稿本無。

物者也。[1]性忠謹，孫公慚而疏之。[2]復辟禍起，[3]國命已斷，黎公避居日本使館。[4]孫公欲復稱臨時大總統，[5]余亦謂可行也。七月三日，集議孫公邸中。[6]玉堂起言奉大總統命，國家危急，屬孫先生維持國事。孫公答曰："當復設臨時政府。"[7]唐紹儀起持駁議。玉堂曰："所謂維持國事者，謂起兵討賊，其他非所敢知也。"[8]議不决。余就語玉堂曰："國無元首。聞黎公避居日本使館，君統率海軍，[9]當以軍艦奉迎。可先電日本公使，護黎公至海軍泊所。不然，南方無主，何以自立？"玉堂曰："本有軍艦二艘，在秦皇島，即傳無綫電語之。"少頃，余爲擬電致日本公使。明日，日本公使辭以難。於是决策以軍艦護孫公至番禺，[10]冀有所建設矣。余始未有子，是歲四月，湯夫人舉一男，小字曰導，以王茂弘期之也。未三月，即赴番禺。[11]

余與孫公南行，風甚。抵番禺，[12]段祺瑞已破張勳，北人羣脅黎公辭職，[13]馮國璋得代理總統。[14]余曰："不幸而言中矣。"[15]孫公以護

---

① "孫公"，初稿本作"逸仙"；"指目"至"者也"，初稿本作"指爲已有者也"。

②⑤⑥ "孫公"，初稿本作"逸仙"。

③ "禍"，初稿本作"事"。

④ "公"，初稿本無。

⑦ "孫公"，初稿本作"逸仙"；"當復設臨時政府"，初稿本作"當復稱臨時大總統"。

⑧ "其他非所敢知也"，初稿本作"非自尊也"。

⑨ "率"，初稿本作"攝"。

⑩ "軍艦"，初稿本作"海軍"；"孫公"，初稿本作"逸仙"；"番禺"，初稿本作"廣州"。

⑪ "番禺"，初稿本作"廣州"。

⑫ "余與"至"抵番禺"，初稿本作"逸仙將赴廣州，屬余同往，抵汕頭"。

⑬ "北人"至"辭職"，初稿本作"黎公辭職"。

⑭ "得代理總統"，初稿本作"繼任"。

⑮ "中矣"下，初稿本有"且就廣州謀之"。

法名,屬廣東省議會迎致國會議員,[①]開非常會議於番禺。[②]未幾,海軍亦大至。[③]議員來者七八十人耳。[④]時孫公尚欲稱臨時大總統,[⑤]余謂宜且稱攝大元帥。[⑥]石屏時亦移書,勸孫公勿自尊。[⑦]衆議喧呶,或欲以議員合組政務委員會者。孫公極口詈議長吴景濂,[⑧]景濂恚,[⑨]誓不復見。余宿實業團,[⑩]議員吕復健秋及宇鏡來就議,[⑪]余謂分疏曉譬,[⑫]羣情漸悟。故廣東都督陳炯明競存復來詈之。[⑬]余初以雲南督軍唐繼堯蓂賡之招,欲赴雲南觀軍容,未果,至是以廣州事難就,戒期西行。競存止之曰:“諸議員尚信君。事畢前往,不晚也。”[⑭]至九月,[⑮]番禺立軍政府,[⑯]孫文被選爲大元帥。兩廣巡閱使陸榮廷、雲南督軍唐繼堯被選爲元帥。余勸孫公遥戴黎公以存國統,[⑰]使人不能苟與賊和,且示無自尊意。爲大元帥作

① “孫公”“屬廣東”,初稿本作“到廣州,逸仙屬”。
② “番禺”,初稿本作“廣州”。
③ “大”,初稿本無。
④ “七八十”,初稿本作“四十餘”。
⑤⑧⑰ “孫公”,初稿本作“逸仙”。
⑥ “宜且”,初稿本作“當”。
⑦ “石屏”至“自尊”,初稿本無。
⑨ “恚”,初稿本作“愠”。
⑩ “團”下初稿本有“中”字。
⑪ “及宇鏡來就議”,初稿本作“郭同宇鏡亦來就議”。
⑫ “謂”,初稿本作“爲”。
⑬ “廣東”,初稿本作“廣州”。
⑭ “不”,初稿本作“未”。
⑮ “九月”,初稿本作“八月”。
⑯ “番禺”,初稿本作“廣州”。

宣言書,[①]稱願與全國共擊廢總統者。[②]孫公雖貌從,[③]情不順也。時孫、陸不相能,榮廷不受元帥印證。滇軍師長張開儒等言唐督軍已與龍濟光和好,約爲兄弟,其人可用。[④]余往香港視之,濟光怨榮廷甚深,[⑤]欲觀望南北勝負。[⑥]孫公所部粵人亦欲挾軍政府已行廣東主義。[⑦]余知其無就,欲西行。孫公使人來曰:"今人心不固,[⑧]君舊同志也,不當先去以爲人望。"余曰:"此如弈棋,内困則求外解。孫公在廣東,[⑨]局道相偪,未有兩眼,僕去爲作眼耳。嫌人失望,[⑩]以總代表任僕可也。"孫公從之。[⑪]遂與議員五人授元帥印證者及宇鏡、少璜偕西,自交趾抵昆明焉。[⑫]

初,雲南光復,[⑬]蔡鍔始侵略四川,至自流井。護國軍之役,四川第二師師長劉存厚先反正,[⑭]功高。[⑮]羅佩金以雲南産督四川,[⑯]貴州人戴戡爲省長,[⑰]皆忌存厚。雲南軍在四川者,又偏得利權,川

---

① "使人不能"至"爲大元帥",初稿本作"又爲逸仙"。

② "總統"上初稿本有"大"字。

③⑦⑧⑪ "孫公",初稿本作"逸仙"。

④ "師",初稿本無;"唐督軍"至"可用",初稿本作"龍濟光可用"。

⑤ "怨榮廷甚深",初稿本無。

⑥ 初稿本於"勝負"下有"獨深怨陸榮廷耳"。

⑨ "孫公",初稿本作"公"。

⑩ "嫌人失望",初稿本作"公嫌人心不固"。

⑫ "宇鏡、少璜",初稿本作"郭宇鏡,平少璜"。

⑬ "光復",初稿本作"反正"。

⑭ "先",初稿本作"首"。

⑮ "功高",初稿本作"於川中功高"。

⑯ "羅佩金"至"四川",初稿本作"後羅佩金督四川"。

⑰ "貴州人",初稿本無。

人失職，謂其將并己也，銜之次骨。[①]存厚因民之怨，攻佩金，走之；又攻戴戡，殺之。北廷遣吳光新赴川查辦，以一師駐巴。[②]時雲南兵在川南省尚二萬人，蓂賡懼，不敢出，其秘書長李曰垓尤尼之。余至雲南，[③]蓂賡猶豫，不敢受元帥印證。[④]余謂五議員曰："不受，諸君爲無面目，宜速歸。余名義亦屬軍府，隨君等去矣。"蓂賡始具禮受印證。然其文移號令，[⑤]終自稱滇黔靖國聯軍總司令，未肯稱元帥也。數日，[⑥]以公函請余爲總參議，少璜爲參議，宇鏡爲秘書。余受之，亦未嘗自稱云。[⑦]蓂賡問計，余言："南北相持，不得湖北，不能取均勢。今桂軍方援湖南，荆襄黎天才、石星川亦思獨立。君必待破重慶、定成都，然後東下，則歲時淹久，事將中變；且川人怨雲南深，未可猝下也。宜分兵自貴州出湘西，取辰、沅、常、澧爲根本，北與江陵相望，[⑧]黎、石一起，計時湘中亦已下矣。[⑨]乃與桂軍會師武漢，敵人震聳，[⑩]形勢在我，[⑪]劉存厚亦焉能倔强也？"蓂賡歆四

---

① "銜之次骨"，初稿本作"銜刺骨"。

② "以一師駐巴"，初稿本作"駐師重慶"。

③ 初稿本在"余至雲南"下有"五議員授元帥印證"。

④ "不敢受元帥印證"，初稿本作"欲不受"。

⑤ "其文移號令"，初稿本無。

⑥ "數日，"，初稿本無。

⑦ "稱"，初稿本作"號"。

⑧ "江陵"，初稿本作"荆州"。

⑨ "下矣"，初稿本作"可下"。

⑩ "敵人"上初稿本有"則"字。

⑪ "形勢在我"，初稿本無。

川富厚,[①]不肯捨。[②]會貴州兵自桐梓出,規川東。[③]北廷所置四川督軍周道剛欲攻川南以綴之。[④]其旅長劉成勳來告變,蓂賡欲出,余以爲中策,力贊之。[⑤]十一月,發昆明,渡可渡河,從叢菁中行數日,[⑥]至畢節。川南瀘縣已爲周道剛軍所拔,[⑦]雲南軍大潰,蓂賡亟下令捕亡還者,[⑧]纔得百餘人耳。[⑨]值湘桂軍拔長沙,黎、石反正;[⑩]貴州軍自綦江取黄角亞,距巴十餘里,[⑪]吴光新走。重慶鎮守使熊克武以巴自主。[⑫]克武者,字錦帆,本同盟會舊人,而黄花岡死難之遺也。[⑬]未一月,瀘亦復。[⑭]雲南勢復振。[⑮]余勸蓂賡速出,不果。當是時,南方勢盛。雲階在上海,陰結長江三督,任調停,[⑯]實爲北方緩兵計。[⑰]文電數至,蓂賡以爲實然,余曰:"三督所行,諺所謂狐假虎

---

① "歆",初稿本作"貪"。
② "不肯捨",初稿本作"不從"。
③ "規川東",初稿本作"出綦江,將逼重慶"。
④ "綴",初稿本作"牽制"。
⑤ "以爲中策,"初稿本無。
⑥ "從",初稿本作"涉";"中行",初稿本無。
⑦ "縣",初稿本作"州"。
⑧ "還",初稿本作"逃"。
⑨ "纔",初稿本作"祇"。
⑩ "黎、石反正",初稿本作"黎天才,石星川示荆襄獨立"。
⑪ "距巴十餘里",初稿本作"進薄重慶"。
⑫ "重慶"至"自主",初稿本作"其鎮守使熊克武宣告自主"。
⑬ "克武者"至"之遺也",初稿本無。
⑭ "瀘",初稿本作"瀘州"。
⑮ "雲南勢復振",初稿本無。
⑯ "任調停",初稿本作"居閒任調停"。
⑰ "實爲北方緩兵計",初稿本作"其實爲北方緩兵"。

威者。西南羣虎，奈何爲狐所弄？”①然時人爲雲階三督所詿誤者甚衆，不能以一人勝衆口也，乃遣少璜赴湘西，②身與宇鏡同下東川。③

孫公與榮廷相惡，權日蹙，命令不能出府門，欲親征福建。余在畢節，電請決計，不果行。④

中華民國七年（一九一八年）五十一歲

一月十日，至巴縣，⑤禮威丹祠。南府嘗贈威丹大將軍，⑥故巴人直稱鄒大將軍也。⑦其家無恙。⑧時錦帆以四川靖國各軍總司令建牙，⑨與劉存厚相持。雲南軍已復川南，其軍長顧品珍出没川南、川東間。錦帆屢請蓂賡東下，余亦數促之。大旨言荆襄獨立，⑩吴光新以一師竄還，半自萬縣渡江，⑪半沿江直下，皆會宜昌。⑫沿江者爲川中民軍顔德基等所截，⑬亡失軍械無數。⑭今急以滇黔軍躡之，⑮多

---

① “三督”至“所弄”，初稿本作“三督介西南以脅北方，又爲北方調停西南，諺所謂狐假虎威者，必勿爲動”。

② “遣”，初稿本作“令”。

③ “東川”，初稿本作“重慶”。

④ “孫公”至“不果行”，初稿本無。

⑤ “巴縣”，初稿本作“重慶”。

⑥ “南府”上初稿本有“先是”二字。

⑦ “故巴人”，初稿本作“鄉人”。

⑧ 初稿本於“其家無恙”上有“父已歿，兄出入仕宦商賈”。

⑨ “建牙”，初稿本作“稱”。

⑩ “獨立”，初稿本作“已立”。

⑪ 初稿本在“渡江”下有“道施南至宜昌”。

⑫ “皆會宜昌”，初稿本無。

⑬ “等所截”，初稿本作“所襲”。

⑭ “無數”，初稿本作“不訾”。

⑮ “急”，初稿本無。

即一師，寡則一混成旅，[①]六七日可抵宜昌。[②]滇黔躡其後，荆襄當其前，吴光新必爲虜矣。又湘桂軍已破長沙，方向岳陽，[③]而武昌民黨亦起，王占元窮蹙欲走，今不亟取吴光新，與湘桂鄂三軍直下武漢，是養寇也。[④]公以雲南貧瘠，[⑤]欲得四川爲外府，[⑥]然川人怨公亦深，而鄂人爭欲迎致，鄂之富實，[⑦]不減四川，分川鄂以給軍，[⑧]饋餉無乏，而川人之怨亦弭云云。[⑨]如是十餘上，蓂賡終託故不出。[⑩]宇鏡至戒以吴三桂遺事，[⑪]且言公宜速出，免爲深山窮谷中人。欲以激之，亦不怒也。[⑫]未幾，吴光新復熾，荆襄潰敗，石星川先走，[⑬]黎天才斜竄入秭歸。[⑭]而湘桂軍適破岳陽，[⑮]告捷電至。[⑯]余電促湘桂聯軍總司令譚浩明亟取武漢，浩明復曰取武漢易，守之不易。[⑰]余言

---

① “則”，初稿本作“即”。
② “六七日”上初稿本有“沿江直下”四字。
③ “岳陽”，初稿本作“岳州”。
④ “是養寇也”，初稿本作“是爲養寇”。
⑤ “公以雲南貧瘠”，初稿本作“公所圖者，雲南貧乏”。
⑥ “外府”下初稿本有“也”字。
⑦ “鄂之富實”，初稿本作“鄂中之富”。
⑧ “分”，初稿本作“能分”。
⑨ “饋餉無乏，而”，初稿本作“則”。
⑩ “蓂賡終託故不出”，初稿本無。
⑪ “至”，初稿本作“且”。
⑫ “亦不怒也”，初稿本作“蓂賡終不肎行”。
⑬ “先”，初稿本無。
⑭ “斜竄入”，初稿本作“退處”。
⑮ “岳陽”，初稿本作“岳州”。
⑯ “告捷電至”，初稿本作“會捷書至”。
⑰ “浩明”至“不易”，初稿本作“浩明言武漢易取不易守”。

岳陽亦非可守。[1]今得武漢,縱不能進取,且爲岳陽屏障。[2]不然,雖欲端坐,得乎?[3]浩明言君宜速致唐公下攻宜昌,[4]僕則可規武漢。[5]卒不得决。是時雲階在上海,交關南北,[6]馮國璋以厚賂資之,故雲階勸浩明弗進攻,[7]浩明不悟也。湘桂軍亦自相擠,皆雲階一言致之。由是敵悉鋭師來攻,[8]湘桂軍崩潰,退守衡陽,[9]蹙地七八百里,大勢沮壞。雲階,清舊臣也,爲賊所任,以奸旗鼓,梟頭磔腹,自謂其分。[10]行嚴輔雲階至久,主筦樞要,辱其桑梓,亦已甚矣。[11]後劉存厚走,錦帆入主成都。而陝西民軍方欲奉滇府節度,[12]蓂賡分遣九總司令,以五援鄂,以四援陝,然皆虚名。至三月,雲南將葉荃以二千人下援宜昌,余送之舟。[13]荃馭下有恩,[14]慷慨任事。[15]既發,見秭歸巴東駐師尚萬人,即挺進宜昌。[16]吴光新盡選鋭卒出其後,襲秭

---

① "岳陽",初稿本作"岳州"。
② "縱不能"至"屏障",初稿本作"雖難守,尚可爲岳州屏蔽"。
③ "雖欲端坐,得乎?",初稿本作"雖欲端坐巴陵,可乎?"
④ "下",初稿本作"亟"。
⑤ "規",初稿本作"進"。
⑥ "交關南北",初稿本作"爲南北間諜"。
⑦ "弗",初稿本作"勿"。
⑧ "悉",初稿本作"以";"來",初稿本作"進"。
⑨ "湘桂軍"至"衡陽",初稿本作"湘桂軍退守衡郴間"。
⑩ "雲階"至"其分",初稿本作"雲階之肉,真不容食"。
⑪ "行嚴"至"甚矣",初稿本作"行嚴時□□雲階之機,要辱其桑梓,亦已甚矣"。
⑫ "而陝"至"節度",初稿本作"時陝西民軍方起"。
⑬ "舟"下初稿本有"中"字。
⑭ "馭下",初稿本作"待士"。
⑮ "慷慨任事",初稿本作"意氣激壯"。
⑯ "既發"至"宜昌",初稿本作"黎天才在秭歸所部尚萬人,荃進逼宜昌城"。

歸巴東破之，黎天才跳入巫山。[①]荃自興山山行退還，士無潰者。[②]今時將領，此子爲佼佼矣。至四月，日本人來報唐紹儀赴東京，擬擁立徐世昌求外援也，因徵余意。[③]余曰首亂中國者，徐世昌也，余必黜之。[④]協和數電蓂賡，言改組軍政府事。余聞孫公矜躁失衆，嘗自乘軍艦發礮攻桂軍，似高貴鄉公所爲，知不可留。獨怪協和舉雲階，致書痛詆之。既讀議員湯漪改組草案，至不必遥戴，咤曰此乞降之兆也。因念護法端緒，本以勉强行之。陸榮廷不肯就元帥選，唐繼堯受印證而不肯稱；貴州助雲南出師，自號黔軍，不肯用靖國軍名號；其將吏常言出師四川，爲戴戡復仇，本不與國家事；此皆市德北廷，爲伸縮地，幸以遥戴固之，使不得脱。而孫公不能力行，乃反與桂軍尋忿，黠者乘間，并遥戴之名去之，前之苦心，遂爲灰燼。發意欲歸鄉里，中阻宜昌，不可下。[⑤]時南軍挫衄，[⑥]江陵軍推唐克明爲主，[⑦]轉入恩施。[⑧]武昌舊勳蔡濟民幼襄亦起利川，所謂鄂西軍也。衡陽之師，復退郴、桂。而田應詔等起辰、沅，號湘西軍。[⑨]余知事不可爲，猶勸貴州分兵出常、澧，[⑩]以觀其變。貴州所遣，[⑪]纔

① “黎天才跳入”，初稿本作“天才遁入”。
② “士”，初稿本作“師”。
③ “擬……余意”，初稿本作“與日本當事議擁立徐世昌事，徵余意”。
④ “黜”，初稿本作“斥”。
⑤ “協和數電”至“不可下”，初稿本無。
⑥ “時”，初稿本作“是時”。
⑦ “江陵”，初稿本作“荆州”。
⑧ “恩施”，初稿本作“施南”。
⑨ “衡陽”至“而”，初稿本無。
⑩ “貴州分兵”，初稿本作“貴州督軍劉顯世如周分兵”。
⑪ “貴州”，初稿本作“如周”。

一旅耳。[①]幼襄日遣使赴川告援。[②]余以鄖中六縣，敵不能及，而顔德基方領東川下游，與鄖中連壤；[③]勸幼襄就德基，[④]以偏師出巫、竹，[⑤]爲鄂西張翼。[⑥]錦帆患雲南之偪，余告以親貴州，善宿將，則外侮自止。川東北民軍石青陽、顔德基、陳秉坤據地既廣，不相輯睦，亦欲余以軍府名義護之。雲南軍在川者惎焉。[⑦]五月，道萬縣之利川。是時軍政府改爲七總裁制，雲階與選。

余至利川，見幼襄兵甚單。[⑧]余謂守小縣，統弱卒，責百姓輸餫，又與唐克明相逼，[⑨]甚非計也。顔德基兵尚盛，而甚慕君，君雖元勳，今時事已變，宜屈己就之，得彼千餘兵，爲指揮前敵，[⑩]往攻鄖竹，[⑪]愈於利川多矣。幼襄計已定，[⑫]未行。復偕余抵恩施，[⑬]唐克明軍部所在也。江陵既潰，[⑭]克明轉戰江南，部兵僅殘千餘人，保於恩施，[⑮]勢

---

① "纔"，初稿本作"財"；"一旅耳"下初稿本有"余知所□不行，欲設軍政府代表辦事處以聯川中民軍。滇軍惎之，欲歸，中阻宜昌，不可下"。
② "幼襄"上初稿本有"時"字。
③ "余以"至"連壤"初稿本作"余知敵軍在鄖陽者甚少"。
④ "德基"，初稿本作"綏定顔德基"。
⑤ "巫、竹"，初稿本作"鄖陽"。
⑥ "張翼"，初稿本作"張勢"。
⑦ "錦帆"至"惎焉"，初稿本無。
⑧ "單"，初稿本作"單弱"。
⑨ "責百姓輸餫，又"，初稿本無。
⑩ "得彼"至"前敵"，初稿本作"爲彼前敵指揮"。
⑪ "鄖竹"，初稿本作"鄖陽"。
⑫ "計已定"，初稿本作"善之"。
⑬ "恩施"，初稿本作"施南"。
⑭ "江陵既潰"，初稿本作"荆州既破"。
⑮ "保於恩施"，初稿本作"轉入施南"。

雖微弱,然視幼襄猶勝。余四十六歲在武昌,知師長黎本唐諫黎公召李純,不聽,即自免去,心善之。黎本唐者,則唐克明舊名也。[①]故安徽都督壽州柏文蔚烈武者,本趙伯先舊部,民國二年,以抗袁氏敗,亡命,黎公時以將軍賞焉。護法事起,[②]從湖南來赴。克明聞吴光新軍中將領舊多事烈武者,[③]因請爲前敵總指揮,駐師崔壩,距恩施百餘里,[④]鄂西賴之以安。余至恩施,[⑤]烈武亦來候。[⑥]值夏正端午,[⑦]克明尚攜觀競渡,而北軍已襲破建始。克明震恐,密謀退守利川,咨於幼襄。[⑧]幼襄惡偪,乃曰咸豐、宣恩皆可守也。即去。烈武亦倉猝往前敵。明日軍報益惡。及夜,余已卧,[⑨]克明遣使來咨曰:“敵即向恩施矣。[⑩]總司令欲走四川,公意何如?”余曰:“敵勢雖盛,[⑪]然山中作戰,不在衆寡。石板頂之險,非彼所能度也,尚有守者乎?”答言有。余曰:“足矣。縱不能守,待敵逼城,猶當一戰而退。今遽以千餘人走四川,川軍亦迫令繳械耳。均之非己所有,何不以力戰獲名?”[⑫]

---

① “余四十六歲”至“舊名也”,初稿本作“余知其嘗諫黎公召李純事,亦心許之”。

② “本趙伯先”至“事起”,初稿本無。

③ “舊多事烈武者”,初稿本作“多烈武舊部”。

④ “恩施”,初稿本作“施南”。

⑤ “余至恩施”,初稿本作“余既至施南”。

⑥ “亦”,初稿本無。

⑦ “夏正”,初稿本作“舊歷”。

⑧ “咨”,初稿本作“請”。

⑨ “及夜,余已卧”,初稿本作“及暮,余已就寢”。

⑩ “恩施”,初稿本作“施南”。

⑪ “盛”,初稿本作“猛”。

⑫ “何不以力戰獲名”,初稿本作“何如以力戰得名”。

使者曰:"商民已動摇矣,[①]奈何?"余曰:"此有舊族饒氏,好賓客。[②]明日爾總司令亟就其家,集軍佐商人飲博,可立定也。"使者還報,克明果不走。[③]明日,同赴饒氏。余就觀瓦當銅器,數入至博所覘之。[④]見商會總理王某神色沮喪,每博輒負。問之,言昨夜總司令遣人以錢票兑實幣二萬圜,[⑤]疑必走。[⑥]余始知商民動摇所由,因曰"彼能飲博,已安矣",於是置酒盡醉而散。[⑦]明日,知北軍襲建始者,乃爲省長何佩瑢迎致家屬,意不在得地。余曰:"彼時若走,真爲北人笑矣。"始,鄂西軍皆恃柏烈武;勢既定,幼襄謀以烈武代唐克明,烈武難之,謂余曰:"鄂人自相爭則可,吾輩羈旅,乘人危而取之,後將焉入?"余以烈武爲知大體,然克明始疑余矣。唐、蔡相逼,余終促幼襄往就德基。[⑧]其後幼襄嘗一赴巴,[⑨]復返利川。明年,遂爲人所襲殺,懷土故也。

余在恩施兩月,[⑩]聞武昌舊勳吴醒漢厚栽屯兵來鳳,往視之。[⑪]厚栽始與幼襄同起武昌,爲黎公愛幸,得人心。來鳳故土司,清中葉始置縣。一縣地税,不過二十餘兩。餉乏,然田稼多。余教厚栽

① "已",初稿本作"皆已"。
② "好",初稿本作"愛慕"。
③ "使者"至"不走",初稿本作"克明如余言,果不走"。
④ "余就"至"覘之",初稿本作"博時"。
⑤ "夜",初稿本作"暮";"圜",初稿本無。
⑥ "疑必走",初稿本作"以爲必走耳"。
⑦ "余始知"至"而散",初稿本作"余曰總司令已走矣,乃宴飲盡醉而散"。
⑧ "德基",初稿本作"顔德基"。
⑨ "巴",初稿本作"重慶"。
⑩ "恩施",初稿本作"施南"。
⑪ "往"上初稿本有"復"字。

以秋收徵谷，畝取什一。厚栽欲行之，時山寇來攻城，兵不得出。① 留十餘日，赴湘西。抵沅陵，②田應詔方稱軍政長，所部總司令四五人，或以四百人稱軍者。常德已爲馮玉祥所陷，③而周則范在溆浦，兵最强，不肯屬應詔。少璜時爲軍民會議處議長，介貴州軍以守。湘西軍恃清浪灘之險，將佐日夜酣宴如無事者。留兩月，自沅陵微行出常德，④渡洞庭，至夏口。⑤聞徐世昌得僞選大總統。⑥歸抵上海，十月十一日也。先一日，世昌就僞職矣。⑦使遥戴之制不變，鼠子敢爾耶？⑧

八月，聞蓂賡始出重慶。時錦帆位已定，迎於江岸，磬折待事，導入邸中，晨起上食，晚亦如之，若西門豹對河伯然。及議出兵援陜，設川南夔萬兩鎮守使，皆齟齬不相入；但言聯帥離家浹歲，爲國憂勞，當旋歸休息而已。蓂賡怒，馳歸雲南，行凱旋禮。然時四川供雲南月餉，定銀幣二十五萬，雲南軍輒自徵之，月至四十餘萬，川人怨益深。

自六年七月以還，跋涉所至，一萬四千餘里；中間山水獰惡者，幾三千里。學殖浸落，比年亦有講論，皆觀察風土言之。初在雲南，蓂賡憙言姚江學，屬余爲將領説之。余以南中情性，有主觀，無

---

① “厚栽”至“得出”，初稿本無。

② “抵沅陵”，初稿本無。

③ “陷”，初稿本作“收”。

④ “自沅”至“常德”，初稿本作“十月，自辰州出常德”。

⑤ “夏口”，初稿本作“漢口”。

⑥ “大總統”下初稿本有“□□□遥戴之制不變，□子□□”。

⑦ “世昌就僞職矣”，初稿本作“世昌以僞選就職矣。”

⑧ “使遥戴”至“爾耶”，初稿本無。

客觀;將帥能破敵,不能撫民;軍旅能乘勝,不能善敗,因言姑近法曾滌笙,無必遠師姚江爲也。後在巴,士人求開示。余觀四川文化,通儒特起能名其家者,不如下江。然人盡讀書,鮮有不識文字之子,亦視下江爲優。近世棒客横行,略及軍旅,行商大吏,多受攻鈔,然愛慕儒先,先戒勿劫教員,化亦美矣。乃所以不競者,其性輕易淫泆,貴慕權勢,至今如《漢志》所云也。因告之曰:"四川重江復關,自爲區域,先後割據者七矣。公孫述、劉備、李特、王建、孟知祥、明玉珍、張獻忠皆自外來,而鄉土無作者。楊、馬、陳、李,文學爲最高,蓋得《召南》江沱之化。功名著者乃甚鮮。宋世二蘇,善爲章奏;范鎮、張浚,則忠正之士,皆不能有大就。可數者,虞允文、楊廷和耳。清世岳、楊諸將,因主威而立功,非經緯之才也。文高而實不副,得非先浮華後器識之過歟? 但習《資治通鑑》、《文獻通考》、《方輿紀要》三書,斯爲切要,不煩求高遠也。"所得人士,雲南袁丕鈞、湘西修先楨,亦一方之秀。①

余始在巴,②聞唐紹儀擁戴徐世昌,心甚惡之。至十月,正式國會已集番禺,而北方僞國會亦選世昌。抵家,見同志無深惎世昌者,西南羣帥,且屈意與和好。因念帝制復辟僭立,③皆此一人爲主。自袁氏死,黎公繼任,海内粗安。其間交構府院,使成大釁者,④亦世昌也。二年以來,亂徧禹域,則世昌爲始禍,馮國璋其次

---

① "八月"至"之秀",初稿本無。惟"自六年"至"浸落"在下段之末,下復有"在雲南得袁丕鈞,湘西得修先楨,亦一方之秀也",位本年之末。

② "巴",初稿本作"重慶"。

③ "至十月"至"因",初稿本無。

④ "其間"至"太釁者",初稿本作"而交構府院,使相攻訐者"。

也，段祺瑞又其次也。唐紹儀以私交故，獨推世昌爲文治之主，變亂白黑，舉國信之，何哉！發憤杜門，不時見人。已而唐紹儀自日本歸，西南任爲議和總代表，胡展堂與俱來。余見展堂，言世昌不可與并立狀。展堂言，今當宣布罪狀者四人：黎、馮、徐、段是也。余知展堂欲爲世昌解圍，故引黎、馮，佛法所謂以楔出楔，乃宣布主和陰謀徐、唐朋比狀。①

中華民國八年（一九一九年）五十二歲

二月，世昌遣帝制犯人朱啓鈐來與唐紹儀議和。②余集同志茅祖權詠薰、方潛寰如、簡書孟平等爲護法後援會，③破徐、唐之謀也。初，啓鈐來，精衛以元勳訝之道左，④人皆知其隱慝矣。孫洪伊輩徒恨段氏，⑤於世昌猶矜之。⑥紹儀力言中東密約賣國喪權，盡祺瑞一人爲之。欲移人情於反對密約，而忘世昌倡亂僭立之罪。⑦溥泉數來候，亦不能決。余謂祺瑞勇夫，其惡皆世昌誘構成之，⑧重以帝制、⑨復辟、僭立三罪。⑩今西南所以自名者，護法也，曩日爲保持國會，⑪今國

① “唐紹儀”至“朋比狀”，初稿本作“常誓不與世昌並立，已抵家見同志無深惎世昌者，西南群帥，且屈意與爲和好，發憤杜門，不欲見人，聞唐紹儀歸自日本，知其爲世昌附翼也，乃宣布主和陰謀徐唐朋比狀”。

② “世昌遣帝制犯人”，初稿本作“故帝制犯”。

③ “余集”至“後援會”，初稿本作“余與同志數人集護法後援會”。

④ “訝”，初稿本作“迎”。

⑤ “段氏”，初稿本作“段祺瑞一人”。

⑥ “矜”，初稿本作“恕”。

⑦ “倡亂”，初稿本無。

⑧ “祺瑞勇夫，其惡”，初稿本作“祺瑞之罪”。

⑨ “重以”，初稿本作“況有”。

⑩ “三罪”，初稿本作“三大罪狀”。

⑪ “爲保持”，初稿本作“唯爲”。

會已集矣。[①]但令世昌退位，僞國會解散已足，[②]不當先論他事。[③]其後陝西告急，海上論者以北軍既言停戰，而復攻擊陝西民軍，以此要紹儀停議，紹儀不得已，三月，宣告停會。洪伊與留滬議員亦稍知紹儀奸僞，[④]且悟徐世昌不可與。[⑤]而孫公與紹儀本同縣人，閒居上海，相往復，[⑥]中間行理，[⑦]則展堂也。孫公教紹儀重開和會，[⑧]紹儀以爲口實，從之，[⑨]士論益不韙。[⑩]孫公招余飲，言和議爲外人所贊，必欲反對，外人將令吾輩退出租界。[⑪]余笑不應。歸，力爭如故。[⑫]紹儀復開議，頗受徐世昌賄，唯以裁兵理財爲文飾，未嘗及護法事。五月四日，京師學生羣聚擊章宗祥，欲盡誅宗祥及陸宗輿、曹汝霖輩。三人皆僞廷心膂，介以通款日本者也。[⑬]事起，上海學生亦開國民大會，羣指和議爲附賊。紹儀不得已，逾十日，乃提八條以脅啓鈐。其前七條，唯國會自由行使職權、廢除中日密約，爲差可意。最後一條，仍言由和會承認徐世昌爲臨時大總統。啓鈐不

---

① “集”，初稿本作“自恢復”；“矣”下有“兩院所在，即是首都，不必定在京北郭下”。

② “已足”，初稿本作“足矣”。

③ “不當”上初稿本有“不先有此”；“論”，初稿本作“論及”。

④ “洪伊”上初稿本有“自是”二字。

⑤ “且”，初稿本作“亦”。

⑥ “相”，初稿本作“尚時”。

⑦ “行理”，初稿本作“紹介者”。

⑧ “和會”，初稿本作“和議”。

⑨ “口實，從之”，初稿本作“辭，竟從其策”。

⑩ “益”，初稿本作“以爲”。

⑪ “租界”，原脱“界”，據初稿本補。

⑫ “力爭”，初稿本作“反對”。

⑬ “三人”至“者也”，初稿本作“三人皆世昌所□以通日本者也”。

許,和會遂散。蓋自余始宣布徐、唐罪狀,其後八次與紹儀書,道其隱情,留滬議員亦相與應和。至是徐、唐之謀暴著,和會始破。然西南議和之望,猶未絶也。余數移書兩院,勸選舉大總統,[①]雖分立亦無害。兩院亦有應者,然竟不行。[②]

和會中斷。至八月,僞廷復以王揖唐代朱啓鈐。揖唐庸鄙,爲人所輕。紹儀遣易次乾入都,迎致上海。軍政府電致紹儀拒之,[③]稱非得明令,不容開議。紹儀大窘,僞辭總代表。[④]余移書發其僞,[⑤]言不去上海,是以辭職欺人。廣州國會亦建議撤回代表,下討伐令。軍政府不省。王揖唐宣段祺瑞旨,欲與民黨握手,以誘孫公。孫公自失職後,大怨望,日夜欲向北,已遣焦易堂、葉夏聲、黄大偉三輩入都,[⑥]聞揖唐言,[⑦]憙過望,[⑧]然猶以恢復國會要之,揖唐不能從。至九月,靳雲鵬就僞總理。雲鵬與徐樹錚皆段氏門下要人,不相能。王揖唐比於樹錚,雲鵬猶以名任之,而遣梁士詒等南至廣東密議。然陸榮廷已漸有戰志。海軍欲出厦門,與浙軍成閩者合。吕戴之時亦在汕頭統兵,陳競存駐漳州,孫公遣使説陳、吕

① “選舉”,初稿本作“速選”。

② “然竟不行”,初稿本作“而法定人數不足,諸議員黨於紹儀者,亦多異言,故其事不能實行”。

③ “迎致”至“拒之”,初稿本作“迎之,至上海,會政學會人以要求權位不遂,囑軍政府拒絶揖唐,訓令至紹儀所”。

④ “紹儀大窘,僞辭總代表”,初稿本作“紹儀大困,政學會本以是要挾,欲僞廷許以權位,然反對揖唐者遂多,不可張弛,紹儀僞辭總代表”。

⑤ “僞”,初稿本作“詐僞”。

⑥ “三輩”,初稿本作“等”。

⑦ “言”,初稿本作“語”。

⑧ “憙”上初稿本有“大”字。

勿戰，要求餉械以困軍府；又遣人往與福建督軍李厚基合；蓋事事與軍府相掣云。初，軍府亦陰通款於北，獨與孫、唐利害不相容，故舉事多鉏鋙。及是，海軍欲取福建；湖南軍在郴州者，亦與北軍吴佩孚成言，令佩孚北歸覆段氏，而湖南軍自取長沙，雲階出資九十萬助之。其後海軍計雖無成，而長沙卒以恢復。此雲階之善於補過也。①

① "王揖唐比於"至"過也"，初稿本作"王揖唐者，則徐樹錚黨也。雲鵬起，猶以名留揖唐，而遣梁士詒等南至廣東，欲與當事密議。時廣州國會員數已足三分之二，宣告憲法會議時期，余以員數既足，即當正式選舉，而陸、唐功高無位，易爲僞廷動，因作《救命談》、《申救命談》，並電兩院，勸速開選舉，以有實力者處之。兩院亦以雲階無狀，提不信任案。署□無成，乃復決議改組，存七總裁，復設内閣，稱小聯省政府。余急電爭之曰：從前兩次設軍政府，皆在選期未到之時，今總統選舉日期已逾一歲，制憲人數已逾三分之二，而不開正式選舉會，是爲廢法，本可選舉總統，而忽以聯省之總裁奸位，是爲違法，日以護法自鳴，而爲此壞法亂紀之事，武人爲之猶可恕，國會爲之，不已甚乎。且護法主旨，本在翦除國賊，傾覆僞廷，北方所畏，唯在外交無恃，禍源涸竭耳。果以正式政府建樹大名，則和議自斷，外人不敢冒昧投資於北，士不宿飽，其術自窮。今不爲此，而以□蕩之總裁制行之，得其名者如綴旒，去其名者、如脱屣，能保諸總裁之不乞降求和與？西南討賊，本恃實力以謀進行，初設軍政府，孫氏而外，祇有陸、唐，然孫尚不免爲贅餘。二次設軍政府，更以無數赤手者加之，以至主張自戾，和戰相歧。今圖軍事，而以築室道謀處之，真視國事爲兒戲。今不亟遣有實力者，仍以總裁合議踵前之弊耶？所望取銷軍政府改組案，速開大總統選舉會云云。亦知陸、唐非可專任者，要以名義錮之而已。孫公恨榮廷甚，聞之大憙。其徒日言公理戰勝張權，不藉武力，以誘愚子，誠可笑也。自王揖唐喪，陸榮廷有戰志，海軍欲出厦門，與浙軍戍閑者合。吕戴之時亦□汕頭統兵，陳竞存前駐漳州。孫公遣使説陳、吕勿戰，要求餉械以困軍府，又遣人往與北廷福建督軍李厚基合。是時孫、岑皆通北方，忌陸榮廷，計畫無異，獨以利害不能合耳。雲階不足道，孫公身爲□者而變節易行如是，何言哉。余每與溥泉言，克强不死，喪亂猶未至是也。"

是歲春，幼襄爲四川援軍方化南所殺。[①]十一月，恩施兵變，厚裁入恩施，唐克明走。[②]烈武受軍府命爲鄂西總司令。[③]

初，四川以滇患故，不暇問川邊斥候。其鎮守使陳遐齡，受北廷命，與川軍相左，[④]給餉不時。藏番窺川邊，[⑤]至昌都。遐齡不能守，[⑥]僞廷已欲畫巴塘爲界矣。錦帆稍整戎備，陸軍民軍皆聽命，編以七師，命但懋辛出川邊，擊藏番，卻之，威名始振。雲南亦以備川邊故，出兵建昌，逍遥金沙打冲間，未嘗出塞應敵也。由是四川勢漸盛，而雲南轉衰。僞廷密使來求和者，輻湊於廣西，不問雲南所欲矣。

中華民國九年（一九二〇年）五十三歲[⑦]

自一月患黄疸，至於三月。

譚石屏歿於上海。往弔，哭之慟。爲作墓銘，承其屬也。

雲南、四川怨日甚。蓂賡復爲其弟繼虞所制，與軍長顧品珍交惡。品珍時在川南，暱于印泉。印泉與蓂賡，舊怨也，方統滇軍於廣東。李、顧聲氣相呼召，則蓂賡不能得志，於是怨及軍政府矣。郭宇鏡往爲謀，使解印泉兵柄，以兵屬協和，符令嚴切。印泉不肯從，迫協和走。然滇軍亦半歸協和，屯廣東、湖南界上。唐紹儀知

---

① “是歲春”至“所殺”，初稿本無。

② “唐克明”，初稿本作“唐春鵬”。

③ “烈武”至“司令”，初稿本作“軍政府以烈武爲鄂西總司令”。

④ “與川軍相左”，初稿本作“爲錦帆所惡”。

⑤ “藏”，初稿本作“西藏”。

⑥ “遐齡”，初稿本作“陳遐齡”。

⑦ “中華民國九年”以下尾，初稿本無。

岑、唐可間也，密召伍廷芳歸上海。己與孫公、廷芳及雲南代表皆離廣東，則總裁去過半，不足法定人數，不能開政務會議。於是議員亦泰半離廣東。方是時，雲階謀助湖南恢復，而紹儀輩掣之。其爲僞廷謀，可知也。余病中聞而惡之。

四月，弟子曾道通一自四川來，謀逐滇黔軍也。言川軍亦或不靖，而顧品珍可就撫。即南與軍府謀，且赴郴見譚延闓。延闓者，字組安，以文人督軍，智略可任。通一既返，時川中師長吕超、石青陽皆受雲南密命，起爲變。余觀錦帆之智，知其必能定蜀也，移書告以湘軍必克，事定，宜與爲脣齒援。是計既定，於是川湘永爲同盟焉。

六月三日，孫公與唐、伍及雲南代表李協和聯署電僞廷，言軍政府已失統馭，總裁去者過半，北廷欲議和，當就吾輩，不當就廣東。且令協和電致駐湘滇軍，戒勿助湖南擊張敬堯，靜俟和議解決。余作書宣唐等罪狀，並電協和痛責之，欲與孫洪伊同署。洪伊始可之，既而忸怩，故獨署名焉。未幾，余熱病大作，幾死。病中聞湘軍克長沙，喜甚，躍起，以電賀組安，且言雲階於此，爲能晚蓋。張魏公始附汪、黄，後與會之立異，此可以解君子之譏矣。上江既清，兼得王勃山爲下調胃承氣湯，梔子豉湯，熱病尋愈。通一復來，聞川中亦有勝算，忘其疾矣。

長沙方復，曹錕、吴佩孚亦貳於段氏，與張作霖會師覆之。孫公先已得段氏諾借軍械，於是競存有所藉手。雲階以湖南已復，段祺瑞已敗，自謂盡職，欲辭去。而海軍以恢復福建請，雲階從之。由是競存得藉爲名，亦自言將恢復廣東也，兩軍相交，廣府日危。

時川軍雖勝，重慶未下。諸議員與孫、伍、二唐合者，復去之雲南。自此下趣川東，以巴爲國會駐地。余勸雲階入湘，招國會於長沙，雲階不能行也。組安數招余入湘，酷暑未果。

方是時，湘川皆以恢復故土爲號。余既議湘川同盟，知軍政府必不支，則以自治同盟爲説。會溥泉自歐洲返，余爲言近事，且云："川湘恢復，於義爲得正。粤人所爲，亦川湘之次。然因是覆軍政府，於義不可。故余贊川湘，不能盡贊粤軍也。唯揣雲階亦終不濟，軍府亡，則無以拒北賊，獨言自治同盟，可盡靖獻之義耳，于弟何如？"溥泉爲易名曰"聯省自治"，因擬秋涼偕往長沙云。

九月，以病愈歸餘杭。去故鄉十七年矣，朋輩依然，田疇無改。於是祗謁先塋，與長兄及族黨歡飲十餘日而返，組安所遣使者亦至。並聞川軍已下重慶，於是泝江入長沙。未幾，溥泉亦來。

既抵長沙，以聯省自治説其人士。時組安方擬制省憲，意相得也。溥泉初甚贊之，然爲國會議員周震鱗所惑，不與組安相能，因是中沮。會粤軍克番禺，雲階走，明電取銷軍政府，且令各省亦取銷自主。西南不言聯省自治，則勢且解散，因以入北，於是溥泉亦不能異。會四川軍官來電，稱承軍政府令取銷自主，湖南大兇。余語組安，電中軍官皆署名，唯錦帆以督軍不在，猶可救。聯省自治之名，川中所未聞也，吾與溥泉舉此以告錦帆，君亦舉此以告四川軍官全體，其庶幾知反乎？電去，川人如酣睡始覺，即以聯省自治不受南北政府支配復。由是西南根本復定。

周震鱗者，亦同盟會舊人也。湖南恢復，震鱗獨不豫，欲得省長，勢不可，於是甚惡組安，欲傾之。時湖南所破北廷督軍張敬堯者，新事孫公，稱受業弟子，孫公右敬堯，欲爲復仇。而湖南首倡義者林修梅，事定乃被斥，發憤招湘西羣叛爲變。醴陵軍主李契雋者，亦組安所不禮也。震鱗假三方之力，爲之謀主。湘西變既起，大軍左行，東方頗空虛，醴陵亦殺旅長蕭昌熾以應。組安欲出兵，無應者，於是去之。師長趙恒惕炎午繼其職。未幾，盡誅契雋及同謀者數人。震鱗先走，得脱。周震鱗之謀亂也，溥泉先知之，語余無暱組安。余曰："吾來此爲六省大勢。湖南新復而氣盛，可以爲中堅，夫豈爲一人進退也？"及組安敗，余已先行。十一月，孫公以粤軍軍長許崇智之請，南赴廣東，溥泉從之。未幾，溥泉復來，稱軍府欲討趙恒惕，輔譚氏復位。余曰："弟昔日恨組安，謂其黨皆宵人。今又欲納之，何愛憎之多易也？"溥泉以趙殺李契雋非法告。余曰："軍法斷斬，不能如常規，不得以非法論。就令枉殺，各省爲此者亦多矣。枉殺人即當討伐，是討伐無已時也。"溥泉始退。

中華民國十年（一九二一年）五十四歲

組安自去位，即居上海。而厚栽爲恩施神兵所破，傷指掌及顱骨，潜來。

是時西南六省，唯廣西附北方，其餘皆稱自治，改督軍號總司令，或兼省長。蓂賡爲顧品珍所蹙，逃之香港。錦帆亦讓位於劉湘。貴州盧燾以王文華之命，攻劉顯世去，自爲總司令。湖南則趙已代譚矣。孫公在廣東，猶稱總裁，以令任命顧、劉、盧、趙，顧、劉、趙皆不受。及四月，孫公以議員二百人選爲非常大總統，湖南力爭之，雖競存亦不説也，孫公自是益恨炎午。而周震鱗、程潜諸不逞亦日夜説孫公征湘，炎午懼，專與競存交歡以緩兵。余聞孫公就選,以爲非法。然知孫公不得大位必附北,而唐紹儀在粤,猶爲徐世昌謀,反對孫公則使徐、唐快意。念武侯賀仲謀稱尊之事,故不與爭。孫公來電亦自言不得已。余答曰:"廣東地治,一以付陳;他省逋逃,屏絶勿近。得一夫而失一國,非謀也。"終以聯省自治不可反對爲獻,言甚切至。孫公近周、程輩,終不肯棄。溥泉時在孫公左右,余以保傅冲人屬焉。其夏競存征廣西,克之。時王占元據湖北,兵數變,湖北人日求救於湖南。會錦帆游長沙,始定川湘會師之議,然兩省軍行遲速不相及。錦帆歸,七月二十二日,始抵巴下,議未定,湖南已出師,晨夜部署,八月十九日,川軍前鋒及巴東,而兩湖之戰已再旬矣。聞吴佩孚自將救武昌,炎午亦親督師與戰,殺傷相當。然岳陽守甚單,佩孚以軍艦攻城陵磯,二十八日克之,炎午遁歸。所將二師道絶不得通,長沙幾危。九月一日,川軍攻宜昌,湖南事始得解,與北軍畫汨羅爲界焉。川軍新下,氣鋭甚,宜昌戍軍不能守,佩孚自將禦之。顧不知城已陷也,莫夜抵郭下,見有川軍,自率衛兵與鏖戰。川軍亦不知佩孚在,竟退師。相持月餘,殺北軍過當,然終不能拔,與盟而還。是役也,湖南利湖北富庶,欲專其功,故先用師而下。幾徼幸襲得武漢,卒以自困,非川軍踵之而下,則亡矣。於是知親仁善鄰之益也。川湘既旋師,廣西事定。孫公赴桂林,始議道湘南取武漢。余爭之曰:"岳州已盡入北軍,自鐵道至株洲,不半日;株洲距衡陽百餘里,其趣利速。而粤軍東道韶關,西道零陵,去衡陽猶遠,必不能與爭,徒以長沙授敵耳。今公所恃名將,則協和也,其志在江西;江西陳光遠失衆心,易攻。得江西,亦自可窺武漢,無徒苦湖南爲也。"時孫公方恨炎午,不爲意。

而周、程輩亦日從臾之。競存素幸愛陳光遠，亦不肯攻，衆口同辭，皆稱出湖南便。余辯之急，組安亦力持。十一月，始定計出江西。讒人在側，幾使湘衡盡陷賊中。天誘其衷，得以變計，亦危矣。

中華民國十一年（一九二二年）五十五歲

孫公將北伐，遣伍朝樞之奉天，與張作霖和，謀南北同起，攻吴佩孚。既成言，自桂林東下，以競存異議，罷其省長。自將趣韶關，設大本營，令協和督許崇智、黄大偉、朱培德等出南雄。五月，兵抵贛州，陳光遠之卒大崩。轉戰至吉安，無守者。僞廷命蔡成勳救之，亦不進。而張作霖入關，與曹、吴戰，兵大挫。吴佩孚知徐世昌在，則南方討伐無已時也，謀迎黎公復位。屬長江上游軍孫傳芳言之，北方諸帥皆應。電信來，余覆言："曹、吴不自解兵柄，而請黎公復位，是謂囚堯。"六月二日，聞徐世昌已走，急電致黎公於天津。言將帥過驕，難爲其上，公於段閣，已有前車，切勿罣繫北京，自同囚錮。且致密書，言但高卧數旬，則京師自亂，然後權在我。黎公六日發電，以廢督裁兵爲主，限諸督軍十日解職，己乃正位。余知其挾以求退，甚喜。曰"是必陳宧之謀也"。已而果然。十日，得黎公電稱入都就職，大驚。蓋黠者乘陳宧不在，破其謀矣。方徐世昌未走進，溥泉來問計。余曰："競存陰鷙，恨孫公罷其職，必報仇。徐世昌在，彼不欲居逐主名；世昌退，孫公亦黜矣。"亟電孫公，勸以去名號，勿負氣忿爭，以招反動。溥泉猶不信。十二日，黎公已復位。十七日，競存部將葉舉發難廣東，孫公走。溥泉復來，言當電致北伐諸軍，歸討陳氏。余曰："不可。軍士前則氣盛，歸則氣衰。今下南昌，其勢如破竹，既定江西，與競存爭曲直，未晚也，歸討必敗。”溥泉曰：“競存大逆無道，發電痛斥之，何如？”余曰：“亦不可。其人陰鷙，然猶好名，今雖通吴佩孚，未顯也。痛斥之，則遂往矣，此危及西南，非一省之事。”然孫公部黨皆與溥泉同計，盡反余策，卒棄江西，而旋歸之師亦敗。小不忍，亂大謀，有如此也。黎公數電召余，余知不可爲，辭之，獨以勿下討伐南方令、勿借外款爲戒。告西南則言堅持自治，勿遽受命，爲曹、吴所弄。幸西南猶信吾言耳。黎公始不知利害，力主統一；余數以鳥盡弓藏爲戒，久之亦漸悟。八月二十九日，授勳一位。

輓阮荀伯聯[①]

案：阮君杭人，精法律

（一九二八年）

以鄉觀鄉，其德乃長，良吏何勞書《越絶》？

有法無法，因時爲業，達人原不泥《韓非》。

① 據《制言》第二十五期。

無　題[①]

（約一九二八年）

下欲上欲，出入九虛。小索大索，舟行九度。[illegible]者，神之魁也。天以不見[illegible][illegible]，地以不形[illegible][illegible]，人以心腹[illegible][illegible]。天㝈西北，郁之精也。地㝈黄泉，隱魄榮也。人㝈思慮，含至精也。天穹隆而舟乎下，地旁魄而鄉乎上，人緡緡而處乎用。

① 據謝櫻寧《章太炎年譜摭遺》。

輓梁任公聯[①]

（一九二九年二月十八日）

進退上下，或躍在淵，以師長責言，匡復深心姑屈己；

恢詭譎怪，道通爲一，逮梟雄僭制，共和再造賴斯人。

① 據《制言》第二十五期。

孫中山遺像贊[1]

（一九二九年十月）

索虜猖狂泯禹績，
有赤帝子斷其臂。
揜跡鄭洪爲民辟，
四百兆人視兹册。

① 據《江蘇革命博物館月刊》第三期，一九二九年十月出版。

葛母鄧太夫人墓表[1]

（一九二九年十一月）

太夫人嘉定著族鄧氏之長女。父諱某，服習儒術，舊有令望，中年無嗣，悲憤以終。太夫人齠齔居喪，擗踊哀毁，禮如成人。奉事嫠母，尉薦周至，仁孝之譽，在家必聞。年二十有一，歸同縣葛君。逮事舅姑，綢繆家室。中饋洗腆，定省必虔，蕎蒩造豉，不避煩辱，下拊疆以，煦然了諒。誠敬洽于内外，肅雍行于寢門。夫有叔母葉，賢而早寡，號爲禮宗，嘗稱以爲哲婦隆家，必昌葛氏。太夫人亦紹衣德言，尊事唯謹。葉既殂殁，以守節被旌，升主之日，瞻拜成禮，繼之以泣。數述景行，終身不衰。産三男，長存慜早卒，次存念，次存愍，女子子二，存惠、存憲。扶携教誨，不假阿保，爰及長成，各專一藝。旹有怠伿，不施譙讓，容色愀然，知改乃止。斯又象德于尸鳩，比功于斷織。宜其不肅而成，靡有不孝者矣。粤自在室，訖于有家，歲逾五終，行無衰惰，可謂邦之良媛，爲世表儀者也。民國十八年九月，寢疾淹留，以十一月二十一日卒，春秋六十六。

---

① 據章念馳藏《章太炎先生文録》鈔本，又載《申報》一九三一年四月二十日。

戒庀喪具，財足周身，遺命即葬江灣公墓。存悆等筮兆既從，來請表阡。夫其含英邵之淑姿，履謙貞之上操，敦悦憲章，動由檢柙，博咨里黨，固無閒言。又其告敕諸子，多中時變，話言鄭重，不可罄書。存悆將别具簡紙，垂爲家訓，遠同班惠七篇之作，而有漆室傷時之志。兼斯二者，古難其人，于太夫人見之矣。乃作系曰：

於奭令德，實稟坤靈。如玉之栗，如椒之馨。爰在羈丱，遭家坎軻。絜蠲晨膳，組紃量佐。祥女來嬪，尊章交賀。和惠周浹，咸被其代。腹育諸子，誨以義方。恩逮僮御，厥德溥將。如何不弔？永閟幽藏。遺言炳炳，流澤孔長，昭示來葉，俾也無忘。

論書法題記[①]

（一九二九年冬）

學北碑而用側鋒，[②]識者誚爲不能捉筆。……然安吴鵝頸法於古亦所未聞，當起孫虔禮問之耳。己巳仲冬之月，章炳麟識。

① 據《章太炎年譜摭遺》。

② “鋒”，原作“縫”，據文義改。

三輓孫中山聯[1]

（一九二九年）

舉國盡蘇俄，[2]赤化不如陳獨秀；

滿朝皆義子，碧雲應繼魏忠賢。

---

① 據《人間世》第十一期，一九三四年九月出版。

② "蘇俄"，一作"蘇聯"。

輓蔣觀雲三聯[1]

（一九二九年）

越人以參佐擅場，博如王仲任，通如章實齋，小說憐佗干縣令；
高士有義方教子，隱則宗少文，見則种明逸，將才竟爾出清門。

卅年與世相浮沈，朝市山林，卷舒由己；
千古論才無準的，黄鐘瓦缶，際遇爲之。

大澤豈無賢，正令垂釣磻溪，誰能一顧？
衡門可終老，但未策名黨國，便足千秋。

① 據《制言》第二十五期。

輓陳善餘聯[1]

（一九二九年）

論文在卅載以前，盛德若虚，未就厲鄉窺藏史；

學醫自中工而下，聖儒長往，始知元里有方書。案：見《倉公傳》。

① 據《制言》第二十五期。

輓馬通伯聯[1]

（一九三〇年一月十三日）

一朝史事付蕭至忠，雖子玄難爲直筆；

晚歲文章媿李遐叔，知穎士别有勝懷。

① 據《制言》第二十五期。

壽馬相伯先生九十一聯[①]

（一九三〇年四月）

竇公琴心今半爾；

少君射處能知之。

① 據《制言》第二十五期。

輓田梓琴三聯[1]

（一九三〇年七月二日）

李少卿有報漢心，賦命乃不如蘇武；
王仲淹獻太平策，識時猶似後房高。

姚崇、宋璟亦事則天，俟天下之清，君未逮耳；
王溥、范質不死柴氏，當五代之亂，此何譏焉？

良藥利病，忠言利行，唯此黨人其獨異；
好學近智，知恥近勇，惜君大器未全成。

① 據《制言》第二十五期。

輓趙鐵橋聯[①]

（一九三〇年七月二十四日）

主父偃不諱倒行，死地本來甘五鼎；
石季倫何至甕牖，孔堂今果列三千。

① 據《制言》第二十五期。

輓曾農髯聯①

(一九三〇年八月二十七日)

管幼安豈爲漢室效貞,以一意孤行,自遂平生雅操;
王子淵能令關西學步,試再修書斷,知非南北分流。

① 據《制言》第二十五期。

輓譚延闓聯[①]

（一九三〇年九月二十三日）

顯達歷三朝，有清公子兼翰林，容共武漢主席，反共南京主席；

椿萱跨四位，乃父制軍又總理，乾母盧太夫人，生母譚如夫人。

① 香港《春秋》雜志五二九期，一九七九年七月十六日，此據謝櫻寧《章太炎年譜摭遺》。

再輓譚延闓聯[1]

（一九三〇年九月二十三日）

治大國若烹小鮮，何曾食萬錢，胡廣理萬事；

樂與餌而止過客，負羈全其室，康成保其鄉。

① 據《制言》第二十五期。

輓袁觀瀾二聯[①]

（一九三〇年九月二十八日）

激濁揚清，罵世敢爲雞九錫；

履危如坦，折衝何啻騎千羣？

經術重《齊詩》，下圈定知能刺龠轅固；

文章推《漢紀》，噉芻休唉倍常牛袁宏。

① 據《制言》第二十五期。

再釋秦量[①]

（一九三〇年九月）

秦量一，形若尉斗，柄作半規，中空以受木柄。其體在橢圓革縱方閒，以工匠尺度之，口長徑五寸，短徑三寸四分，底長徑四寸二分，縱徑二寸六分，深一寸九分，柄長二寸。土繡徧滿，洗刷一晝夜，見始皇帝所刻四十字，凡列十一行，結字疏散，而筆勢俊拔，與諸石刻不同。以今官斛槩之，得五合有半。校以漢器著斗斛者，當得三升三合。按量徑合升斗斛以十乘，豆區鬴以四乘，其專用十乘量屏。案四乘者，自漢始，秦時猶有餘量也。《說文》："柘，百二十斤也。"稻一柘爲粟二十斗，禾黍一柘爲粟十六斗大半斗。此三升三合者，于十六斗大半斗，五十居一。如是，五十則重一柘。不知量名云何耳？民國十九年孟夏之月，章炳麟記。

① 據《章太炎先生學術論著手迹選》。

白井新太郎《社會極致論》書後[①]

（一九三〇年九月）

白井新太郎著《社會極致論》，其説自身及家施于天下，蓋儒家之雅論，而爲今世所遺棄者也。所擬政制，果可推行與否，在從政者斟酌其間，而亦非一人一世所能就也。篇中言及君德封建。封建之制，今舉世未有能復之者，君道亦僅行于日本、英吉利數國，其餘大抵變矣。苟舉其實而遺其名，聯邦、聯州抑與封建奚異？君臣之與上下，特强異其號耳。世有無君臣之國，未有無上下之國。是故陪屬必聽于長官，將校必統于主帥，上者得生殺之，其次得黜陟之，[②]名曰上下，其實何以別于君臣？故名舉之，其義不可行于今也；實舉之，其義未嘗廢于今也。又謂人不肎入社會，與禽獸無異，而斥夫隱居爲名高者。斯義儒家雖不道，法家如韓非已數數言之。其言處置僧侶者，蓋猶唐韓愈、近世李塨之説，而其行之稍緩。然唐之時，李德裕嘗毁寺逐僧矣，未幾而復之，則由君相之德不足以爲人民表儀，其賞罰不足以爲天下勸懲，有自慙于僧侶者也。然則

---

① 據章念馳藏《章太炎先生録》鈔本。

② “陟”，原作“侈”，據文義改。

上嫚其政，使貪殘之吏、狙詐之民横于朝野，而欲禁人之爲隱逸，盖亦有不可得者矣。且夫荷蓧躬耕，陳仲織屨，此虽隱逸，蓋亦自食其力者。外于朝廷則有矣，謂其外于社會，則未也。白井氏之論，綜其大體，蓋與宋世關中之學相似，意甚善也。吾聞孫卿之言曰“有治人，無治法”，孟子亦云“徒法不能以自行”，故曰“自天子以至于庶人，壹是皆以脩身爲本”。著書非難也，創制非難也，難在脩身而已矣。中華民國十九年九月，章炳麟。

壽汪旭初四十聯[①]

（一九三〇年）

執經看爾今强仕；

秉燭悲吾尚夜游。

① 據《制言》第二十五期。

輓江逢治醫生聯[1]

（一九三〇年）

醫師著録幾千人，海上求方，唯夫子初臨《獨逸》；

湯劑遠西無四逆，少陰不治，願諸公還讀《傷寒》。

① 據《制言》第二十五期。

張母詹太夫人墓表[1]

（一九三〇年）

太夫人姓詹氏，四川筠連人。考諱會元，産一子二女，太夫人其女之孟也。年二十四，歸張君禄豈。張氏家貲在中上。遭太平軍入川，事既定，將吏遇百姓多無狀，故張君承其父戒，不肯求仕，以商往來雲南、貴州間。及太夫人之歸，去太平軍時過三十年矣，而張君貨殖日益盛。有五子，太夫人親督教之。年五十而張君歿。常戒其子曰："信于交游，勤于治事，如此而嬰世之患者，未之有也。諸子志之，足以繼先人之業矣。"

初，太夫人同産曰運鼎，以應舉不中式，恚死。母老，家無繼者，故太夫人日必歸省，積十餘年未嘗惰，爲鄉里所稱。太夫人乃曰："女子雖外成，家無期功之親，宜不嫁以養其母，如魯漆室者斯可矣。吾弗能，罪也。雖日歸省，何足以自贖?"其孝思之摯如此。民國十九年七月卒，年六十。其年九月，葬于城北蓮花垻。子永

① 據《制言》第五十四期。

豐、永泰、永光、永和、永益，孫遐志、遐能、遐聰、遐斌、遐惠。余不識筠連張氏，而永泰與余友李根源善，以其狀來。夫不背本，仁也；不侮人，忠也；不怠事，敬也。有是三者以持其身，以教其子孫，抑亦可以風矣。乃書其事，表于墓。

贈胡寄塵聯[1]

（一九三〇年）

七國有碑唯詛楚；

六經成炭待亡秦。

① 據《歷史研究》一九七八年第一期。

《英屬馬來半島》題辭[①]

（一九三一年一月）

馬來半島者，包新嘉坡等十餘市。其始蓋暹邏屬地，而爲白人所略，今屬於英吉利。自清以來，失職亡命之士，與貧無俚之被略賣者，南行歲歲不絶，孳育至百數十萬人。蓋其地暑熱，不待裘纊，而土著又不能治生，華人處之，農賈皆易以致饒，雖赤貧者或致暴富，故樂趣而不厭也。清之末，政府聞其富饒，欲因以求利，雖保皇、革命二黨亦就焉，然所得固無幾。其後以學校提獎，以國會議員之選鼓舞，終無以致其内向。何者？田園工場，壹皆地著，不能舍去以謀故國之政事。若學校之授漢語，則本非彼方謀生之塗也。獨去國未久者，時以餘貲歸寄其鄉，閩、廣間得食其利。又其出身微甚，雖致巨富，外人猶以中土無籍之民誚之。在清時則務援例爲道員，於民國則求勳章，非以謀宦，固以雪外人之詬爾！

余自民國五年南行，自馬來半島以至爪哇諸市，涉歷幾徧。然時日甚淺，無以得其要領。聞馬來半島素以割樹漿、開錫丱爲業。

---

① 據朱鏡宙《英屬馬來半島》卷首，上海大東書局一九三二年版。

十餘年來,其值日下,業亦衰矣。

女壻朱鏡宙之游半島,視余爲久,循問土風,亦視余爲深,至嘗爲書稱英屬馬來半島。迄今十年,人事稍改,徐又探其册籍,爲之補苴,凡十餘萬言。昔晉、宋間俞益期箋《交州風土》,其時交趾固在版圖以内,閱視易審。南宋范成大爲《桂海虞衡志》,頗道滇中物産,而滇土非宋時方域,所至所得,無過什之一二。今馬來半島去交趾又遠,海道既通,自番禺南行,雖不過四五日,然其政在外人,其土著奇言異服,又與宋世滇土得以文字相通者異,而能分部序次,得其紀綱,信其爲難能矣。若夫來遠之略,施教之宜,存乎其人,固非可以文字盡也。鏡宙以其書來,讀竟,因序而歸之。民國二十年一月,章炳麟。

題會澤朱氏《雙節撫孤圖》[1]

（一九三一年六月前）

朱提之銀天下重，會澤，本漢堂琅縣，屬犍爲郡，蜀置朱提郡，以堂琅屬焉。朱提士女當者無。朱提八姓有朱氏，綿歷漢晉懸絲如。城燒赤口播飛語，阿翁死獄身非辜。有男四歲鬼瞰室，盛年黄落猶遺雛。偉哉二母抱霜雪，婦唐上繼威姑盧。大宗世譜越千載，艱危能勿存其孤。綢繆田宅形已瘁，密儲毒藥心爲枯。慈烏寡鵠世常有，斯人於古誰爲徒？僰道周左兩全節，引刀割鼻留型模。漢縣十二本同郡，遥遥絶代如相呼。

---

① 據國風社《采風録》第八卷，天津《國聞周報》社一九三二年一月出版。

輓哈同居士聯[1]

（一九三一年六月）

弦高有報鄭之心，四海皆弟兄，章紱酬君猶淺矣；
莊周以達生自命，萬物爲齎送，形骸於我何有哉？

① 據《制言》第二十五期。

爲黃侃書西溟詩楹聯並跋[①]

（一九三一年七月初）

遇飲無人徵酒户；得錢隨分付書坊。

偶翻近人詩，得此句，書之。擾擾中無有稱此者，唯季剛有此風味，因寄貽焉。民國二十年仲夏，章炳麟。

① 據《黃侃日記》一九三一年七月八日。

與日人橋川時雄談學[1]

（一九三一年八月三日）

橋川：弟僑居北平，于兹十又四年，久仰泰斗，向繙大著，欽紉之情，無日不切，一見丰姿爲幸。今詣清階，辱荷塵教，光榮奚如！

章：足下治何種學？

橋川：弟志學以來，曾無常師，亦非大學畢業者，惟性之所適，欲修《騷》、《選》之學，亦獨爲此嗜好耳。

章：此種學亦不容易，蓋先須閱普通書史，然後再研治此學，方有資料也。

橋川：《騷》、《選》之學，即訓詁，即漢學，非以諸種經史爲根，其學不立。弟之稟性迂鈍，深知紹述無望。

章：讀《文選》欲知其訓詁，須三五年功夫。至其文章，則更難學。大氐學詩尚易，學文則六朝文稍易，漢文則甚難摹仿也。

橋川：敬聆大教，一話一言，當服膺不忘。李審言《選》學大家，弟此行持楊公雪橋介箋，往見爲樂，但聞審言已歸道山。古人云相

---

① 據《制言》第三十四期。

見恨晚，弟則晚而不得見，洵引爲遺憾也。此外有何人能通斯學？

章：近日當以黄侃爲知《選》學者，然其學或不如李公之專。六朝學術，仍從兩漢而出，其文章亦然，此事並須先從訓詁求之。近帝國大學，想仍有漢學先生在内。

橋川：弟私案《選》學與《文選》考訂，判然有别。《文選》與漢魏文學，固有關係。《選》學與文學，無甚有關。弟惟於此一事，頗有未得解，他日當修一箋請益於左右。高弟子黄季剛在北平常見，行必當往見領教。孫隘庵前日已往見，張孟劬亦常所仰慕也。

章：貴國所謂漢學者，百年以前，頗有卓然可稱之士，如太宰純、物茂卿、山井鼎之類皆是。近世所謂漢學者，似較前人遠不相及。前此，僕在東京，見帝國大學教授根本通明，自負頗甚，其實空空，無可談也。

橋川：弟曾聞敝邦山井鼎所撰《七經孟子考》，已入四庫著録，阮元《十三經注疏校勘記》亦叙及於是書，而有所評正。然山井所見，實爲足利學校舊存之純正宋刊。阮元所據，爲正德補刻本，則眼識低昂，豈有智無智三十里之比耶？

章：貴國舊本書籍甚多，而所謂漢學家者，從來未考訂及此，何也？

橋川：時有隆窳，學有盛衰，雖一國一時，學者宗旨，並非一樣。乾嘉學者，擅長考訂。①于時在敝邦，亦有山井鼎、狩野望之（野，谷字之誤）、松崎明復，皆精於考訂。以迄於島田瀚，皆有撰著。識見

① “擅”，原作“檀”，據文義改。

高邁，往往出於貴國人上者。山井《七經孟子考》，弟既叙及。《全唐詩》九百卷，康熙末葉出版，未有人詳其編纂事情，然爲有清一代之巨製，迄於乾隆年間，敝國人市河世寧，撰《全唐詩逸》三卷，道光〇年刊入《知不足齋叢書》。是書雖零細著述，能足以補助貴國學人所爲，其氣魄精神，洵可欽也。祭酒林述齋，編有《佚存叢書》，輯刊亡於貴國存於敝國之古書若干種者，是書亦光緒〇〇年見重刊於貴國人之手。述齋子檉宇，亦賡乃父志業，天保〇〇年即道光間，上議幕府，使下古書刊行之命令，肥儒松崎明復聞之（肥即國名），感激殊甚，以謂聖世盛典，發揚國家之光，在此一事，乃自編其書目，并附説明，以呈送檉宇。松崎時年七十二，檉宇、松崎相嗣逝世，惜此事無所成。松崎書目，見明治廿〇年出刊《歎堂遺墨》中。弟曾閲讀此小册，深爲歎服，竊謂乾嘉名儒亦未嘗及此。

章：服部宇之吉、白鳥庫吉，此二君欲以古學爲新學，而才力不及，終不免于武斷。

橋川：弟在北平時，或遊歷各方之際，迭見服部博士在京師大學時之學生。渠輩僉云：往年聽博士講學（羅輯學），引中國古書爲例，博引旁證，興味津津，於今不堪贊歎云。若無非常卓識，孰能如此？白鳥博士則弟未會見，然史學家中之大將也。

章：僕紀在貴國時，與大學教授談，則無可聽。與圖書館人員談，則頗有可聽者。蓋見聞多寡之異也。

橋川：林述齋及其子檉宇，以其學術言之，亦不足言。貴國有清一代，充國學祭酒者幾人？而其學亦多無可言耳。弟拜讀大著，中有叙及敝國學人月旦一節，在敝國人立場見之，先生所叙甚泛，未料今日再聞於左右,弟所言,無些客氣,死罪死罪。

章:仙臺有館森鴻者,二十年前,頗從鄙人講論,近亦幾六十矣。聞在東京教育界中,不知其學能否進步也?

橋川:此人弟未會過,未詳仍在世否。但記此人在敝國詩界之泰斗,未聞知其學術也。

章:此君本重野安繹之弟。重野曾有文集行世,然亦平平無深入處。

橋川:敝國詩家,多不講學,故其作皆平板,無甚深意。講學家中,則往往有詩作可見。桐城派之文,東瀛派之詩,弟視爲一例也。

章:前數歲地震,聞帝國圖書館書多被焚,而宫内省及内閣則無恙,但此爲政府祕藏之書,思難得見耳。

橋川:宫内省及内閣文庫之古籍,幸免震火,可謂幸矣。吾友長澤規頗有才幹,專攻文學,尤精考訂。頃在滬市,與張菊生、董授經相應酬,兩文庫事情,渠知之尤詳,恨不得今日與渠拜詣階下,俱聆教言。

章:韓國國史聞甚敏富,但近亦祕藏難見。敝國因修清史,史稿雖就,而人多不滿意,蓋于清之源流不能詳也。此在《明實録》及明人著述中頗有資料,然似不如朝鮮見聞之親切,故甚欲求朝鮮史觀之耳。

橋川:弟聞朝鮮有《李朝實録》、《通史志館志》、《承政院日記》等等,記載甚詳。與貴國文籍,參攷於建州史料,頗有可補者。先生品學,中外俱知,如一遊其京城,祕藏珍籍,當啓石室以供高明之覽也。

章:《明實録》及明人公私著述,與清建州初受封及中間變亂事,頗亦詳實。然世系不能貫穿,①此須從朝鮮史中得之。葢建州雖稱藩于明,而亦兼稱藩于朝鮮,故知之獨詳也。計其國從明永樂時受封,必明萬歷中年而獨立。中間二百年,其世系多參差不齊也。清人本無文字,故自于其祖宗世系,甚多顛倒誤脱。明人載之稍詳,而亦不甚貫穿。

橋川:建州歷史之研究,敝國仍有其人,亦有專著。弟未閲過,故未克答清問也。但弟曾在北平小市偶見韓王致順治帝之國書一帖,其鈐璽則用老滿字之篆書,弟已鈔寫其原文,未遑與《清實録》對考也。弟日内起程,從蘇州而江寧,而溯江到長沙。勾留滬市,已經數日。想往年來此,吾四詣新閘路,謁見沈子培先生。哲人萎萎,立雪無由,感慨係之矣。今日趨拜尊階,辱承教言,殷勤之情,感荷無已。

① “不能”下原衍“不能”二字。

輓蔣伯器二聯①

（一九三一年八月五日）

夫子之道反害夫子邪，兵果自焚，可以休矣；
滅度衆生實無滅度者，佛亦不立，如是觀之。

行路亦良難，吾師乎，吾師乎，尚受庾斯侮弄；
與游非盡僻，可人也，可人也，且煩管仲平章。

① 據《制言》第二十五期。

答孫思昉問學

（一九三一年夏）

文求其工，則代不數人，人不數篇，大非易事，但求入史，斯可矣。若梁啓超輩，有一字入史耶？

或問及吴某之作，曰：吴某何足道哉！所謂苦塊昏迷，語無倫次者爾。

次論佛法，云：佛法能否轉移人心，尚待商兑，蓋語其高眇，實非衆生所能與。（并謂嘗持此語印光，印光謂因果之説，固愚夫愚婦所與知，不難普渡衆生云云。然非所語於晚近科學漸明之時也。）語其淺近，如因果之説，往往不驗，又非智士所能信。即當時治法相宗，既精且博如歐陽竟无者，猶負氣特甚，亦未能出家。習氣終難盡絶，疑此尚未足易世也。

葉惠鈞六十九歲壽序

（一九三一年）

葉子惠鈞以某年某月某日生，至民國二十年十月二十一日，以歲策朔策相覈，適當其生之日，諸義故謀爲之壽，而屬其辭于余。亂世之生，唯山林足以自度，而都會不與焉。葉子其果欲人之祝其壽耶，抑勿欲耶？葉子少以貨殖自給，當清光緒中，直日本攻遼東，清軍撓敗，而葉子適有事營口，慨然念國命之不永，始發憤謀自强，自是主上海體操會，又主上海商團。溯其始訖今三十七年矣。最後入中國同盟會。武漢倡義之歲，上海恢復，葉子與有力。二歲爲袁氏所購捕，避之日本，今亦二十年矣。傾側擾攘，幸而無事。逮兹六十有九歲，歲亦無恙耶，民亦無恙耶，國亦無恙耶，同盟會亦無恙耶？吾不知今之柄國者得比于清之將相與袁氏否也，亦不知今之譁囂于朝野者得比于昔之同盟會否也。孟氏有言："上無道揆也，下無法守也，朝不信道，工不信度，君子犯義，小人犯刑，國之所存者幸也。上無禮，下無學。賊民興，喪無日矣。"清光緒遼東之敗，三十七年，而復覩于今，將士之怯懊，城保之破壞，又加甚數倍焉。吾不知其不幸而得之歟，抑自有致之之道歟？丈夫處今日，無一民尺土之藉，不得昭果毅以衛疆域，其唯逃處深山大渚之間，拾橡栗，伍麋鹿，登高長嘯，以通其狂惑，雖人皆死而我獨存，翛然無所介其意。道雖偏，亦足以成其獨往。若夫俛仰隨俗，涅而不緇，與夫獨處發憤，終已不能自抒其意者，雖壽度百歲，謂之虧生，吾不知葉子于此數者欲安處也？余年過六十，每至生日，朋友弟子或相從飲酒，余自視如槁木，而諸朋友弟子如羣樹之卷舒于側而已矣，以爲虧生，不欲人之視之也。而葉子今者亦直生日，所覩今昔之事，其感觸復有甚于余者。余不佞，不能爲世俗之辭以祝，願葉子被簑笠，具竿餌，操舟而放乎江海，百年然後歸，葉子之生自此全矣。

井研熊保周先生七十壽序[①]

（一九三一年）

先生少爲農，長習經史百家之言，以病學醫，究其術，推以治人。家産在中人，而能爲鄉里任事，所興革甚衆，人咸曰長者也。有子六人，叔曰克武，以任光復事至四川督軍。家興矣，先生不以屑意。克武在蜀所交義故甚衆，疾之者亦衆，自侶義訖其季年，瀕于死者數矣，先生亦未嘗嬰其禍。余與克武游最久，自其敗退處上海者數歲，至民國二十年，而先生年七十，克武與羣弟萬里舉觴爲壽，猝猝未有辭也。夫世變之數，于今兹爲甚。其間朝爲堯、禹而夕號桀、跖者，亦何可勝數？君子處其時，則仕不如隱，語不如默。老氏云：立天子置三公，雖有拱璧以先駟馬，[②]不如坐進此道。昔者蓋以此爲老生腐談，今有求之而不我與者矣。余自任光復事二三十年，雖不欲求顯宦，猶累于名，其僨蓋與克武相似，然性亦知醫，晚乃以是自遣，固未及先生之脱如也。由先生之道以觀世之毁譽，

---

① 據《制言》第四十九期。

② “先”，原作“光”，據《老子》改。

譬之一鼃一蟈之鳴也已矣。是故菀枯之不知,得喪之不聞,雖天地瓦裂,亦將不與之移。若是者可以全性命于今之世,此蓋先生之志,得舉以爲辭者也。

與天津《大公報》記者談時局[1]

（一九三二年三月四日）

年來政情不安，外侮逼至，東北首先淪陷，淞滬又落敵手，政府當局，意志散漫，迄無一定之計劃。軍事一部份，關係秘密，當然不能發表。對外方針，無論如何，必須昭告國内國外，庶軍民知所遵循，而各國亦可綜而爲力。乃自滬戰發生後，因首都南京感受威脅，於是西遷洛陽，爲謀抵抗，不得已而出此，民衆當無間言。但二中全會議決又以西安爲陪都，則對外恐陷於示弱。國難會議之召集，爲徵集國内各方救國意見，共抒國難，立意固佳；然政府自已毫無辦法，結果恐議論一場，無補於實際。個人觀察，今後之政府内部，惟有力使充實，以免真正走到日人譏我“無組織”之地步。對日本之侵略，惟有一戰。中國目前祇此一條路可走，不戰則無路，惟坐而待亡。戰勝無論已，不幸敗衄，至少亦可轉換世界之視聽，予以同情之援助。國際間表示始終無力者，實即基於我之方針不定，加以昔日外交上太唱高調，更使各國態度模棱，不敢遽作表示也。

---

① 據天津《大公報》一九三二年三月八日。

本人此次來平，曾分訪張漢卿、吴子玉諸氏，全國輿論界應一致督促政府共促此事之實現。本人在平擬作較長時間之勾留，最近期内，暫不返滬。

余之反對一黨專政，實感覺國民黨内人材太少，近如外交上之施、顧諸氏，殆何莫非黨治前之人物？今茲國難嚴重已届萬分，此種問題可擱置不談，惟希望現時政府日漸有力，以應此危急存亡之關頭。

贈劉文典聯[1]

（一九三二年四至五月間）

養生未羨嵇中散；

疾惡真推禰正平。

① 據《文匯報》一九五七年四月十三日。

《古文尚書拾遺》後序①

（一九三二年七月）

六經之道同歸，獨《尚書》冣殘缺難理。舊傳古文讀應《爾雅》，解者牽于一耑，其説猶躓。後之説者，獨高郵王氏以由裕爲道，瑞安孫仲容以棐諶、棐彝爲匪字，持之有故，言之足以成理，其餘皆皮傅爾。余始以爲《尚書》必不可通，未甚研精也。弟子歙吴承仕獨好古文，先以敦煌所得《堯典》釋文推定枚氏隸古，又參東方足利諸本增損文字，以爲壁中書雖亡，其當與此不遠，嘗以質余，余甚是之。其後自雒陽得三體石經殘碑，發見古文真迹。以校枚氏《堯典》，多相應。知其所以取信士大夫者，非妄而獲是，恨清時段、孫諸師未見也。然于通訓故撰大義，其猶未暇。民國二十一年夏，返自宛平，盛暑少事，念棘下生孔安國之緒言，獨存于太史公書，往反抽讀，略得統紀，因成《太史公古文尚書説》一卷，次以己意比考，通其故言，以舊書雅記徵其事狀，復成《古文尚書拾遺》二卷。雖發露

① 據《章氏叢書續編》，一九三三年六月出版。

頭角，於所不知，蓋闕如也。以詒承仕，其將有以恢彉之。昔鄭君注《左氏》未成，悉以與服子慎，余何敢望鄭君，而承仕敦古次于子慎，其以是爲執鞭前躍歟？其年七月，章炳麟序。

《明史鈔略》跋[1]

（一九三二年九月）

《明史鈔略》二册，鈔莊廷鑨《明史》也，爲本紀三，列傳二。本紀後附論甚多，蓋其書體例不純。書中“留”字缺筆，故或疑爲吕用晦後人所鈔。是書以大獄毁版，其《鈔略》乃獨存。民國初，歸吴縣周圭璋特人，次歸潘君博山。博山惜其書不傳，猶幸以殘遺見世，亟出原鈔付諸石印。余按是書《李成梁傳》稱他失與其父教場爲成梁行間有功，既而殺之，與明末諸紀載悉同，至謂他失爲阿台壻，而清人自述其事，則以阿台爲教場孫壻，考其事歷行輩，當以此爲正。清人所述，使阿台與他失翁壻易位矣。教場、他失，本以間阿台有功，其被殺自緣他事。《清實録》必易其事，謂以助阿台見殺者，以間諜之名醜於黨叛故也，然太宗文告又以祖父忠順看邊爲言，其榜文至今未毁，察之自得實矣。是書雖殘蠹，又胡可忽之乎哉？民國二十一年九月，章炳麟。

① 據《明史鈔略》，四部叢刊三編史部。

華甯金太公墓表[1]

（一九三二年）

民國九年秋，雲南諸將逐其帥唐繼堯。明年繼堯返，故混成旅長金漢鼎方主省事。父太公謂之曰："繼堯之敗，坐不能撫和諸將，惡不及百姓。今抗之，是自虐其民，急走毋校。"乃去。又十一年，而漢鼎以書及太公事狀來，曰吾父之歿，漢鼎不得與於哭泣之哀，今歲星將周矣，復土有時，請所以表其墓道者。

按狀，太公諱純泰，字時升。先世本南直隸鳳陽人，從傅友德入雲南，居黎縣寧海鄉，黎今華寧也。子姓衆多，以耕讀爲業，開蠻荒，化鄉里，以名其家。十一世有國祥者，太公之考也。有子四人，伯、仲、季皆早世。太公少遇杜文秀之亂，隨母張走避難。比歸，纔餘田數十畝。中歲始勉爲學。性和，未嘗大聲色。事親孝，待人恕，妻死不再娶。督勅耕稼，教子以讀書植行，有過必責，責亦不甚嚴。所居鄉多種樹，約鄉人毋妄斬伐，人服其德，至今守教令弗衰。

① 據《制言》第五十四期。

生清咸豐三年月日,歿民國十一年月日,年七十。配伏氏,子六,女子子三,孫十三,女孫亦十三。余嘉太公能以義教子,使毋失大從,故先揭其犖犖大者,次及家人庸行,樹於墓。

清故甯陽縣知縣張君墓表[①]

（約一九三二年）

君諱楚林，字翹軒，陝西榆林人。榆林於漢爲五原，關中諸郡獨此爲高寒。及明猶列九邊，故其人材武，《詩》、《書》非其尚也。君先世皆處軍職，祖錫紱，考廷揚，以力行稱。君少獨好學，有慮熹，家貧無書，嘗假得《論語》半册，甚寶重之。弱冠以騎射應童子試，三發中二。馬驚，墮傷臂，自是始壹意儒學。

同治初，總兵劉厚基、知府蔡兆槐勤學愛士，得君甚重焉。自乾隆訖同治百餘年中，榆林成進士者纔一人。及君起，學風始振。回部亂作，以諸生從劉、蔡二公守城，支拄三歲，城賴以全。君平生恥受人惠，而於兩公知遇深，又同禦賊，爲設位於家，令子孫世祀之。俄舉庚午陝西鄉試，光緒三年丁丑，會試成進士，以知縣分山東。到數歲，未嘗事干謁，性喜折獄，以主發審爲上官所知，尋代理汶上縣、平度州事各數月，署曲阜縣事一年。巡撫張曜奇其才，特奏授鄒平縣知縣，在官四歲，聲聞宣著，坐公事去。逾五年，再授寧

① 據《制言》第五十五期。

陽縣知縣，未半歲又解職去。

君處山東二十四年，在官無過六七歲。既以循廉明決聞，率被委治疑獄，終不得大用。或以降志事上官勸者，必力拒之。二十六年十二月終於濟南，年六十六。君終身儒素，不苟取與，與人厚，自治嚴，工文辭書法，未嘗自詡。教子孫專志經史，勿徇舉業，其風操如此。元配同縣王夫人，先君卒；繼配華州王夫人。丈夫子四：焕章，炳章，燦章，皆前卒；熾章。女子子四，長適方，次殤，次殤，次適李。君殁後，去家遠，篋中纔餘數百金，後夫人力將子扶柩返榆林。既至，貧甚，幾不能舉火。後四歲亦卒，合葬榆林南山。今去君殁三十餘年矣，熾章述其事以屬余，余以爲無所待而興者，文武不足限也，故爲之表。

遊小王山[①]

（約一九三二年）

青山何處不迎人，
人入青山自有鄰。
不用商於採芝去，
穹窿亦自可逃秦。

① 據《上海文史資料選輯》第四十輯，一九八二年十月出版。

爲寧邦寺壯哉樓題聯[①]

（约一九三二年）

燕飛來，竟啄皇孫，後嗣休隨和尚誤；

龍角葬，當致天子，此中唯許法王居。

① 據《上海文史資料選輯》第四十輯，一九八二年十月出版。

《天放樓續文言》序[①]

（一九三三年二月）

松岑始爲文任才調，余爲序其《天放樓集》。後五年，文益多，又續自收輯以示余。余曰，所謂大音希聲，與前者稍異矣。松岑不懌。徐又删其無意趣者，存三分之二。以來視之，精采固在，乃知文不可以苟存也。初，松岑被聘修《安徽通志》，其人士如姚鼐輩多依舊，獨留意苗沛霖、張文祥之徒，踸踔異於常人者，而丁汝昌、葉志超、衛汝貴等覆師辱國，人所不欲言，亦特録之，以爲世戒。是其不平之氣，見于文章者，他文亦稱是。是果未嘗求希聲也。雖然，人之意氣與形骸俱進退，故曰年彌高德彌劭。夫老而文章收攝者，非精華之竭也，其言愈有序也。余少壯爲文好瑰奇，晚漸夷坦，不欲有盈辭，不自知其文之進耶，且退耶？松岑稚於余數歲，雖未衰齒髮膚理，固不能如三四十時焉，知他日之不歸於希聲也。古之善文者，壽不至，即不論其齒長，而文章發舒如故者，漢世有趙充國、貢禹耳。楊子雲少爲《官箴》，辭賦雄麗過人，垂老作《法言》，與《官

① 據《天放樓續文言》卷首。

箴》辭賦大異。計辭人之傑，莫有加於子雲者，其文章消息如是，則知所謂大音希聲者果進也，而非其止也。余既識始論松岑文之過，而又以其不懌爲未達，故爲序之如是。松岑其不以余爲護前耶，將猶有異同之見在也。民國廿二年二月，章炳麟。

與新生社記者的談話[①]

（一九三三年三月）

淞滬戰時，赴吴淞一帶救護兵易，今喜峰口一帶，交通既不便，雷先生工作實際困難，因其爲國際間之名士，更難能可貴！政府此次犒賞二十九路宋哲元部僅五萬元，本人極望同胞效前此援助十九路軍之熱忱，一致援助喜峰口前敵將士及死傷忠勇將士之救護工作。

① 據朱維錚編《馬相伯集》，復旦大學出版社一九九六年版。

輓岑雲階聯[1]

（一九三三年四月二十七日）

喑嗚叱咤有項王風，公豈徒尚勇乎？唯受善，故羣材樂用；

温讓恭良得夫子教，老而漸聞道矣！以小心，斯北面終身。

① 據《制言》第二十五期。

輓汪袞甫聯①

（一九三三年七月）

陸太中常使諸侯，且欣好時，端居五子，都堪傳寶劍；

揚子雲旁開聖則，何意甘泉，惡夢千秋，誰更訂玄經？

① 據《制言》第二十五期。

《辭通》序[1]

（一九三三年十一月）

荀卿云："名聞而實喻，名之用也。絫而成文，名之麗也。用麗俱得，謂之知名。"具此者其唯《爾雅》乎？以《釋詁》、《釋言》舉名之用，以《釋訓》舉名之麗。自是以降，《方言》、《廣雅》爲近之。《説文》、《玉篇》，字書也；《廣韻》，韻書也，皆舉用而止。明人作《駢雅》，蓋有意乎舉麗者，然局于雙聲疊韻諸聯語，未能盡文之絫者也。海寧朱公丹九，始作《辭通》，以補前修之闕，凡兩字相屬載在墳籍者，一切分韻次之。文有通借，即附其次；字有譌舛，于是爲之按語。積功三十餘歲，草稾回易者以十數，然後著爲定本，信乎其用力之勤也。世人求麗名者，沾沾執清《韻府》爲科律，其書援引亦略備。顧時館閣諸臣，不通小學，諸異音同義者，不能依類相系，又不能有所辯證。若朱公之書，方以類聚，辨物當名，其度越《韻府》，奚翅什伯？故知學者之作，與萅集典實，以供詞人捃拾者，用心深淺，區以

① 據《制言》第五十期。

别矣。余未識朱公,友人朱宇蒼持書以來,屬爲題辭。以是書爲小學之屬,與諸類林不同。逾一歲,始得其究竟,乃題其耑爲右方。

民國二十二年十一月,章炳麟。

《孫仲容先生年譜》序[①]

（一九三三年十二月）

瑞安孫仲容先生，淹通今古，著籑閎博。其書已成者二十六種，未成者七種，別有題跋書牘之屬，不在著籑者，不可勝紀。先生歿二十有餘年，哲嗣孟晉次第爬梳，得其綱領，以爲古之爲學者，與年俱劭，不述其進德之塗，著書之歲，則後人無以觀法，因爲籑次年譜八卷。凡先生所自序與其尺札箋記，皆盡録之，然後先生之學大明。余按年譜之作，大較起於宋人。然太史作《孔子世家》，必以魯公某年與孔子幾何歲，相與排比，是即年譜之造端，佗傳未有也。何者？將相顯人，有殊功盛名者，其行事必見於國史，按表紀以推其行事，其年即較然可知。儒者成學，大率不繫於王事，則國史無可徵，必推第其年，然後可曉。以孔子爲學者宗，故舉此以示例，後人之爲年譜者，放於此矣。顧處朝列與政事，與夫身遭亂流顛沛失據者，其行事先後尚可攷，雖歲閱百數，後人猶能追譜之，則朱子、顧寧人之倫是也。承平閒暇，託於無能之辭，若戴東原之徒，非及

① 據《文瀾學報》第一期。

時爲譜，後之人何自述哉？先生之學，不後於寧人、東原，其散在筐篋者，非其子姓，又莫能理，排比之亟，有過於二公者矣。余昔時慕先生爲學，頗與通書，而苦不能親覿，又未盡見先生之書，得是譜始稍慊於志。若其學術之大，足以上通聖則，旁開物宜者，世人當盡知之。日月貞觀，固非下士所宜贊也。民國二十二年十二月，章炳麟序。

《孫太僕年譜》序[1]

（一九三三年十二月）

孟晉次其尊人仲容徵君年譜，余爲序之，既復出示其祖太僕君年譜十卷。太僕，晚清特立之儒也。敭歷中外，數至監司，以持論侃直，爲帥府所沮，置諸列卿散地而歸，終已不得大行其志。譜中多述文學，於政事頗略，亦其勢然也。孟晉生二歲而太僕殤，年十六復遭徵君之喪。比入民國，故老凋謝，遺聞散失盡矣，猶能據其遺著以成斯編，亦可謂善繼志述事者哉！譜稱太僕嘗論清儒漢宋門户之弊，以爲永嘉經制，兼綜厥長，足以通其區畛。及徵君治《官》、《禮》，欲以經術措諸時用，亦本其先人之訓也。宋世永嘉諸賢，與新安、金溪、金華竝峙，其後三家皆有傳人，訖元、明未替，而永嘉黯然不章。近世如亭林、桴亭及北方顔、李諸公，廓除高論，務以修己治人爲的，蓋往往與永嘉同風，顧弗能盡見其書。太僕父子生七百年後，獨相繼表章之，專著則有《永嘉叢書》之刻，佚篇則有《永嘉集》之纂，括囊大義，辨秩源流，則拾南雷、謝山之遺，以成《永

① 據《制言》第五十八期。

嘉學案》二十卷。最録凡目，則《温州經籍志》爲一郡蓺文淵海。自是鄭、薛、陳、葉與先後作者之遺緒，斬而復續，烏呼盛矣！邇者太僕殤已四十年，徵君殤亦二十餘年，世變益亟，蓋幾與衰宋無異，夫拯之者則誰與？然則孟晉闡明兩世之業，以待人之興起者，蓋可少乎哉！蓋可少乎哉？民國二十二年十二月，章炳麟序。

《察哈爾抗日實録》序[①]

（一九三三年十二月）

民國二十年秋，日本寇關東。明年，有吴淞之戰。明年，有喜峯口外之戰，有察哈爾之戰。皆以政府所不右之軍獲勝，而察哈爾事最後。時諸軍皆已南徙，熱河盡失，寇復西侵至多倫，察哈爾兵先已盡出，人無固志。總司令馮君起於閒廢，糾合義旅，纔給見糧，一戰復多倫，蹙遏狂狡，使不得前，欲乘勝東逐，而械器不充，饋餉無以繼，執政柄者又掣之，轉以大軍相壓，其志不竟成。雖然，是時微馮君，寇當鼓行而西，雖蠶食至寧夏，使北方諸省皆邊於寇可也。語曰"善用兵者，無赫赫之功"，斯亦信矣。吾聞馮氏之先，漢有左將軍奉世者，以衛候送大宛歸客。會莎車劫諸國叛，南道不通，則矯制發兵攻拔莎車，傳其王之首於長安。時漢制嚴，以奉世矯制不封，然猶甚寵任之，至左將軍而終。以今馮君之才，使遭值明聖，繼其祖莎車功，蓋亦甚易。生遇亂世，發憤與强寇搏戰，既遭時忌，而其陰以一方之守蔽遮北河，保固塞外者，亦不著於衆口。然其行軍

① 據《制言》第三十二期。

方略,終不得没,斯《抗日實録》所以作也。始,馮君在軍時,余與丹徒馬公數騰書勸右,且爲道不平。今趙君又以《實録》見示。夫處猜忌之朝,而以勞苦示人者,危身之道也。馮君爲是,其身之利害不可知,要其爲國家扞衛之實,與其苦心嘗寇,足以開發民志者,固不可以不布也。世無正議,馮君之功,將以俟後之良史。民國二十二年十二月。

論以後國學進步[1]

（一九三三年）

一、經學以明條例求進步。

二、史學以知比類求進步。

三、哲學以直觀自得求進步。

四、文學以發情止義求進步。

① 據《制言》第四十八期。

孫衡甫六十壽序[①]

（一九三四年三月）

不世四明兼朱、陸之傳，爲文行藪，自元明以後，遞衍不斬。及清，士人皆飭禮法，躬孝友鄉之人，薰其德以成美俗，大氐不離地官之教者是。然其地負海，與四裔洞通。舳艫輻湊，諸良賈亦出其閒。陳掾貿遷，徧布江海，而富人常不忘鄉里。歸則營廟祀，興學舍，易道路，聯什伍。上不敢侮耇老，下與賓婚慶弔未嘗惰。歲時伏臘會食者，常數十人，其舉止皆循禮，與嶺表富人流浪不羈者異。葢猶被儒先之化云。孫子衡甫者，其後起者也。先世本吴人，宋末徙鄞，又乃世有宅鄞之章谿者，始著名字。清末遷慈谿半浦邨者，實生衡甫，自童丱已多智略，壯從父賈杭州，其後拔起海上，以四明銀行著業稱鉅子矣。衡甫曰：吾半浦人也，富而忘其宗族鄉黨謂之傲德，躬行不度於禮謂之贅行，舉事有始，則修家祠、録諓系其耑也。於是奉章谿始遷者爲鼻祖而禰祀，其所生寢廟具矣。頃之，即治半浦水道，其川流湫底者浚之，其槁梁傾亞道路蕪梗者平之。凡

① 據手稿。

斥銀幣四萬，版作一歲，功就。鄉人感慕，爲立石道上。頃之，即立半浦學校，又斥銀幣萬餘，親之里之子弟盡嚮學矣。三者既具，曰：吾不可以無所歸。依趙邠卿故事，營生壙於縣之大隱姜岱邨長命山麓，示首北也。大較四明之俗，商人積高貲者，翁博至不可量，然其大本猶出於農。觀其鄉之守四園之子，雖歲收千石，猶僋糞隴畞閒，以是其民地著。出而爲商，本奏落里，忝不冐爲流人。唯地著，故能率教以隆於禮，如衡甫，其見耑也。至其佐荒政，濟乏無，不系於其鄉之化者，又不勝舉已。初，衡甫治水道也，其鄉之學士馮幵爲刻石記之。營生壙也，義寧陳公爲銘之。民國二十三年三月十四日，於夏正，直衡甫生六十周，其故舊又屬禮辭於余。余文辭不足伉二君，頃歲數爲人祝壽，亦倦矣。然猶疆没道是者，葢幸四明朱、陸之化，至今猶頗在萌俗，非特爲衡甫祝，且以厲其鄉之士，士共傳斯俗以無窮也。或曰：衡甫得民譽以忠信，故且嘗冒禁以庇其鄉之亡將，宜若有陰德者。即如是愛其鄰里，亦猶行繇之志也。陰德之説，儒者不敢道，願德與齒俱邁而已矣。

健行齋題跋[①]

（一九三四年四月四日）

季鄰初隨衆入校舍，年十六，忽咤曰：家有儲書數萬卷，求之即得，安用别求津濟？于是退自習學。余嘉其志与時俗異，因題其書齋如此。章炳麟題。

① 據李希泌《健行齋文録》卷首，書目文獻出版社一九九六年版。

《古詩選評注》序[①]

（一九三四年五月）

古詩自建安以後，始可求其篇義，前此者雖與樂府異體，其意趣猶不相遠。猝觀之，無以知其統緒也。《詩》三百篇，四家皆有序，後人猶不能盡厭，何者？作者以主文譎諫，其意既微，時代又相去遠，欲盡解其義無由。清初新城王氏爲《古詩選》，蓋專意神韻格調，於作者函意所在，固未能一一詳之也。後有聞人氏者，始爲箋注。其他好古之士，亦往往以意逆志，得其梗概。最後桐城許恩冕軒堂出，更參綜諸家成說，閒下己意，爲《評注》如干卷。觀其鏨鑿堅險，爬梳放紛，使前人卓爾之志，黯而復明，未知比於四家詩序何如？要雖不中亦不遠矣。余未識軒堂，聞其天性篤學，雖在疾疢，未嘗輟，宜其能鉤深探賾如此也。軒堂屬余題其耑，余於六義之學，未能窮治，亦輈聞其䇲較，故以意稱述如此。民國二十三年五月，章炳麟。

---

① 據《制言》第五十七期。

《實用文字學》序①

（一九三四年六月）

文字之誤，非返之篆、籀不可驟正。唐以來如《五經文字》、《干禄字書》之屬，皆徬皇篆、隸閒。其所取正，大氐依熹平石經，去古逾遠，此曹又不可得。詭形壞字，坌積紙素，其始工商胥史爲之，後乃延於橫舍。金壇吴子契寧有憂之，爲正譌辨似，匯同三篇，以救其末。大致與唐人所作爲近，而文辯校緐，猗論亦近正矣。余嘗以爲俗字非可驟去，譌字宜一切埽除。所謂俗字者，體亦合六書，獨其字爲後出。夫人事日緐，即文字日以孳乳。今小篆正字令蒼頡、史籀見之，何遂不斥以俗字也？然則漢魏以後，仍世嬗衍者，何譏焉。所謂譌字者，其體不合六書，或乃自隸變草，草復變隸，如一忠爲臣之屬是也。如是者固宜汥而去之。唐人所作，葢亦屬意於是，而猶有所出入。契寧之書，庶幾免於玆戾矣。契寧字得一，年四十始及余門，其於文字之學，幼自少習之者也。民國二十三年六月，章炳麟序。

① 據吴契寧《實用文字學》卷首，商務印書館一九三五年版。

定威將軍陳君墓志銘[1]

（一九三四年九月）

君諱炯明，字競存，廣東海豐人。清末以縣學生卒業廣東法政學堂，選咨議局議員。黄興、趙聲等謀攻督署，君與焉。事敗，避居九龍。武昌倡義，君率鄧鏗、林激真遥應之。師薄惠州，提督秦秉直以洪兆麟等七管帶降。進駐廣州，以副都督佐胡漢民治事。會漢民從孫公赴南京，君署都督事，遣散民軍以萬數，百姓大安。漢民返，副之如故。廣中好蒱博，品類鲦甚，君自充議員時已建議禁絶，及是遂廓清焉。民國二年，以兵抗袁氏，敗走新嘉坡。袁氏亡，龍濟光猶據廣東，君與莫擎宇起東江。濟光去，君如京師，謁大總統黎公也，即拜定威將軍，授勛二位。六年，護法軍起，海軍總長程璧光以孫公及君南下。到番禺，孫公開府，稱大元帥，自是廣東有軍政府。時督軍陳炳堃，廣西人，與土著不洽。省長朱慶瀾舉警衛軍二十營授君，去攻福建，下龍谿。龍谿者，舊漳州治。君設屯營郭下，整市政，興文學，漳人歸心焉。兩廣久相失，孫公去，衆推廣

① 據《廣州文史資料》一九六三年第三輯。

西人岑春煊主之，軍民互猜，朝夕待變。九年夏，君自龍谿還師，軍政府人皆散走，被推廣東督軍。時孫公尚退居上海，聞勝復歸。明年，國會議員在廣中者倡議選孫公爲臨時大總統，君弗順，議員相爭至破額，事卒就。君再舉兵攻廣西，拔南寧，廣西皆下。十一年，孫公謀北伐，君以兵力未充辭。孫公疑君有他志，陰令部將以手銃伺君，其人弗忍，事稍泄。其夏，孫公竟出軍攻江西，身赴韶關督師。或言陳氏終爲患。孫公返，免君職，宣言以緑氣攻異軍。君時在惠陽，舊部葉舉襲孫公於會城。孫公走，君復稱督軍。其冬，滇桂軍在廣東者復攻君去，迎孫公歸，自是交兵三年。及孫公薨，君亦旋敗。時議者謂君知臨時總統非法，宜一意拒之。業已屈從，又舉兵爭雌雄，於德爲二三。按自黎公蒙難，法統中圮，孫公尸大名以箎之，固不得已。其後黎公已復位，而孫公猶稱號自若，名義不可説已。且是時君已免職，與孫公義絶，謂君報怨泰甚，與曩復軍政府同過可也，必以後者爲逆，無乃昧名分、違比類耶？君既敗，出居香港數歲。倭破關東，君如天津覘國。倭人或説君與同謀，君言返我東三省，我即與若通好，非是無可語者。二十二年九月，卒於香港。遺言以五色旗覆尸，示不忘民國也。君卒後，家貧幾不能備棺殮，義故助之，始成喪。於是知君清操絶於時人，於廣中彌不可得已。嗣子定復以毁卒，明年□月返葬□□。君自復兩假政府，有驍名，人莫敢近，卒落魄以死。余獨傷其不幸，以惡名見譏，故平議其而爲之銘。銘曰：

定威桀才，寬猛有章。撊然授兵，莫我犯行。主從相失，維國之殃。一朝弗忍，終以兩傷。彼索垢者，成其痏創。黨伐之論，君子弗將。烏虖！包胥伍員，思各視其所尚也歟？

題鄒容《革命軍》[1]

（一九三四年十月十日）

蔚丹著《革命軍》以興漢滿之訟，而判決者則清外務部會同各國公使，由是漢滿對峙，革命之局始定。是書今已鮮見，王生乘六得之吴市，此亦吉光片羽也。章炳麟識。

① 據《上海文史資料選輯》第四十輯，一九八二年十月出版。

題晤張伯英[1]

（一九三四年十月二十日）

伯英長兄知我最久，然二十年中未晤一面，今忽過厲相見，喜而成此。民國廿三年十月二十日。

虛名真誤百年身，
亂世文章抵一塵。
猶有故人憐舊雨，
白頭莫歎尚如新。

① 據《制言》第五十一期。

留　園[1]

（一九三四年秋末）

如此江山不可留，
卅年塵跡等浮漚。
應劉都盡陳王老，
嘯樹仙人是舊遊。

① 據但燾《葯漢雅言札記》,《制言》第二十五期。

戲書贈嚴濬宣二首[①]

（一九三四年秋末）

一

釣魚仍作客，買菜豈求多？爲問鈐山子，當如老祖何？

二

一往騎驢去，何愁負債多？市頭逢博士，書券且如何？

① 據但燾《葯漢雅言札記》，《制言》第二十五期。

題錢忠介、馮簟谿二公遺集[1]

（一九三四年秋末）

丹心豈爲鳳陽朱？
天漢興亡在一隅。
聖世即今疏法網，
清遺何計覓捐軀？

① 據但燾《菿漢雅言札記》，《制言》第二十五期。

張成清傳[①]

（一九三四年十一月）

張成清，字石泉，雲南騰越廳和順鄉人。父商緬甸，娶緬女，産成清。少穎悟過人，初習緬文。年十三，歸里讀書。未三年，四子五經皆成誦。十七入廳學爲諸生，旋赴緬甸習英吉利、印度野人、栗粟百夷諸方語，悉通曉。由楊振鴻介入同盟會，任仰光《光華日報》譔述，著《緬甸亡國史》。書未就，梗概粗具。成清面清峭如削瓜，而性和，能拊循儕輩。清光緒三十四年，集雲南死絶會丁阿瓦，宣告滇人應與北京政府斷絶，助緬甸、安南、印度獨立，若不成，則我千五百萬雲南人同日俱燼，以免如緬、越、印度人之辱。時與會者近萬人，英吉利所置仰光總督察其與緬人有異謀，捕殺之，年三十矣。逾年，黄興、吕志伊至仰光，聞成清死處在緬矛，往求其尸不得。章炳麟曰：緬甸在明時故屬雲南布政司，其語單音，與諸夏同原，呼二曰膩，九曰苟，父曰阿配，母曰阿每，兄曰阿哥，日曰尼，米曰粲，箸曰都，馬曰蔑，雞曰解，象曰青，鳩曰九，鷹曰隼，悉與華言

① 據《國學論衡》第四期下，一九三四年十一月。

無大異。余嘗謂諸夏之起本自氐羌,而緬甸亦吾同氣也。成清舉死絶會,本以興中國,乃並旁及緬甸,斯其識閎廓深遠矣。事初萌櫱,遽爲敵人偵知以死,惜哉!

輓陳少白聯[1]

（一九三四年十二月）

孫伯符少而同游，草際定交唯一面；

伍子胥更誰强諫，吴門懸恨有雙瞳。案：陳君死而不瞑

① 據《制言》第二十五期。

題滄浪亭[①]

（一九三四年底）

滄浪近在盤溪曲，
水濯真堪濯吾足。
舉酒還酬蘇舜欽，
買山伺作巢由僕。

① 《越風》第一期，一九三五年十月十六日出版。

壽陳石遺先生七十九聯[1]

（一九三四年）

九聆有征公宜黄耇，

八月既望日躔壽星。

① 據《制言》第二十五期。

輓黃晦闻聯[1]

（一九三五年一月二十四日）

赤伏自陳符，嚴子何心來犯座；

黃初雖定亂，管生終日尚揮鉏。

① 據《制言》第二十五期。

姜西溟先生手寫《選詩類鈔》跋[①]

（一九三五年一月）

姜西溟手寫《選詩類鈔》一百十五紙，今缺其九。鄞童第德藻孫以百金購得之。西溟論詩，與新城合契。新城所宗者，唐宋兩代而已，其於魏晉，蓋有未暇。夫熟精選理，遣詞不妨樸拙。北海勿論，即工部詩棘澀不調者亦多矣。新城專以羚羊挂角喻詩，其詞有巧無拙，於杜已不甚許與，况上之至顔、謝之流？西溟獨能手集選詩，蓋有意乎匡救者也。其序謂今之爲詩者，剽翦景響，謂之選體，當時蓋亦率爾效之，非能沈酣於此者。雖然，詩至新城，則景響於宋人之填詞，又非徒景響漢魏南朝而已。二者孰爲得失？惜不能起西溟而質之也。

① 據《文瀾學報》第一集，一九三五年一月出版。

壽黄季剛五十聯[①]

（一九三五年二月十九日）

韋編三絶今知命；

黄絹初裁好著書。

① 據《制言》第二十五期。

與唐大圓論佛學及其他[①]

（一九三五年三月二十一、二十二日）

若説《起信論》是外道假梁真諦名而爲之者，云何唐之實叉難陀亦有譯本，果爾無馬鳴原作，唐譯從何而有？所以今日祇因有唐譯，決定信《起信論》不僞。

若云真如熏無明等思想有似外道，則當知馬鳴、龍樹輩，初皆由外道而皈佛者，其思想兼帶外道，亦無足怪。如馬鳴始參脅尊者，學問并不多讓。惟脅尊者用滑頭語，降伏爲弟子。如尊者但言方今天下太平，大王長壽，國土豐樂，無諸災患，馬鳴即默然不知其言，遂墮負處。如此用平淡無奇的話降伏他，未必見得脅尊者之佛法勝於馬鳴之外道。

不徒佛的弟子多由外道進化，即佛自己亦是外道。蓋佛初參鬱頭藍弗，知其非，而又别參一人，連參數人，皆知其非，乃至雪山苦行六年，自悟無上菩提。但吾人今讀佛經，亦可發現與外道共有之法，何得因全書中有一部分與外道相似，即疑全書爲外道僞作？

---

① 據《制言》第八期。

惟就理談《起信》不立種子，而云真如熏無明，無明熏真如，實有不合。試思無種不得有現，果無出世心種，何以後來修行，忽然而得出世無漏之道耶？

《起信論》風水之喻，似不甚善巧。因風是水以外之物，無明不是心外之物。然我有一喻，似較爲佳。謂即就吾人學問言，起初不通，何以後來得通？既通以後，則從前不通之心，復從何處去了？以是當悟真如與無明。不是二物，不似風水之本有二也。

印度外道，説來説去，不出乎天之範圍。不過基督教之上帝，僅六欲天，印度婆羅門之梵，是色界天，較高一層。及至數論，乃進步不要梵天，但執著一神我。勝論師之實德業等六句義，就是今世科學之法執。及佛出界，乃再進步，連我法二執，一齊打破。

中國思想之進化，亦復如是。若《中庸》開首言"天命之謂性"，中云"可以與天地參"，末云"上天之載，無聲無臭"，其思想正不出乎天魔之外。孟子則云"萬物皆備於我"，乃不要天而執我，似數論師。惟孔子言毋意、毋必、毋固、毋我，方是佛法。謂意是意根，必是恒審思量，固是執著，我是人我法我。

孔子云"逝者如斯夫，不舍晝夜"。此即阿賴耶之恒轉如瀑流，但僅言其相而不説要斷除，斯亦儒家不言之隱。中國學術，通究古今，除孔子外，只有莊子所見獨高。《齊物論》破我法執處尤多，雖多言天，而未曾執爲實有。

王陽明弟子某見過于師，如云文王視民如傷，是大悲；望道而未之見，是大智。以道本不可見，見即非道故。

 講小學應以段氏《説文》爲正。丁氏《説文詁林》太雜亂無章，只可作參攷，不便初學。又研小學不可不知音均，形聲義以聲爲尤重。

講經學不可不先知今古文。如《毛詩》是古文，《尚書》有今文有古文，《周禮》、《儀禮》是古文，《禮記》有今文，亦有古文。《左傳》是古文，《公羊》、《穀梁》是今文。惟《易經》則難得今古之分。

世人多説《詩經》易講，吾則以爲《詩經》最難講。何以故？以現今無參攷書故。大概如大小《雅》等，明明説出事實，尚可以講。《國風》則最難講，以無事實可攷，從何處説起耶？吾以爲今日講《詩經》，只可當作漢樂府講之而已。

大圓問廖平之經學何如？先生曰：廖平多誤想。彼説《周禮》職方氏言東西若干里，南北若干里，是言全球，中國無此廣大，惟《王制》是專就中國説。此乃誤見。不知古人所謂里數，不若今日里數之長。

《易經》含有深妙之理，多與佛經合。如乾卦言"雲行雨施，品物流行"等，是阿賴耶之恒轉如瀑流。坤卦言坤厚載物，"以順承天"，是末那執賴耶爲我之相。又《易》之用六、用九最好，如乾之"用九，見羣龍無首，吉"，又云"用九，天德不可爲首"，謂雖峻極于天，而不肯以首自居，似老子之滌除玄覽，佛家之破除我執，皆是。坤之"用六永貞，以大終也"，就是末那轉平等性質，永久清淨，無明無始而有終之義。

《序卦》自乾、坤、屯、蒙以下，言天地開闢，人事漸起，就是社會學。然于既濟之後，終以未濟，是説縱如理想成黄金世界，仍有爭鬥，亦猶佛家雖發願度盡衆生，又云衆生界不可盡。

八卦之義，從何而起？蓋似中國地理家所説四至八到等。如離爲火，即南方赤道。坎爲水，即北冰洋。兑爲澤，即西方江河之源。震爲雷，即東方日本火山、地震之類。乾爲天，即北極，以中國地偏近東，故北極在其西北。艮爲山，即東北長白山等。坤爲地，即東半球之中心，在中國西南。巽爲風，即東南海峽颶風之類。

觀卦是觀，艮卦是止，昔人已知之。然有未盡者，觀卦云"觀我生進退"，又云"觀其生"，是緣覺乘觀十二緣生，進退即順逆觀也。"艮其背不見其身，行其庭不見其人"，即聲聞破我人相，除煩惱障也。

漢人説《易》太執著，伊川較好，朱子《本義》不合，堯夫直是《易》學外道。

贈唐大圓偈二首[①]

（一九三五年三月二十二日）

一

博學而篤志，切問而近思；毋攘人之美，毋矜己之祕。

二

終日舞雩無一事；獨輸顔氏得心齋。

---

① 據《制言》第八期。

題贈丁維汾[①]

（一九三五年四月一日）

平生樽酒意，垂老又相逢。
攬鬢誰先白？疑年各號翁。
譚經懷孔壁，論韵識齊東。
薄莫平門道，車聲隱梵鐘。

吾友鼎丞自金陵來宿，留二日，詩以送之。民國廿四年四月一日，章炳麟。

---

① 據《傳記文學》第二十三卷第四期，一九七三年十月。

壽馬相伯先生九十六歲聯[①]

（一九三五年四月）

鳳皇銜書，少文王浹歲；

鹿裘帶索，長榮期一年。

① 據《制言》第二十五期。

與章松齡等論學[①]

（一九三五年五月四日）

（一）《易·繫辭》大衍之數五十，其用四十有九，分而爲二以象兩。五十分而爲兩，則二十五爲中數，故兩中數各自乘，其較無餘。若下退一數，上增一數，各自乘，其較爲一百。下二退二數，上增二數，各自乘，其較爲二百。如二十四與二十六二數，各自乘，相差之數爲一百。二十三與二十七，二數各自乘，相差之數爲二百。推而至一與四十九二數各自乘，相差之數爲二千四百矣。總而言之，上下距中若干數，各自乘，其相差之數，必爲若干百。此百者何？二分之，仍爲大衍之五十四，分之則爲上所指之中數二十五也。此前人未發之祕，雖與《易》理關係至微，而實爲中國數學之古代光榮史也。

（二）近日讀經甚囂塵上，予以爲當以《爾雅》爲本。《爾雅》能通，羣經自易上口。若三《禮》之中，《儀禮》實不難讀，唯今學者不以爲重。要以《禮記》爲主，然異説紛紜，考證實非易事。其中尤當

① 據《國專月刊》第一卷第三期，題《葑漢親聞録》。

提倡《儒行》，振發士氣，力挽頹風。《喪服》一篇亦切實用。至於《周禮》爲我國政治之根本，學者亦不可不深長思之也。

（三）《尚書》難解，自古已然。司馬遷近是之，以親問故於孔安國也。若孫淵如之《尚書今古文注疏》，直不知所云。但安國亦有未盡然處，如《周書·無逸》篇"文王卑服，即康功田功"，傳作"文王節儉，卑其衣服，以就其安人之功"。不知"康功"與"田功"竝言，"康"作"途"字解。《爾雅·釋宫》曰"五達謂之康"，可證也。又如《周書·大誥》篇"敷賁敷前人受命"，傳釋"賁"爲"大"，蓋本《爾雅·釋詁》。疑"賁"即"墳"。不知《釋魚》有"龜三足爲賁"句，賁雖爲龜之一種，然亦可爲龜之通稱。如大龜爲蔡，而蔡亦爲龜之通稱是也。解《書》者往往徒引《釋詁》《釋言》，而罕有及以下各篇者，此《尚書》之所以鉤棘不可解也。

（四）前松齡來書，問緯書乃今文家言，高密古文大師，而注經往往引緯，何也？不知康成其初本學今文，後師馬融，始改軌轍，故其書純駁不一。且當其注《禮記》時，尚未見《毛詩》，故注《禮》不以《詩》證，而箋《詩》則往往證以《禮》也。

（五）章學誠《文史通義》，其病甚多，夸大自高，引證多誤，尤其大者也。如平原君朱建，班固自注已明，而實齋誤爲六國之平原君，可笑孰甚。且所謂文史，史則承襲《史通》，創見綦鮮。文亦非僅論文章，略於詩詞，即文亦非古文公式等所能了事。故近人頌之，媲美劉知幾之《史通》、劉彦和之《文心雕龍》，誠爲過譽。然其識度，自不可没。初學讀之，天骨開張，未始非益。吾家先哲，一人而已。

（六）《漢志》諸子略已有兵家，而復别出兵事一略者，蓋兵家所録，多爲原理之書，而兵書略則爲當世用兵之法。王官武備，藏之祕府，猶今參謀本部、訓練總監部之國防計劃，非典其職者不得與知。此兵録之所以有待於楊僕，而兵書略之有待於任宏也。

（七）《七略》之不得不流爲四部，勢也。後世史籍繁多，安能盡屬《春秋》？即在劉、班之世，詩賦已不能附於《詩》，而别爲一略，五行亦不能附於《易》，而别統於數術。若如實齋之説，强欲返四部於《七略》，則《七略》亦何嘗不可省併爲六略、五略乎？多見其窒礙不可行而已。

（八）諸子之學，本意蓋在用世。《漢志》九流，無非政治家也。四部既分，乃以無可歸類之書，如類書、瑣記歸之子部，失其指矣。

（九）《隋書・經籍志》二氏附於諸子之後。案道氏本非老、莊之説，若入之道家固不妥。而别列一門，亦未爲碻切。導引吐納之術，在《漢志》屬神仙家，當改從之。

（十）明七子復古，文學周秦，徒以不諳訓詁，滿紙荆棘。若其七律則能通首不用典實，而高華瀏亮，純粹唐音，工部以來，未見方駕，即欲求一如崔顥之《登黄鶴樓》亦不可得。王闓運徒工《選》體，故平生不作七律，其文章亦不敢上追諸子，惟學東漢、三國。若詩文俱能高古，得前人神理者，松江陳臥子一人而已。

（十一）文章之事，今人頗難上駕古人。明七子之規撫周、秦，僅得臺閣氣象。王闓運之追摩兩漢，亦僅得魏、晉意味。蓋古人文章，各有面目，南人北人，一望便知。即情性意氣，亦躍然紙上。史書自《三國》以下，便黯然無色矣。

（十二）桐城文章，舉世詬病，以爲千篇一律，實則亦未可厚非。其局度之謹嚴，氣象之雅淡，初學作文者，苟能用力其間，當有所獲。且其碑誌之文，尚能頰上三毫，略寫面目，雖亦流入窠臼，成爲陳調，然總不失爲作文之矩矱也。

讀《宋史》汪伯彦、黄潛善傳[1]

（一九三五年六月）

淮上無堅守，

江心尚苟安；

憐君未窮巧，

更試出蘭看。[2]

① 據《蘇州文史資料選輯》第十二輯，一九八四年出版。

② “出”，《章太炎年譜長編》作“木”。

贈惲鐵樵聯[①]

案：惲先生精醫

（一九三五年七月前）

叔夜養生依鍛竈；

幼安避世有藜牀。

① 據《制言》第二十五期。

輓惲鐵樵聯[1]

（一九三五年七月）

千金方不是奇書，更赴滄溟求啓秘；

五石散竟成末疾，尚憐甲乙未編經。

① 據《制言》第二十五期。

《麽些文序》字[①]

（一九三五年七月）

《麽些文字》一卷，麗江方國瑜著。麽些者，羌之遺種也。其民夾金沙江而處，北至四川之建昌，南及雲南之麗江，其户口十餘萬人，皆事鬼，不奉釋教。唐時已與中國通，至今不立酋長，自中國流官統之。所制文字，大氐以象形爲宗。不足，即以形聲、會意濟之，凡千數百字。如星之作 ，人之作 ，宛與古文科斗無異。而其語皆單音，亦與漢語同原焉。余嘗謂漢族出自西羌，大禹一出而奠九州之疆土。吾今所以爲中夏者，實西羌之才俊使然。更溯其先高陽起于若水。若水，即今鴉礱江。知高陽者即古麽些之種歟？嘗刻意欲求西羌舊跡，而其書籍不傳。中土人士亦鮮與其人酬對者。今幸見方氏書，足爲余説左證。異日轉益窮究，所得當校今兹愈廣，於以辨章種姓，遹進系世，使外人擬議之詞，一旦廓然都盡，豈不快哉！以是書爲先導可也。民國廿四年七月，章炳麟序。

① 據《制言》第六十二期。

遺　囑[①]

（一九三五年七月）

余自六十七歲以來，精力頓減，自分不過三年，便當長别，故書此遺命，以付兒輩。

凡人總以立身爲貴，學問尚是其次，不得因富貴而驕矜，因貧困而屈節。其或出洋游學，俱有資本者皆可爲之，[②]何足矜異？若因此養成傲誕，非吾子也。入官尤須清慎。若異族入主，務須潔身。

余所有書籍，雖未精美，亦略足備用，其中明版書十餘部，且弗輕視，兩男能讀則讀之，不能讀，亦不可任其蠹壞。當知此在今日，不過值數千金，待子孫欲得是書，雖揮斥萬金而不足矣。

余所自著書，《章氏叢書》連史、官堆各一部，《續叢書》凡十餘部，《清建國别記》亦尚存三四部，宜祩藏之勿失。[③]

余所有勛位證書二件及勛位金章二件，于祭祀時列于祭器之

---

① 據《學術集林》第一卷，上海遠東出版社一九九四年版。

② “俱”，據汪維輝《章太炎遺囑釋文校正》（以下簡稱《校正》）應釋爲“但”。

③ “祩”，據汪維輝《校正》應釋爲“葆”。

上，不可遺棄。①

余所有現款在上海者，及銀行股本在上海者，皆預用導、奇兩男名字，此後按名分之可也。喪葬費當以存上海儲蓄銀行之萬二千圓供之（其中有二千圓，當取以償鐸民）。另以存浙江興業銀行之萬圓用方定氏名者分與㠭女。其餘杭泰昌有股本八百圓，既署匡記，即歸導有之。

余房屋在蘇州者，王廢基一宅，導、奇兩男共之。其侍其巷一宅，可即出賣，未出賣前，亦由導、奇兩男共之。

余田産在餘杭者，不過三十畝，②導、奇兩男共之。

余于器玩素不屬意。銅器惟秦權一枚、虎錞一具爲佳，别有秦詔版一具，秦鐵權三具，詔版所信爲真耳。③瓷器皆平常玩物，惟明製黄地藍花小瓶，乃徐仲蓀所贈，明製佛像，乃楊昌白所贈，視之差有古意。玉器存者雖多，惟二琮最佳，又其一圜者，乃瑗之類，亦是漢以上物，螭虎一具，乃唐物也。古錢亦頗叢雜，惟王莽六泉、十布，差足矜貴。在川曾得小泉一拄，④約六十枚，此亦以多爲佳耳。端硯今僅存一方。⑤其餘器，⑥不足縷述。以上諸物，兩男擇其所愛可也。惟龍泉窯一盤，以是窯係宋時章氏所營，宜歸之祭器。

民國廿四年七月，太炎記，時年六十八。

---

① 《校正》在“不可遺棄”前有“縱使國失主權”一句。

② “不過三十畝”，《校正》爲“不過三十畝有奇”。

③ “所”，《校正》爲“可”。

④ “拄”，《校正》爲“挂”。

⑤ “僅”，《校正》或應作“所”。

⑥ “其餘器”，《校正》爲“其餘器玩”。

跋《表忠觀碑》[①]

（一九三五年九月）

右錢文端所摹《表忠觀碑》，予得之長沙。去夏移居蘇州，友人錢梓楚，吴越王裔也，暇時出是卷示之，遂以贈焉。宋人持論，衹以吴越不抗中朝爲美。世變境遷，此事亦無定論。要其懷休士民，隄鄣江海，功德至今不泯，宜其昆嗣繁衍，徧滿東南諸郡也。梓楚以爲然耶？民國廿四年八月，章炳麟識。

① 據《文獻》季刊二〇〇〇年第四期。

輓黄季剛聯[①]

（一九三五年十月八日）

辛勤獨學鮮傳薪，殲我良人，真爲顔淵興一慟；

斷送此生唯有酒，焉知非福？還從北叜探重玄。

① 據《制言》第二十五期。

《樂陵宋氏譜》序[①]

（一九三五年十月）

樂陵宋氏自述明中葉有諱宣者，始自北直隸静海遷山東樂陵，傳五世至兵部侍郎槃，以抗直忤逆奄，有聲天啓、崇禎間，其族始大。又十一世至今察哈爾主席哲元。中間時盛時衰，譜凡三修，及今又三四十年，哲元與族人更蕝續之。書成，屬序於余。

按宋氏出殷微子，鈃之禁攻寢兵，玉之譎諫，已嶄然有聲七國時，顧皆不聞有後。唐宋以來諸姓氏書録宋氏譜，並斷自卿子冠軍始。冠軍孫壯武侯昌，即爲孝文定策從代來者，蓋自是昭穆始可知也。《元和姓纂》敍宋氏凡七望，樂陵其一也。其先實分於廣平，然則唐世已有樂陵宋氏，無待明中葉。今《樂陵譜》所述如此，豈中間嘗徙静海，後又還其故歟？

静海在明時屬河間府，其北有天津衛。疑宋氏本居樂陵，以僉軍居天津衛，其後免役，又還居樂陵。宋氏子孫既不能質言，今亦無以證也。獨念宋氏前修之事，如冠軍壯武者，已闊遠不可追矣。

---

① 據《制言》第三期。

其後著籍廣平，相業盛者，莫若文貞。自其爲中丞時，端笏在廷，諸嬖幸已讋伏焉。及申錫爲文宗相，以謀去王守澄，言渫而敗。計雖疏，其忠清爲時所冤。既從樂陵，侍郎又以忤逆奄著，可謂與先德同風。且明末正人忤奄者，無慮數十。自清以來，後嗣日失其序，雖楊、左二公之裔，亦不聞有興者。今宋氏獨得哲元力支東寇，保固封守，以濟昔人之美，可不爲大幸乎？

蓋所謂世家者，非謂其世世冠帶，與編户絶殊也。必前人以風烈傳其後，後人以清白承其先。史策有述，鄉邑慕化，然後足以稱也。高明之家，常患前人無正直名，而宋氏既彰彰有之，顧爲其子孫亦不易，懿亦以孝友收宗族，以骨鯁從政事。梱致其中，而焠厲其表，儻足以爲亢宗之道乎？苟曰侈其世胄，炫其門望，以爲後之人光寵，斯末矣，其非宋氏志也。因以是序。

與孫思昉談學術[①]

（一九三五年秋）

論某公好奇曰：學説之奇衺，至今日而極，坊表後進者，惟有眎以正軌，豈容教猱升木，如塗塗附？今則以今文疑羣經，以贋器讐正史，以甲骨黜鄦書，以臆説誣諸子，甚至以大禹爲非人類，以堯、舜爲無其人，怪誕如此，莫可究詰。彼固曰有左證在，要所謂以不徵徵，其徵也不徵者已。絶學喪文，將使人忘其種姓，其禍烈於秦皇焚書矣。好奇之弊，可勝慨哉？

論秦檜曰：秦檜亦何可詬厲？檜尚先使岳鵬舉爲郾城之捷，然後矯詔班師，以與金講。是和之權，在宋而不在金。不然者不戰不守，雖欲講，得乎？

答問《章氏叢書續編》未收文録之故曰：近所論列，往往以時忌不便録之，此《荆母夏太夫人墓誌銘》所謂"轂下何爲，陳騶卒以大誰，曰東藩摧，士女靡不悲，雖悲弗悲，是故如遺錐，又籥其口，使人不敢違"者也。而近年多爲碑版文字，又迹近諛墓，故未付刊也。

---

① 據《制言》第二十五期。

景鄭仁弟以其先德遺墨見示，爲題絶句其後①

民國廿四年孟秋

（一九三五年秋）

都房旖旎入光風，
照眼繁華瞬已空。
至竟彭殤爭底事，
龔生未合傲楊童。

① 據《制言》第五十一期。

題黄侃《九日登高詩》[①]

（一九三五年十二月九日）

此季剛絶筆也。意興未衰，而詩句已成豫讖，真不知所以至此？觀其筆勢灑落，猶不見病氣也。景伊其善藏之。乙亥大雪後一日，章炳麟記。[②]

① 原載於《孔孟月刊》第十四卷第十一期，一九七六年七月出版。此據陳平原、杜玲玲編《追憶章太炎》（修訂本）三聯書店二〇〇九年版。

② 據《黄侃日記》注，黄侃《九日登高詩》抄本有黄耀光附載章太炎評語爲“此季剛絶筆也。意氣未衰而詩句已成預兆，曾不知其所以至此。章炳麟”。

徵求焦達峯遺事啓[①]

（一九三五年十二月十六日）

自清末以至民國，稱爲革命之雄，于世絶無訾議者，蓋三人而已。浙之徐錫麟、蘇之趙聲、湘之焦達峯是也。徐事最烈，趙才最大，焦功最高。徐、趙事已有記録，而焦不幸被姦人倒戈以死，世幾以芻狗視之。昔譚石屏存時，曾力陳焦君之功，以爲舉世莫二。石屏没後，武昌倡義諸子，猶能道其遺事。若不及今紀載，將使元功盛業，泯没不傳。唯願與焦君同志、同事者，各將當時事蹟開列前來，辭不厭詳，事須從實，當據此作傳一通，以發潛德之幽光，而彰不朽之盛事。章炳麟白。

① 據《制言》第七期。

談上海學生北上請願事[①]

（一九三五年十二月二十五日）

對學生愛國運動，深表同情，但認政府當局，應善爲處理，不應貿然加以共黨頭銜，武力制止。尤其政府當局、教育當局，應對飢寒交迫之學生，負責接濟糧食，並沿途妥爲照料。

① 據《申報》一九三五年十二月二十六日。

壽陳石遺先生八十歲联[1]

（一九三五年）

仲弓道廣扶衰漢；

伯玉詩清啓盛唐。

① 據《制言》第二十五期。

輓費仲深聯①

（一九三五年）

柏臺霜冷且彈冠，當仲氏陳符，敢辭口苦；
桃塢春深聊緩帶，恨華佗乏術，難愈頭風。

① 據《制言》第二十五期。

孫傳芳墓誌[1]

（一九三五年）

君諱傳芳，字馨遠，山東泰安人。弱冠以北洋武備生選送日本士官學校，入中國同盟會，與同舍生騰越李根源、衡山趙恒惕相重也。同盟之議，要在保國族、卻異類，君受之二十年不移。其統江蘇，施從濱以白俄六千人自濟南來戰，君覆之固鎮，獲從濱及白俄酋長聶洽也夫，即斬以徇，曰毋令人以異族自殘也。後爲南軍所迫，退濟南，所統尚四萬人。□□駐青島領事，請以二師助收失地，自誓不責報，使者三至，君懲宋明所以亡，力謝之，竟敗不悔。此可謂不食言於同盟會者。然卒爲從濱女搚擊以殁，子復父仇，於經律議論固多，而君之戮從濱，其爲義刑，亦章章矣。

君性英拔，用兵善以少制衆。與人言，吐辭逢涌，至移晷不休。自士官得業歸，由北洋第二師教練官，纍遷第六團團長。民國三年，河南流賊白朗宣爲亂，官軍數創，朝命五省會剿。賊日行逾一百里，步騎不能及。君乘大雨倍道馳擊之，殲其衆商城，朗宣走。

① 據《申報》一九三六年三月十六日。或云此文出自孫世揚之手。

由是知名，纍遷至師長，纍任蒲咸、施宜、新嘉、蒲通等警備司令、長江上游總司令。旋督理閩浙軍務，擢閩浙巡閲使，補陸軍上將，授恪威上將軍，總浙閩蘇皖贛五省軍務。在浙江、江蘇各一年，未嘗以餉絀加税。爲浙江償舊負三百餘萬，爲江蘇償舊負九百餘萬，省江蘇軍費月五十萬，整理公債七百萬，除苛税十數種。自民國興以來，節用利民，羣帥未有如君者。後雖破敗，吴越閲德之不忘。

其破從濱也，以山東淮徐父老請，時白俄聶洽也夫及卜克斯、聶嘉佛三人，皆善御鐵甲車，從濱以山東軍長薦之督理張宗昌，成鐵甲車隊五，募白俄六千人隸之，挾漢軍南下。白俄日夜殺人淫略，淮泗閒鮮得免者。君以二萬人禦之固鎮，兵未交，民伺間椎破鐵道，敵至，君縱兩翼包之，以重砲當其前，鐵甲車盡崩，兵車在後者三列，皆退相撞擊不能止。即以兩翼左右逐射，大破之，民觀者夾道皆付鼓稱慶，遂俘從濱及聶洽也夫以歸。君悉縱所俘將士，獨斬二人。當是時，山東民求乘勝下濟南，君未應，然白俄軍自此廢矣。世皆以此三事多君，乃其攘除羶穢，未有如破固鎮之烈也。

自民國興，同盟會數變名號，或合或分，疏逖者至不能舉其契。及南方聯軍起廣東，其始本同盟大宗，然去初集會時已遠。後進訬輕，以舊同志相侮。君既破從濱，勢日盛，始兼總五省軍務，吴楚間皆仰以爲伯主，而廣東勢亦轉張，嘗遣使求和親，亦不知君雅素也。君以廣東人共産邪謀，赤俄鮑羅廷、加倫又陰爲之主，非舊義，紀之。南軍已破漢陽，君馳救，師出九江與戰，爲所乘，返至江寧，知上游不可守，始屈志求援張作霖。作霖使宗昌及褚玉璞以十萬人來援，師不整，竟以此敗，江南盡陷。卻而北，相持半歲，君復以孤軍濟江，戰數捷，師次龍潭，後繼不至，而退入山東，爲宗昌築大汶口防，費百餘萬。君屯其西，屬宗昌自爲守，轉戰方劇，而大汶口陷，遂旋師。

其拒□□領事也，引前大總統黎公語："淪於異族，不如屈於同胞。"以告作霖。作霖亦聽君言，班師出渝關，至皇姑屯，爲□□伏賊擊死。凡事利鈍誠不可豫規。而君能以其志使作霖與知大義，可謂愛人以德者矣。

君既解兵，走之瀋陽，居四年，日本破瀋陽，乃還天津，以奉佛自晦，未嘗談國事。又四年，二十四年冬，聽説法於居士林，遇從濱女，發彈自脊貫胸而卒，年五十一。配張夫人，繼配周夫人，子男四：家震、家鈞、家裕、家勤，女子子三。明年四月，返葬泰安。君存時嘗語其子曰："吾治兵，能同甘苦，堅約束，嘗思奮身以徇國家。時不我會，未嘗以一矢加敵國，是爲恨耳。"他所建善政尚衆，以其大節盡依同盟會義，而子姓將佐不悉知，故特著其風概，與其志行所由立者。銘曰：

彼虎賁兮，龍翰之人兮，扶桑之孫兮，雖才桀而非吾族兮，寧殺敵以庇民，不求援以苟存。故上刑有所必用，而兵略有所不循。丁神州之幅裂兮，烏虜欲宜力而無因。伊濁世無正則兮，女休發於凶門。信直道之在躬兮，雖横尸何足以云云。

《懷虚詩草》題辭[①]

（約一九三五年）

録示四十首，大致□□□桑詩，亦上溯曹、阮，幽情勝氣過絶於人，聊爲□定數字，或□點金成銕之誚。乙亥南至日，章炳麟識。

① 據《懷虚詩草》卷首手迹。

教育目標論①

（約一九三五年）

昔顧寧人揭橥"博學于文，行已有恥"以爲教人之法，而未言及忠信。夫人必忠信，而後可致知力行。文行忠信，不容或闕。子以四教，亦自有故。今復倡宣聖之旨，以爲設教之目標焉。今之學人有三蔽焉，人之有技，媢嫉以惡之；自有創獲，非帘而不宣，即覺不可一世；具言其病，則曰妬忌，曰祕密，曰驕傲。揆厥病原，由于不忠不信。研治國學者，當袪其所蔽也。

詳《讀史方輿紀要》之成，顧祖禹居家考索，劉繼莊四出遊歷，通力合作，淑惠士林。後之共學者有此襟期，妬忌之心何自萌哉！

子張述孔子之論交，曰"君子尊賢而容衆，嘉善而矜不能"。學者當守此訓而力行之，無庸祕密或驕傲爲也。子路問成人，子曰："若臧武仲之知，公綽之不欲，卞莊子之勇，冉求之藝，文之以禮樂，亦可以爲成人矣。"先儒謂此與答顔淵問成人者，深淺不同，孔子答顔淵問成人者，見《説苑・辨物》篇。蓋降等論之也。余謂此爲高等人格，

---

① 據《制言》第四十六期。

自古及今，能之者鮮矣。故孔子復告子路曰：“今之成人者何必然？見利思義，見危授命，久要不忘平生之言，亦可以爲成人矣。”方今世變已亟，國無紀綱，憂國者欲挽頹風，厲薄俗，不可不注意于後之三事。烏虖！倜儻奇偉之士，不見于華夏久矣，更安望執履忠貞，不徧不隘之中行乎？

輓國學會學生吴憲墀[1]

（一九三六年一月二十四日）

憲墀仁弟靈右：好學果忘疲，有志竟成期項橐；生材殊不易，華年未秀悼終童。章炳麟拜輓。

① 據《制言》第十三期。

《黄侃手批爾雅正名》序[1]

（一九三六年一月）

季剛歿後，求其遺著，有《説文》、《音韵》、《爾雅》略説三種。此江氏《爾雅正名評》，則徐行可所得者，其閒精竅之語不少。行可將舉以付刻，余先爲登之《制言》。葢所謂遺著者，今人亦不必遜于昔儒也。民國二十五年一月，章炳麟識。

---

① 據《黄侃手批爾雅正名》卷首，武漢大學出版社一九八六年版。

輓王晉卿聯[1]

（一九三六年二月）

岑參好奇,壯歲文章起邊塞;

庾公蕭瑟,暮年詩賦動江關。

① 據《制言》第二十五期。

中學讀經分年日程[1]

（一九三六年三月二十五日）

每年以實足二百四十日計，每半年以實足一百二十日計。

初中前一年半，每日讀一百字，計三萬六千字。

《論語》。一萬六千字。

《孝經》。一千七百字。

《孟子》。選讀其半，一萬六千餘字。

初中後一年半，每日讀一百五十字，計五萬四千字。

《少儀》、《學記》、《大學》、《儒行》。約七千餘字。

《堯典》、《禹貢》、《甘誓》、《湯誓》、《牧誓》、《無逸》、《顧命》、《費誓》、《秦誓》。約一萬一千字。

《詩經》。約三萬四千字。

高中前一年半，每日讀二百字，計七萬二千字。

《周禮》。除《序官》，約四萬二千字。

《喪服》。約五千字。

---

① 據《制言》第二十四期。

《左傳》。選讀，一萬五千字。

高中後一年半，每日讀二百五十字，計十萬八千字。

《左傳》。選讀，十萬八千字。

右凡經傳中詰屈難讀者，玄奥難解者，不合歷史者，悉已汰去，並省重贅非要之科目，使之讀經，但令略解大義，諷誦上口，亦自綽然有餘。然後升入大學，爲講漢、唐及清儒經説，不患無從入之路。至於删落經文，事近割裂，然《羣書治要》已有此例，今雖删落過半，然未嘗破析篇章，猶勝于《治要》也。

壽段芝泉七十二歲聯[1]

（一九三六年三月）

功在漢家一百六郡；

壽如南岳七十二峯。

① 據《制言》第二十五期。

《二十五史别編》序[①]

（一九三六年三月）

新鐘書局以《二十五史别編》之目見示。余謂四史不待别編，晉以下史多可議，微獨宋、元二家而已。《明史稿》亦官修者，然較之乾隆後定，粗有裁鑒。《清史》既無定本，此《史稿》者，或不得竟以别編稱之。要之《清史》固當重定，《明史》雖有新舊二本，並不得視爲不刊之書。《明實録》亦尚未毁，取而傳之，或校《明史》爲質直矣。《宋史》自明中葉以後，改作者相繼，然未有如王偁本之簡嚴者，[②]所惜邵氏《南都事略》今無傳本，不得與王氏書合編也。新鐘所録别編三十二種，庶亦啓其塗徑，其祕籍不著者，俟異日蒐求得之，斯可矣。以云躊躇滿志，則猶非其時也。民國二十五年三月，章炳麟。

---

① 據《制言》第五十七期。

② “偁”上原衍“舊”字。

口授少年事蹟[①]

（一九三六年四月二十八日）

余十一二歲時，外祖朱左卿名有泉，海鹽人。授余讀經，偶講蔣氏《東華録》曾静案，外祖謂夷夏之防同於君臣之義。余問前人有談此語否？外祖曰："王船山、顧亭林已言之，尤以王氏之言爲甚。謂歷代亡國，無足輕重；惟南宋之亡，則衣冠文物亦與之俱亡。"余曰："明亡於清反不如亡於李闖。"外祖曰："今不必作此論。若果李闖得明天下，闖雖不善，其子孫未必皆不善。惟今不必作此論耳。"余之革命思想即伏根於此。依外祖之言觀之，可見種族革命思想原在漢人心中，惟隱而不顯耳。

十九、二十歲時，得明季稗史十七種，排滿思想始盛。

乙未，清光緒二十一年。康有爲設强學會，余時年二十八歲。先是，二十五歲始居杭州，肄業詁經精舍，俞曲園先生爲山長，余始專治《左氏傳》。至是，聞康設會，寄會費銀十六圜入會。

丙申，二十九歲，梁啓超設《時務報》社於上海，遣葉浩吾至杭

① 據《制言》第二十五期。

州來請入社。問何以知余，曰“因君前有入强學會之事”。

丁酉，三十歲，因閲西報，知倫敦使館有逮捕孫逸仙事，因問梁啓超“孫逸仙何如人”，梁云“此人蓄志傾覆滿州政府”。余心甚壯之。

戊戌，三十一歲，康、梁事敗，長江一帶通緝多人，余名亦在其内，乃避地臺灣。

己亥，三十二歲，自臺灣渡日本。時梁啓超設《清議報》於横濱，余於梁座上始得見孫中山，由梁介紹也。越二三月，余回上海。

庚子，三十三歲，因唐才常主張一面排滿，一面勤王，既不承認滿清政府，又稱擁戴光緒皇帝。余甚非之，因宣言脱社，割辮與絶。但後唐案通緝書上仍有余名。

辛丑，三十四歲，在蘇州東吴大學任教員，以避其鋒。其年刻《訄書》於蘇州。冬，恩銘後爲徐錫麟所殺。爲江蘇巡撫，問教士：“汝校有章某否？此人因講革命，故須問之。”余時因年假回杭州，教士急遣使杭州通知。

壬寅，三十五歲，春即至上海，轉至日本，與秦力山交。時中山之名已盛，其寓處在横濱，余輩常自東京至横濱，中山亦常由横濱至東京，互相往來。革命之機漸熟，余與秦力山、張溥泉等開“亡國紀念會”於東京。中山請余至横濱，與興中會同志七十餘人宴集，每人敬余酒一杯，凡飲七十餘杯而不覺醉。其年又回國。

癸卯，三十六歲，蔡孑民等在上海設愛國學社，張溥泉、鄒蔚丹自日本歸，章行嚴自南京來，相見甚歡，皆與余結爲兄弟。時蔚丹作《革命軍》，余爲序而刻之；余又作《駁康有爲書》，痛斥保皇之非；

行嚴又主《蘇報》社，亦發揮革命。《駁康有爲書》中有“載恬小醜，不辨菽麥”之語，於是清兩江總督派員來查，遂成大獄，余與鄒蔚丹被捕。余在巡捕房與中山書，尊稱之爲“總統”，溥泉爲余送去。遂下獄三年。

甲辰，三十七歲，在獄中。

乙巳，三十八歲，蔚丹卒於獄中。

丙午，三十九歲，夏，余監禁期滿，中山自東京遣使來迎，遂赴東京，入同盟會，主《民報》社。

與朱偰談錢幣[1]

（一九三六年四月二十八日）

《周官》九府圜法，蓋爲後世假託之辭，且九府圜法中，如玉府、司會、司書，并與錢幣無關，惟《周語》稱周景王始鑄大錢，始可認爲已有泉法之確證。

① 據朱偰《章太炎親口述生平》，《南京史志》一九八五年第五期。

壽馬相伯先生九十七歲聯[①]

（一九三六年四月）

千尋蒼翠身難老；

四海腥羶我獨清。

① 據《制言》第二十五期。

書洛陽續出三體石經後[1]

（一九三六年四月）

民國二十五年春，余因潘生承弼得洛陽續出三體石經拓本兩紙。前爲《尚書》，後爲《春秋》。《尚書》存十五行，《春秋》存十四行，每行約十五六字。以通行本《尚書》、《春秋》對校，每行下當尚有七字，其上所損則三十餘字。此石與十一年所得一石，正相銜接。此石“公子買戍衞”，至“衞”字盡。彼石起“戍”字，而“不卒”兩字，則在此石斷泐中。蓋一石被破爲二，故衹得十四五行。上段又缺，故每行衹十五六字也。《尚書》亦《君奭》經，“告女朕允予不允惟若兹誥”，“允”皆作“兄”，與前一石“允若時”作“兄若時”正同。今本蓋東晉所改，亦或鄭、王已先改字，不可浸知。“誕無我責”，“責”作“[illegible]”，此即“朿”字，而篆、隸皆作“責”，則古文師所讀如是。“咸劉厥敵”，“劉”字篆文作“[illegible]”，而古文作“[illegible]”，從又，乃知《説文》“鎦”篆下不録重文“劉”字，非爲漢姓諱，實以古文從又，義不可知耳。最異者，“散宜生”“散”字，古文作“[illegible]”，篆文作“[illegible]”，蓋《説文》散

① 據《制言》第十六期。

訓雜肉，昔象殘肉，故散從昔從攴會意，亦猶㪔之從𣏟從攴會意，皆不取其聲也。因是知隸書“散”字，非依《説文》正篆作“𢽳”者而變，乃依此從昔者而變。漢時石刻，如《周公禮殿記》作“散”，《華山亭碑》作“𣪠”，皆與《説文》正篆相應，其圉令《趙君碑》作“散”，《郙閣頌》作“𣪠”，即與《説文》有異。葢本從昔作“散”，以籀文昔作𦠆，故又依之有變耳。今《説文》“散”篆下不録重文“[illegible]”字，或轉寫脱之矣。此石出土後，爲人攜至上海，故潘生由上海碑估得之。其年四月，章炳麟記。

論政論學要旨[①]

（一九三六年春末）

空言作聖，末士所崇；力行成人，濁世所急。選習經傳，尤不可忽，《孝經》、《論語》、《大學》、《儒行》以及《喪服》五書最要。文武各校，應講《左傳》，以防夷夏，以懼亂賊；兼覽《通鑑》，以戒覆車。支離泛濫，徒賊人子；憂世講學，此其會歸。

王道霸道，應時而興，實非相反，未能偏廢。春秋之時，蠻夷猾夏，尊周攘夷，霸道尚矣。是故孔子，既小管仲，復言微仲，吾其被左。時至戰國，諸侯自强，戎狄豺狼，不敢爲患，惟互爭雄，人民塗炭。孟子賤霸，欲救其弊。今日何日，舉世尚霸；保全國族，非霸無功。但制侵敵，毋多殺傷，平平王道，又烏可廢？王道安民，霸道保族，果由斯道，民族無憂矣。

① 據《制言》第二十五期。

輓胡漢民聯[1]

（一九三六年五月二十五日）

君真是介甫後身，舉世誰知新法便；

我但學茂弘彈指，九泉應咲老儒迂。

① 據《制言》第二十五期。

詠　松[1]

（約一九三六年）

龍飛有路繞風標，鬱鬱推奇蓄古條。

濃翠挹霜隨衆遇，老蒼含露任羣超。

容真表氣佳枝秀，節勁帶來雅浪潮。

冬暮傲枝因甲秀，松年萬壽上干霄。

---

① 據謝櫻寧《章太炎年譜摭遺》。按此爲迴文詩。

評校段氏《説文解字注》[①]

（約一九三六年）

第一篇上

丄部

帝下帝字從朿，而古文、小篆皆作帝，此爲可疑。三體石經作帝，亦衹較多一畫。彼速字又作遬，大氐字形譌變久矣。妄者乃欲以帝爲蔕，此未審古音帝在支部，蔕在泰部，其韵絶不相通也。

丨部

中下《周官》登中于天府，《楚語》方執鬼中，及《記》之升中，堯言允執其中。史字從中，漢州屬有治中，中皆謂録籍也。而《説文》訓内者，作表之法，方格書之，字在其内，從□者，象表一縱一横成格也。從丨者，如《漢興目來將相名臣年表》縱列大事記、相位、將位、御史大夫位四格，其授官書于本格，其死、免、建置則高一格而到書之，此蓋造表之舊法，書于本格，字皆下行，則丨之引而下行也。越格到書，字皆上行，則丨之引而上行也。或作𠁩者，直象表之經緯。

---

① 據《制言》第二十七期。

第二篇上

半部

犻 犙下犻犙二字，今蒙古律用之。

犛部

斄下按齊侯鎛鐘釐作釐，從來聲，諸款識多如此。許君于犛字云從未，不作犛者，以有斄字在也。若犛改作犛，則斄當作斄，是從二來矣。古文釐字葢從斄省聲也。

第三篇下

卜部

兆下按漢隸兆皆作北，正由兆變，何得云始于顧氏、曹氏乎？

第四篇下

肉部

[illegible]下葛洪《肘後方》云，華佗卒中惡短气欲死，灸足兩母指上甲後聚毛中各十四壯。此足大指毛肉之義。

[illegible]下言或曰嘼名，則許固疑之矣。今案此當即羸字古文。羸下云：一曰虒蝓，故其字從肙，即肙肙者蜀之意。從丮從亡者，虒蝓多水，丮持之但有水而已，無骨肉也。《説文》以此與胆肙並列，葢亦疑其爲羸字也。

第六篇上

木部

栞下《魯峻碑》博覽羣書，無物不栞，栞當訓識。

第七篇上

𢎘部

甹下《説文》無由字者，據原本《玉篇》由作㽕，且云《説文》以由爲楚謂缶，則由本由字耳。三體石經迪字古文作迪，篆文作迪。

第七篇下

黹部

黹下原本《玉篇》云：《説文》以希或爲絺綌之絺字，丑梨反，在糸部。然則今本《説文》絺下脱或字希也。康成于《書》云希讀爲黹，則希非古文黹字可知。

第八篇上

人部

倴下訓即順字，倴爲送，故爲順，反之逆爲迎，斯爲屰矣。此乃古文用倴爲訓之義。漢世直謂文字相借，亦少差矣。《釋言》將、倴同訓送，故將亦爲順。

偶下桐人，俑人也。《漢書・江充傳》“掘蠱于太子宫，得桐木人”，桐木人即木俑人。《鹽鐵論・散不足》云“及其後則有醯醢之藏，桐馬偶人”，桐馬即俑馬。《御覽》九百五十六引董仲舒《請雨書》曰“秋目桐魚九枚”，桐魚即俑魚，謂木寓魚也。《説文》説解閒用叚借，桐固借字，俑本訓痛，亦非本字。其本字即偶，故用桐與用俑無異。或欲改爲相人，大繆。

第九篇上

卪部

𠨍下案《説文》及石經古文卪皆作卪，《銅器款識》及石經邑皆作邑，是𠨍即邑字隸變，卪作卩，邑作阝者，正依古文而變也。許君不言𠨍即邑字，以卿字不當從邑也，如許之意，當云古文以𠨍爲邑。

勹部

勻下勻之訓少，不容有疑，酌訓少少歓也，聲義相依。

第十二篇上

手部

摕下小徐本摕下更有徙字，云古文摕。

第十二篇下

女部

婁下案《左氏集解》婁豬，求子豬也。是婁當以女求男、牝求牡爲本義，故從女從母，引申乃爲中空之義，而牝牡相求，亦得以中空言。《北堂書鈔》八十五引《東觀漢記》魏霸妻死，長兄更爲娶妻。霸笑曰：何用空養老嫗爲？即自入拜，其妻手奉案前跪。霸曰：夫人視老夫復何中空，而遠失計議。即拜而出。此中空者，即歆然不足，歆羨相求之義，所謂中空也。

第十三篇下

田部

畜下案畜從玄田，似爲壞字，宜從《魯郊禮》作𤲯爲正，而《說文》不然者，籀文蓄字作蓄，已從二艸，若畜字作蓄，則從三艸矣。以其必不繁重如此，故取畜爲正也。盄和鐘咸畜百辟，字已作畜，知淮南有本也。

第十四篇上

金部

鐈下案《士昏禮》"笲緇被纁裏加于橋"。注："橋所以庪笲。"今文橋爲鐈，庪笲之鐈，恐鐈字本義，《說文》以爲温器，無所見。

論中古哲學[①]

所謂中古者，指漢至隋言。西京之言哲學者甚少，蓋公之流，專意于治術。楊王孫唯見裸葬一事，雖本之黄老，其實至淺。若黄生與轅固爭湯武革命事，乃似法家言，其于哲學，亦不相涉。西京儒者，仲舒、更生之倫爲著。仲舒即讖緯之先驅；更生所長，乃在目録，若《新序》、《説苑》諸書，特一時紀録，亦于哲學無與。此事造端，定在西京之末，《法言》、《新論》，亦是常言，惟《法言》屏絶巫史，《新論》文質論覈，廓清氛障，二家之功，然未能自持一説。若以楊繼孟、荀，桓比素丞相，則尊崇逾分之辭矣。東京作者，《論衡》爲先，亦推《法言》、《新論》之旨，取鬼神陰陽之説，一切破之，然亦未能自持一説，唯陳列諸家論性同異，加以評騭，此于哲學關係不少。此外單篇偶見者，惟延篤《仁孝論》最爲明白。若王符、崔寔、仲長統、徐幹、荀悦諸公所論，仍在治術，衹與法家爲近。要之東京諸賢，識雖未遠，而持論必辯，指事必切，此潦水已盡寒潭將清之候也，始可與言名理。

① 據《制言》第三十期。

真以哲學著見者，當自魏氏始。今《國志》、《晉書》、《世説》所載諸家談旨，大率探本老、莊，時亦獨甄儒術。若劉劭《人物志》，則名家之選。魯勝《墨辯序》，則墨家之餘緒。而裴頠《崇有論》，特與老、莊異撰，此皆當特表者也。其時著作最大者，莫如《列子》、《僞古文》、《孔叢子》三書。《列子》語未見漢人稱引，突現于東晉之世，雖不敢竟指爲張湛所造，然其言皇子不信火浣布，乃依約魏文帝事，知成書必在正始後。其書融通佛、老，陳義閎遠，而又略及太易與神仙説，與王、何輩少異。觀其論旨，可謂中國之婆羅門。惜作者姓氏不彰，然在中古哲學中，實一大家也。《僞古文尚書》，或疑王肅所造，其改竄《道經》爲"人心惟危"等語，宋以來理學諸儒奉爲科律。《孔叢子》亦多疑爲肅造，其言心之精神是謂聖，宋世楊敬仲最重其言，然則王肅在中古哲學中亦一大家也。其後《弘明集》輩，雖附會老、莊，實以發揮佛乘，非能如《列子》自成一家。然觀支遁曾解《莊子》，遠公亦傳《詩》、《禮》。雷次宗經學在晉、宋閒爲卓然者，亦承遠公之教。則當時儒、老與佛，尚有通流，故《弘明》亦不容不録。若周顒、顧歡之徒，以佛、老高下相傾，語近矜伐，亦于學術有關。至范縝作《神滅論》，反之者又作《神不滅論》，而在佛法視之，則范爲斷見，反之者爲常見，皆非中道。然范説實自王充、阮瞻來，蓋學者多言無鬼，自太史公時已然，《留矦世家贊》。則范固儒説也。乃上稽賈生《鵩鳥賦》，有忽然爲人化爲異物語，則反似佛家輪迴之説，是所謂非常非斷者，儒生亦非無其義，惜范縝輩未之思耳。其有訓釋儒書，特下新義者，則王、韓之《周易》，皇侃之《論語》，雖經籍附庸，實自成一家言也。

大氐此土哲學，多論人生觀，少論宇宙觀。至世界成立萬物起原之理，自《易》以外率不論，而中古爲甚。莊生記冉有問於孔子曰："未有天地可知耶?"孔子曰："可，古猶今也。"此即禪宗當下即是之意。蓋窮詰世界之成立，萬物之起原，即成有邊無邊諸見，在佛家亦不許論也。此種葛藤，中古哲學家多能斬截。而歐洲哲學家，至今猶自尋纏繞，然則精思過于吾土，識大則不逮遠矣。莊生云："六合之外，聖人存而不論。"乃朱元晦少時，問天之上更有何物? 當時歎以爲奇，其實終身講學支離，即由此耳。

語　録[①]

弟子徐澂謹記

一

或以《儒行》爲僞書，亦無礙。篇中所述，皆儒所應如此者，何必斤斤辨其真僞哉？

二

晏平仲實近儒家，後人强以歸入墨家，乃因墨家稱崇晏子故耳。晏子之同於墨家者，僅在一儉字。

三

近人喜講墨子《經説》，想係愛其文字深奥，實則墨學精萃，不

① 據徐澂記《餘杭先生語録》。

盡在此，乃致有買櫝還珠之憾。

四

臧文仲亦是墨家。大概魯國在孔子未出之前，墨家之勢甚盛。

五

縱横家出於行人者流，此行人非《周禮》之大行人，蓋凡曾出使者，皆得稱行人也。

六

《世説新語》有哲學思想，《夢谿筆談》有科學思想，此亦小説家中之佼佼者。

七

《綱鑑易知録》昔爲商賈幼童誦記之書，不爲學者所重。而今之熟是書者可爲歷史大家矣，可笑孰甚？

八

近日桐城馬其昶提倡講三部書,即《孝經》、《大學》、《中庸》。余意治人已可,不必論天。《中庸》講天,似可去之。應增入《儒行》,以勵氣節。

九

曾國藩得力於《文獻通考》,胡林翼得力於《資治通鑑》,左宗棠得力於《方輿紀要》。

一〇

左宗棠爲林文忠公所舉,曾國藩爲穆彰阿所舉,故左恒鄙曾。

一一

歷史能運用各種學問,亂世尤須注意。

一二

中國九流中無純粹哲學者,亦無純粹宗教者。如墨子宗教家,亦講政治;莊子哲學家,亦言政治。史書、子書兩相貫通之理,即在於此。

一三

古無在野師,故弟子事師如僕從。孔子不爲魯司寇,恐亦無如許學生。其後流風所播,遂有在野之師。

一四

九流盛於戰國,儒家實導其源。使在官之學問一變而爲在野之學問,孔子之力也。

一五

莊子於孔子,有譏有譽,但對顔淵則絶無貶辭。

一六

古之春夏不決囚,必於秋冬者,似有陰陽家意味。

一七

中國向重人事,八卦雖表天地,然亦不指物而言,乾健也,坤順也，皆人事也。中國學問之統系，亦即由此而來。

一八

晉人清談，亦不敢十分反對禮教，雖有劉伶、阮籍之徒，究屬少數。

一九

愛國者實愛人民，愛人民乃由家庭愛起，即由愛父母兄弟而組成愛國家之觀念。故愛國者不可不讀《孝經》。

二〇

孟子"愛親敬長"，即後之所謂"良知"。

二一

王學中羅近溪。亦謂"良知"不過是"愛親敬長"。

二二

從前人學問，走入魔道者多爲五行陰陽所惑。今人學問之走入魔道者多，壞在疑古太甚。疑古須有根據，如史載后稷之生，漢高祖之生，此種神話，固不可信。然倘無根而疑，亦何異癡人夢想？古稱瘋病曰疑疾，其亦此意歟？

二三

近有人倡漢族西來之説，言中國人種由巴比倫來，因巴比倫用象形文字，中國亦用象形文字。此説似近似。但兩地相距甚遠，而相距之間之民族並不用象形文字，知此則不爲是説所惑矣。

二四

聖賢迭出，文化演進，正如花開有序，菊、梅不必同時。

二五

權術與詐謀不同，三代亦未嘗不用。

二六

所謂"先覺""好謀而成"，皆用權術也。

二七

道、儒皆有權術，道家則明白教人，儒家則不言于口。

二八

太史公評管仲曰“因禍而爲福”，“因謀而爲功”，斯爲道家之妙。

二九

管仲佐桓公，奏一匡九合之功。范蠡教句踐，張良輔劉邦，皆以柔制剛，而功成身退，如出一轍。此皆道家權術之妙用。

三〇

伊尹、太公皆道家，可知道家不限出於史官也。

三一

老子爲柱下史，熟知古今成敗之理，於是著五千言。故道家於成敗之機最爲灼然。

三二

後人讀經,往往將實語作空解。如"天禄永終",明明示不傳於己子也,空解則謬矣。

三三

唐蔚芝問余哲學、理學異同,答曰:一空談,一實行。

三四

歐洲哲學真如清談一樣。

三五

《春秋》儘有褒貶,《左傳》則論成敗。

三六

學問如武器,須人運用。

三七

墨家好言鬼,所以出於清廟之守也。

三八

王壬秋説經,摹擬鄭、毛文,然亦多有不能了然者。

三九

當今之世,宜言常道,不宜多講性理。

四〇

理學大别之。曰程、朱、陸、王,至清則再分爲顔(習齋)、李(剛主)、彭(尺木)、羅(臺山)。

四一

六經皆史,信然。《史》、《漢》中已有禮、樂、書志,太史公見解畢竟高人一着。

四二

非惟六經皆史，四部中子、集兩部，亦何者非史哉？

四三

太史公作《司馬相如傳》，着墨不多，而録賦數篇實之，可稱詩史。

四四

韓非子叙事，最明白易解，其引歷史處亦甚多，堪稱一代史家。

四五

漢碑鮮叙事，撰者不過略加考語而已。

四六

漢須太守始可稱府君。

四七

南朝不許立碑,乃以墓志代之。至唐朝則墓志漸盛。

四八

蘇東坡因貶不得立碑,故子由爲兄撰墓志。此志長有四五千字,當時或未刻石。

四九

《周禮》賦税甚重,皆十取一。何以如此?曰:王畿千里。千里之外,雖屬轄地,但不征其税。而朝聘祭禮之事,所需殊繁,僅徵王畿一隅之税,以行全國之事,故不得不重税以濟之。王安石不明此意,取《周禮》理財之法以行新政,宜其敗矣。

五〇

《周禮》祭祀獨多,徒糜財力,無裨實際。

五一

史籀作大篆,所以同天下之文也,出代古文而行。三體石經依古文不依籀文，知孔子傳經仍用古文。

五二

《説文》云“秦焚書之後，古文由此絶焉”，此言不過指其大概耳。實則秦火未曾災及卜筮、[①]醫學、種樹之書。且始皇三十四年焚書，三十七年崩，二世元年陳涉已揭竿起事，首尾僅四年，古文當有存者。迨漢之世，故老猶在，識者尚多。故太史年十歲而通古文。《史記·封禪書》、《漢書·郊祀志》稱漢武得古銅器，李少君以爲齊桓公時物，已而驗其刻，果然。此皆古文流傳未絶之證。

五三

漢代經學盛，而小學反衰。

五四

金石學之開端，始於北宋歐陽修之《集古録》，然其釋文亦多無根據。

五五

清儒以六書解釋鐘鼎，已嫌臆測。今或用甲骨爲證，更是

① “卜”，原作“人”，據文義改。

穿鑿。

五六

鐘鼎之字,當時但重美術,不必依六書之正也。此不獨鐘鼎爲然,秦碑亦然。後世碑版亦多破體。

五七

今人有以鐘鼎改《説文》者,可謂大謬。蓋鐘鼎之字,不可盡知,考釋之家,尤多臆説。

五八

釋文之可笑者,可舉一笑話以明之。設有一“天”字,見於鐘鼎,人皆不識,或竟以爲“大”字。若以六書釋之,更可釋作“牛”字,因天字从一从大,《禮記》曰:“牛,一元大武”也。

五九

若謂《説文》中字字無誤,亦不盡然。如十干、十二支,亦似近附會。

六〇

大抵最初之文皆有韻，如《堯典》之類，其後文乃漸趨於散。

六一

《尚書》猶如漢碑，多質直語。

六二

《尚書·皋陶謨》乃議論文，於此可知議論文之發創甚早。

六三

議論文盛於七國，漢時議論文已漸退化，僅能作奏議而已。

六四

《春秋》出而叙事之文乃備。

六五

魏晉因清談盛行，而長於作名理之文。

六六

文有世祿之文，豪傑之文。豪傑之文雖多談王説霸，但亦未必一定無規矩。如漢之賈誼，唐之劉蕡，宋之葉水心，皆豪傑之文也。

六七

文章縱不能入秦漢之室，亦當貫通唐宋八家。

六八

列傳與碑志之别，列傳乃史官之文，碑志乃文人之文。

六九

議禮文不可亂作，非深于三禮，閲盡唐宋禮書者，則落筆動輒得咎。談命理之文亦不易作，非有哲學思想不可。

七〇

《通典》多議禮之文，説理有識見，可看。

七一

唐宋八家文，祗有韓、柳不俗，其餘皆不能免。

七二

歐陽修《晝錦堂記》"仕宦而至宰相，衣錦而歸故鄉"，俗即在此二"而"字。

七三

惲子居曾駡蘇子瞻"一言而爲天下法"一語大有八股氣。

七四

昌黎、河東兩家不擅作考據文。

七五

壽序之作，創於明之歸熙甫。

七六

王弇州集中多奇節異行傳，歸熙甫則喜與老學究伍，故生平無奇文。

七七

清好興文字獄，故有清一代學者，論史多考據，而少議論也。

七八

惲子居文堪稱雅健，其雅則可學，其健則不可學。

七九

韻書始於晉之吕静《韻集》。静之前尚有李登（三國時人）《聲類》，其分部不可知。静則分宫、商、角、徵、羽五部。倘以宫商爲四聲之始，然四聲止有四部，而宫商乃有五，或平聲分上下，如今之

《廣韻》耳。

八〇

《詩經》中平聲、上聲分否正不可知，但歌誦時平、上不分，亦無礙音節也。

八一

梁武帝問周捨何謂四聲。捨對曰：天子聖哲，是則四聲之起。當在齊梁之際。

八二

東、冬、鍾、江四韻，江在最後。江與陽、唐，則江在前。因江與東、冬、鍾古在一部，宋以後則幾與陽、唐相亂。又如歌、戈、麻三韻，古麻韻多讀入歌韻，今之蘇、松、太諸地麻韻之字多讀入歌韻，可以爲證。隋陸法言定《廣韻》，乃合南北之人而商定之，故長孫訥言序中有酌古準今之語。

八三

《廣韻》獨用、同用之例，相傳爲許敬宗所定。吾意不然。許敬宗之詩，見於全唐詩，亦多有未能與同用、獨用之例相合。東、冬、鍾三韻，王、孟詩中有合用者。又如庚、耕清，今同用，青則獨用。然王、孟諸人詩中常有於庚、耕、清中闌入青韻者，是則同用、獨用之例，或唐末五代時人所定者。

八四

孫愐《唐韻》多依《法言》而定。《唐韻》之後，又有李舟《切韻》，《切韻》之韻部多有與《廣韻》不同者。《廣韻》之一先二仙，李舟又分出三宣。

八五

李舟於杜工部爲後輩，杜詩中曾言及之。如舟之流，且可定韻，則知當時作詩，未必盡依《唐韻》。孫愐不過陳州司法，名位甚卑，李白、杜甫、王維、孟浩然決不肯用彼之韻也。

八六

《廣韻》之後有《集韻》、《禮部韻略》，即依《廣韻》同用、獨用之例而定。

八七

反切世傳始於三國時魏之孫炎。孫炎反切,見於《經典釋文》《爾雅》。但據《漢書》注,應劭已有反切,服虔《通俗文》(不過此書頗有疑爲僞作者)亦有反切。吾以爲經書釋音用反切,則始於孫炎,並非炎所創也。顧亭林考不律爲筆,當亦是反切之端。

八八

反切後以諱言反,乃改翻切。《廣韻》章,灼良切;灼,章略切。灼、良、章、略,反覆成音,故謂之反切也。

八九

雙聲始於晉《世説新語》,此婢能作雙聲語,郭冠軍家事可證。

九〇

葉奂彬見余文,始極稱之,乃以爲不應言雙聲叠韻。實則古人雖無雙聲叠韻之名,已有雙聲叠韻之實,然則因之可也。奂彬之言,未免不達。

語　録[1]

一

《漢志》東西九千三百里，南北萬三千三百里，當以人行道計之。提封田一四五一三六四零五頃，則方田實數也。以算法明之，古六尺爲步，方步三十六，二百四十步爲畝；畝八六四方丈，里法一百八十丈，方里三二四，畝法比里法三七五。古尺比今尺三之二，古一百八十丈，今一百二十丈。古三萬二千四百方丈，今一萬四千四百方丈，古方丈比今方丈九之四。古一方里今零四四里不盡。《漢志》東西九千三百里，南北萬三千三百里，爲方里一二三六九萬。又云提封一四五一三六四零五頃，以三七五除之，得三八六八七千方里有奇，不及三分之一。以是知東西南北是人行道里，而提封爲方田實數也。《漢志》三八六八七千方里有奇，即今一七一九二千方里有奇。東有樂浪，朝鮮。南有交趾、九真、日南，安南。北有五原、九原、雲中、定襄，河套。故今十八省僅有一四六十萬方里也。

---

① 據《制言》第二十二、二十四、二十六、二十七、二十九、四十四期，皆孫世揚記。

二

文字之表數者，既爲數而造，則其造之也當本乎算術，而許君多以陰陽五行解之，夫亦迂闊而遠于事情矣。若一二三亖諸文，視而可識，察而見意，諒無待乎解釋。唯四之字从口从八，口者平方之形。平方之法，廣與從各二，則其積四，其周八。然則从口者象其形，从八者定其數也。算術一自乘仍爲一，其實一從一横相乘，其積十也。是故以一從一横表十之數也。平方之積十，自其弦分而爲二，則各爲五。古文㐅者，平方之二弦也。小篆X从二，明其爲二五也。平方之積一，則其弦一四一四不盡，中分之，則零七零七不盡。七者，許君云从一，微陰從中衺出也。衺出者，謂其一畫當如平方之弦，筆勢小變，乃成屈曲爾。然則七从一者，謂平方之數也。從中衺出者，謂中分其弦也。平方之數始于四，立方之數始于八，解之則爲立方者八，故曰八，别也，謂數之可以分别者莫如八也。六之字从入八，入猶内也。立方之積莫小于八，立方之羃凡有六面，言内八，而外六可知矣。九之字二畫皆爲曲線，直線可以算數，曲線則不可以算數。究盡曲線者，算數之能事畢矣。故曰九，究也，此數之極也。數十十爲一百。百，白也。古文从自，此節算家言自之也。从一者，推十合一也。千，十百也。从十，人聲，人長八尺，伸兩手亦八尺，是人體方也。千爲十之立方，故舉聲以包義也。寸、尺、咫、尋、常、仞諸度量，皆以人之體爲法。十千爲萬，漢碑有万字，《廣韻》万與萬别，明古有万字，而許君遺之。万當从一从人。从一者，一十百千萬皆一也；从人者，蓋與千同意，万爲百之平方也。《語》曰"本立而道生"，《易》曰"知天下之至賾而不可亂"，其是之謂乎？

三

説《詩》貴能以《左傳》、《史記》相徵。馬通伯嘗以所釋《毛詩》示大師，固請評其是非。大師觀其書，以爲未能會通史事，不逮其族人馬瑞辰所作。遂爲指摘十餘事，如《蒹葭》刺襄公，未能用《周禮》，將無以固其國。馬君疑當時諸侯不能用《周禮》者不獨秦。秦不用《周禮》，終于代周有天下，安見其無以固也？大師云：《封禪書》稱秦襄公自以爲主少皞之神，作西畤，祠白帝，此郊天也。春秋諸侯雖放恣，固未有敢郊天者。詩人所以刺之，《蒹葭》白露則秋祭白帝之時也。且秦居周之舊土，周遺黎民不服其教，故作是詩。秦之代周，固非詩人所及料矣。又如《揚之水》刺平王，遠屯戍于母家，馬君疑平王忘其仇讎。大師云：箋云申國迫近彊楚，王室微弱，數見侵伐，是以戍之。顧棟高申之曰：申侯可讎，申地不可棄，此説本可通。抑屯戍者非必保其寡小，亦將監其背叛。魯侯謂齊侯曰："君謂許不共，故從君討之。"是知近楚諸姜不服王命久矣，勞師屯遠，蓋爲此也。

四

《史記·孔子世家》"仲尼曰：木石之怪夔罔閬"。韋昭云：木石，謂山也。夔一足，越人謂之山繅。《抱朴子》云：魈形如小兒，獨足向後,夜喜犯人。《楚辭》有山鬼。王注引《莊子》山有夔。杜詩亦言山鬼一足。《説文》:"夔,神魖也。""魖,秏鬼也。"按夔與鬼本一字,鬼從甶。甶,鬼頭也。鬼無形,不可象,蓋象夔頭也。夔頭似猴,禺从甶可證。从儿者,象夔有足。從厶者,夔能惑人也。

五

子路妻兄顔濁鄒,《孟子》作顔讎由。《左傳》齊大夫顔庚字涿聚,《吕覽》以爲梁父之大盜,後爲孔子弟子。《古今人表》有顔讎由、顔燭雛,爲二人。師古曰:燭雛即涿聚。今按:濁鄒、讎由、涿聚、燭雛,皆一語之轉,蓋一人也。其字當以讎由爲正。《釋蟲》雔由樗繭,蚢蕭繭。顔讎由名庚,庚當是蚢之借,名字相應。

六

子曰:"弗乎弗乎,君子病没世而名不稱焉。吾道不行矣,吾何以自見於後世哉?"弗讀如《中庸》"費而隱"之費。鄭注:"費,猶佹也。"《釋文》本又作拂,徐音弗。道不行所以解弗乎弗乎,何以自見於後世所以解没世而名不稱也。

七

《孟子》"孔子當阨,主司城貞子,爲陳侯周臣"。陳侯周臣猶言晉靈公周狗。忠信爲周,此即今云忠臣義犬爾。

八

西醫言知識在腦，漢醫言知識在心，二説皆可破。下等動物無腦亦無心，然有知也。今若立一量，曰有生必有知，則睡眠悶絶以及無想定滅盡定時，神經之用已歇，血液之循環如故，其人未死，如是可説知在心，不在腦矣。大抵六識依於腦，阿賴耶依於心，四體百骸皆賴血以爲養，是生之大原在心也。又西醫説大腦司知覺，小腦司運動，然又有隨意不隨意之説。試問知覺運動如何聯絡？此即非説阿賴耶不可。

九

《起信論》言真妄相熏，《攝大乘論》言出世種子由聞熏習而來，二説皆可破。中土文人有惡取空見，名家有戲論，如雞三足、卵有毛之類。西洋哲學有懷疑派，如言我之有無不可知。此人未嘗聞佛説，何以有此言也？可知意識雖隸屬阿賴耶，而妄想本是變動不居，阿賴耶雖無出世種子，意識不妨有此妄想，然則《起信》所説，何遽不如唯識家？

十

真如與無明，即覺與不覺之謂。譬之學作文者，其始作之，文理必不通。作之既久,乃通。不通之時,通性固在。及其既通,則不通之性已不可得。唯識家不立如來藏,實不能自圓其説。

十一

文章之事,知行合一。行未至者,即以勝義告之,亦勿能喻,凡藝術無不如是。

十二

韓文壯美,歐文優美。韓務去陳言,歐則痛惡佶詘聱牙之作。然而以韓、歐並論者,皮相之談也。韓、歐所同,不過在排斥當時四六文及闢佛二事而已。

十三

漢、唐之文壯美,六朝、兩宋之文優美。若置駢散不論,則六朝人所作,與宋人未見有異。若云事出乎沉思,義歸乎翰藻,則六朝、唐人所同也。

十四

賈生《過秦》,壯美之文也。《治安策》,優美之文也。楊雄、司馬相如所作,壯美之文也。劉向、董仲舒所作,優美之文也。陸士衡所作,皆是優美,《辯亡》雖擬《過秦》,終不見其爲壯美。

十五

《文賦》云"謝朝華於已披,啓夕秀於未振",此自造新詞之謂。韓退之云詞必己出,即本此義。蘇子瞻稱韓文起八代之衰,原是過爲推崇之語,自燕許所作,已爲佶詘聱牙,而退之之文則原出獨孤及。大抵文章變化,由於時會。退之雖賢,豈能突如其來,獨倡一格? 當時李元賓、樊紹述之流,並非學退之者,乃其佶詘聱牙,甚於退之。退之要是此中俊傑耳。

十六

唐人碑銘,皆是文言。退之所作,皆學漢碑。惟漢碑多用經典成語,退之必自造新詞,此爲有異。至宋人作碑,直與傳狀無别,乃失漢魏以來舊法。

十七

凡文章背於時會者,必不能衍爲一派。干寶之在晉,陸敬輿之在唐,宋祁之在宋是也。當時未嘗有效之者。

連　語[①]

唐孝子祠校

學以明倫，董養升堂應止歎；
孝爲順德，顔芝發壁可傳經。

慈谿保國寺

山啓漢張侯，當時肯構相承，始就椒樊通輦路；
寺開唐可祖，千載傳鐙無盡，又看樓閣現華嚴。

淨慈寺

植西土正因，相期震旦有情，我愛休耽犛尾好；
攬南屏全勝，應令晉家高士，清游更度虎谿來。

① 據《制言》第二十五期。

金剛殿

五淨居尚在塵中，何期天趣宰官，立地作法王衛士；
大千界斷如輪狀，爲問賢兄帝釋，伊誰是忉利主翁。

韋馱殿

香象蹴地，非驢所堪，坐令外道六師，造論都隨朝露盡；
金翅擘海，羣龍皆伏，況爾恒河小婢，卻流敢歫應真來。

穹窿山顯忠寺

燕飛來竟啄皇孫，後嗣休隨和尚誤；
龍角葬當致天子，此中唯許法王居。

集句贈陳二庵

萬里悲秋常作客；
伯才無主始憐君。

贈周軼生

鵝費羲之墨；
貂餘季子裘。

贈潘枚卿

隱几我思南郭子；
作書君似東吴精。

贈潘芝龕

定遠飛行看燕頷；
客星垂釣有羊裘。

贈某君

射虎應思隨李廣；
當關慎勿學哥舒。

壽沈和甫丈

蔦敖風流甘寢秉羽；

存中藝術靈苑傳方。案：桐鄉沈氏世擅術數方技。

又代湯仲棣作

依鍛竈以論養生，學道正同嵇叔夜；

守水碓而成宅相，量才自媿魏陽元。

壽張伯巖

壽七百年，允擬宋雕元槧；

在水一曲，焉知騎馬乘船。

周道腴梁夫人雙壽先一日長子婚禮

制禮兼煩周姥筆；

長生妙有義山風。

徐繆雙壽

博愛體仁德侔孺子；徐穉
正家齊俗教本豫公。繆肜

璠璵在懷箕山雅志；徐幹
醴酒常設蘭陵素風。繆生

蕭太公譚夫人雙壽

相國豈因刀筆重；蕭何
大東仍有酒漿來。譚大夫

壽宋明軒母沈太夫人

表東海風長子貞吉；
如南山壽夫人成城。

壽黄母劉太夫人八十

寒歲貞松無改棄；
宴居秋鞠可兼糧。

壽嫂孟太夫人八十

一老巋然尊如魯殿；
三遷聞教傳自鄒人。

直上雲間瞻古柏；
平分春色醉仙桃。案：生日值春分。

壽孫鷹若母盛孺人七十

胥母行游辭徵七發；
道林養性方有千金。

賀沈志翔移居

右丞妙手新營墅；
太傅遺容莫畫門。

落沈和甫丈新屋

葉尹從人無清爨；
隱侯名賦在郊居。

落許行彬新屋

縉雲相黃大嶽左夏；
飲河滿腹巢林一枝。

李印泉長子與彭愷丞次女結婚

吳濮同盟惟士與女；
聃彭上壽詒子及孫。

余雲岫長子與沈志翔次女結婚

受萬金方，用度湯火；
作五孰鬴，鼓鑄乾坤。

上醫有經，黃帝不妨求素女；
良冶之子，莫邪今已配干將。

萬迹鐘成應以歌舞，楚良臣余義鐘
四聲譜就樂在唱隨。沈約

蕃語成詩四方有志；余靖

郊居作賦林下之風。沈約

沈志翔次女與姚氏子結婚

戴氏多才稱五女；戴良
湘君作配是重華。

華楊結婚

清白傳家宜報卿服；楊震
純素居室看修《漢書》。華嶠

朱宇蒼嗣子與鍾氏女結婚

少伯不妨辭越國；
琰之今得配參軍。

惲鐵樵長女與陳氏子結婚

快壻丰姿如敬仲；
大家儀範本清於。

陳項結婚

雄風共張楚；
元女此歸胡。

尚慕姜嗣子與林氏女結婚

婚嫁子平償夙願；
湖山君復有前緣。

輓饒苾僧

陸敬輿言成典謨，翰苑經綸如孟子；
韓致光文雖綺麗，暮年哀怨即靈均。
堅乎白乎，公山召欲往，佛肸召欲往；
瑣兮尾兮，泥中胡不歸，中露胡不歸。

輓某君

卿相不動心，孟氏未須慚告子；
鴻鵠無小志，伯之何以報邱遲。

輓關萊卿

游射幾同儕，潦倒交期，肺疾新聞亭濁酒；
去留得無礙，咲談神往，胸襟真欲薄青雲。

輓許翁

高節本箕山，遺冢待傳司馬筆；
人倫歸平輿，生兒真似子將才。

輓沈商耆

大樂竟希聲，《廣陵散》絶於叔夜，
哲人有遺命，覆車下寧無仲尼。

哭仲兄

門祚何衰，痛具邇多傷，比三年又弱一个；
儒風未泯，願克家崇儉，藐諸孤永念斯言。

輓歐陽駿民

清和任不滯一方，彭澤歸來，祇親戚情話；
煖頂忍具修三法，白沙雖死，有王者威儀。

輓周軼生

精物起東吴，張長史獨呼草聖；
才名動西蜀，鄭廣文偏滯泠官。

輓湯再如

應世賴才高，赤手能爲長袖舞；
多財是身累，青門須問種瓜人。

輓汪伯鴻

大義溯平生，風概遠從齠歲著；
一官如傳舍，清勤畢竟下僚多。

輓湯仲棣

黑水從軍胸蟠奇氣；
青山薶骨魂悲故鄉。

輓黄克强母易太夫人

李臨淮殁無後言，遺其身而顯其親者；
陶士行起由寒畯，非此母能生此子乎？

輓孫馨遠夫人

子姓自佳，安石早聞生玉樹；
田園有寄，濬沖何事布牙籌。

輓孫鷹若母盛孺人

命氏出文昭，教有義方遺範在；
易名配哀淑，年登大耋昔人無。

輓王謝長達女士

解弢袠以濟羣生，還見吴宫響屧；
化膏粱使齊寒畯，[①]并忘江左高門。

輓鄧孝先夫人

上竹無緣，誰與都官同卒歲；
削桐有嗣，擬將伯道尚舒哀。

① “粱”，原作“梁”，據文義改。

補連語[1]

自撰格言聯

肩頭伊尹誰能任，

脚底鴟夷未了心。

自撰閑聯

願與不解周旋人飲酒，

難爲未識姓名者作書。

題印度尼西亞三室洞

訪君千載後，

愧我一能無。

① 據杜常善《中國近現代名家名聯》，河南人民出版社一九九九年版。

挽夏粹芳

尋竊有殊功,不使精神隨物渦。
捐軀付公論,獨留肝膽照人寰。

書贈張鈁

寧與鳳凰比翼,
不隨鷄鶩爭鳴。

題上海法藏寺[①]

何事莊嚴，穢土寂光，誰非佛地？
但離名字，蟲書鳥踪，同入妙門。

① 據上海法藏寺手迹。

徐園題辭[1]

雪九世重仇，特起異軍酬閣部；
知百年怛化，肯稱符命媚當塗。

① 據《制言》第二十五期。

《衡山趙氏譜》題辭[①]

衡山趙氏以其世譜來，其本系曰：宋趙清獻公抃有弟曰處士紀，清獻以少子棠爲之後，實始居衡山，後從胡宏仁仲學，卒贈太子太師。棠生忠肅公方，方生忠憲公范、忠靖公葵，至明宣德時有子仁者，始以是著録。

按贈太師爲胡氏弟子，事有明徵。據仁仲爲文定公子，文定之學傳自游、謝，故稱二公爲丈人行，尚未及親炙伊川也。趙清獻在熙寧、元豐閒齒望已高，二程乃其後進。而云南渡後從學于仁仲者爲清獻子，年歷相越，理必不然。竊疑贈太師上去清獻處士已逾數代，蓋其曾玄行矣。何以明之？清獻卒于元豐七年，年七十七。《東都事略》列傳稱清獻年四十九即不御内，自號知非子。是則清獻最少之子必不于五十後生也。假令贈太師生于清獻四十九歲，逮清獻殁時已二十九歲矣。自是下至紹興八年胡文定卒之歲凡五十四年，年當八十三。而文定卒時年六十五，視清獻少子尚少十有八歲。其子仁仲豈得抗顔爲清獻少子師耶？故知贈太師必是清獻

① 據《制言》第四十九期。

曾玄，其齒歷與張敬夫相上下，故同爲仁仲弟子也。

新譜疑忠肅勛階，宋制應封三代如其官，而處士紀顧不與，蓋已疑贈太師非處士嗣子矣。今明其爲曾玄，則忠肅去處士已逾三世，故封贈不及無瞢焉。夫舉正譜系，其事尤難。其子姓以爲固然；而佗人糾之，是猶質秦人之族世于越人也。雖然，國史有驗，年歷有疑者，雖佗人得而舉正之，其子姓亦不可以疑事誣其祖也。

馬公愚《印譜》序①

永嘉馬公愚以其印譜屬序。余不習金石刻畫，何足以序之？公愚趣焉，乃題其耑曰：

摹印著於秦八體，而秦印少見。今所見獨有漢，世遂以繆篆當之。案其文在篆隸間，無詘曲填密之勢。疑繆篆者，非是莽之繆篆，蓋施諸官府印章。今漢印多私家物，不即軍中倉猝之用，宜其不爲繆也，而刻印宗法實在是。近世所謂浙派者，蓋猶有榘則，皖派稍肆矣。及羼以銅器款識，則逾刻印之律。最近乃多得周璽，百年以上所未有。而今見之猥多，亦猶疑信間也。

公愚於刻印，精矣純矣，錯綜諸法，大氐自漢印導源。夫藝術者，患其不能新，亦患其不能故也。清世作篆者數家，人有其美，及以雜之秦漢遺刻，則截不可以假，豈非騖於矜己，而樸拙之勢少與？今之筆非古之筆矣，丹墨又不相類矣，獨刀削與古今無異，奮志爲樸，宜非難也。公愚其有意於是矣。

① 據《制言》第六十期。

壽程母黃太夫人[①]

金華山屬赤松居，況有天都是故廬。冬夏青青存老榦，更栽玉樹作扶胥。

江南詞翰説篁墩，千載猶遺舊德門。自有黄山堪並峙，何須戴勝駐西崑？

① 據《制言》第五十一期。

題《閲微草堂筆記》[①]

曉嵐與戴東原同時相善，皆不慊宋儒。顧東原所以詆宋儒者，曰責人求備，不本忠恕而已。周、程諸公雖無此，而末流如此者固多也。曉嵐則抉人隱微，唯恐不盡。迹雖不害，必誅其心，不能託明鑒於人，乃託明鑒於鬼神。使鬼神非聰明正直邪，存其事何益？使鬼神果聰明正直邪，則人正當效此明鑒也。由其説，使人契刻之心轉甚於宋儒末流，而與東原正相反矣。不悟以此持世，機械日深。彼此相鬬，雖契刻亦不足以禦千萬人之黠慧也。老子云："善者，吾善之；不善者，吾亦善之，德善。信者，吾信之；不信者，吾亦信之，德信。"是豈曉嵐所知？

① 據《群雅》月刊第一集第五卷，一九四〇年八月一日。

强盜牌香煙口號[1]

秋入江南草尚薰，
仰看劒氣動星文。
煙霞何事相容隱，
白日青天緫媿君？

① 據《制言》第五十一期。

爲宋人英題畫[1]

疏影斜偎水竹叢，
東風先吐一枝紅。
莫誇姑射如冰雪，
得婦真憐似路公。

① 據《制言》第五十一期。

贈劉允臣聯[1]

諸葛一生惟謹慎；

子房相貌不魁偉。

① 據馬文彦《錚錚風骨，烈烈壯懷——憶劉允臣先生》，《西安文史資料》第六期，一九八四年十月出版。

跋千唐志齋[1]

新安張伯英，得唐人墓志千片，因以爲名，屬章炳麟書之。

① 據若愚《"千唐志齋"小志》。

蘇州之先覺[①]

蘇州朱錫梁，少讀書，不事貼括，治史尤精，憤恨清政。其父小溪公，武侍衛也，光緒二十四年爲蘇撫陸元鼎領衛隊，得清室誥封。錫梁醉後將誥封碎之，曰焉用此胡兒之賞？其父曰：此滅門賊子也，持鎗擊之。錫梁奪槍而竄，父怒益甚。隻身走滬，旋赴日本言革命，人以爲狂。時中國留學生在日者，不及二十人。困不能支，踰年歸滬，再二年潛歸蘇，開亡國紀念會於獅子山，到者數十人，賦招魂而去。民國成立，其父怒尚未息，父子不相見者二十餘年。辛酉之歲，經純孝客動其父，遂爲父子如初。民國成立，錫梁不言禄，禄亦弗及。

---

① 據《太平雜誌》第二期。

倍敦説[①]

《左氏》定四年《傳》“分之土田倍敦”。集解：倍，增也；敦，厚也。《説文》作培敦，云土田山川也。近孫仲容以爲倍通爲附，敦則𩫖字之誤，假𩫖爲庸，且云《左氏春秋》上于張蒼，蒼爲秦柱下史，逮見李斯，所傳尚不無舛駁。斯之廢古籀，爲文字大戹。余以爲土田附庸，徵之《魯頌》，然祝佗不必與蒼、斯同説，倍敦宜爲堢堮。古音聲與保聲通，若部斗作倸斗，掊克作捊克，其例也。𦎫聲轉入幽部，與𠃬聲通。若孰訓誰者即借爲𠷎，孰字古文，本從𦎫聲。《喪人記》“大夫殯以梈幬”，注：幬，或作錞，或作焞。《春官・司几筵》“每敦一几”，注：敦讀曰燾。其例也。何謂堢堮，《聲類》：堢，高土也。《一切經音義》引。《説文》：堮，一曰高土也。《九章筭術・商功章》有方堢堮、圓堢堮。《廣雅・釋地》：堢堮，隄也。《説文》無堢，豈培爲其本字邪？古或以葆爲之。《吕氏春秋・疑似》篇曰“周宅酆鎬近戎人，與諸侯約，爲高葆禱於王路，置鼓其上，遠近相聞”。此《傳》言堢堮者，《地官・大司徒》“辨邦國都鄙之數，制其畿疆而溝封之”。後司

---

① 據《章太炎先生學術論著手迹選》。

農曰："封，起土界也。封人，凡封國，封其四疆。"後司農説《序官》曰："聚土曰封，爲壝埒及小封疆也。"《夏官·掌固》"掌修城郭溝池樹渠之固"。後司農曰："樹謂枳棘之屬有刺者也。"又曰："凡國都之竟，有溝樹之固，郊亦如之。司險，設國之五溝五涂，而樹之林以爲阻固。"蓋國之畔界，有山川阻之者，則形勢不待人。若其平原壇曼，非溝封樹渠則無以爲别。今蒙古之鄂博，即封之類。遼東之柳邊，亦樹之類。種樹必邕土爲坻堰，是之謂封，所謂圓墚堳、方墚堳矣。或曰封樹凡國皆有之，非獨魯然，何故别言以爲寵？此則土田亦凡國皆有之，何獨魯也？《九章》本張蒼之書，以是訓説《左氏》，足以補賈生《訓故》之佚。《説文》以培敦爲土田山川，蓋讀敦爲自，一成爲敦北是也。字與《九章》異，而聲類義訓非絶遠。集解增厚之訓，信望文生義矣。亦不敢妄改作，蓋古訓轉貤，義失其真，許既異張，杜又異許，則傳授遷譌使然，非自爲穿鑿也。改敦爲韋，則古義古言自此鋟。仲容又云李斯廢古籀，余謂秦文八體，而大篆據其首，廢古文有之，籀文未廢也。

韋孟諫詩釋疑[①]

韋孟諫詩稱“肅肅我祖，國自豕韋”。次言“至于有周，歷世會同”。次言“王赧聽譖，寔絶我邦”。宋劉攽謂王赧以詎有豕韋，有豕韋亦非王赧所能絶。近人因之，并謂“歷世會同”爲妄語。案：孟自言“阸此嫚秦，耒耜以耕”。計秦時韋已十歲前後，其生去王赧亡時，不及四十年。前代事或不深曉，王赧事由其祖父口傳，不應差誤，安有以士庶之族而自謂有國者？余謂孟詩述周事本不誤，其述夏、商事乃誤耳。所云“至于有周，歷世會同”者，豕韋之後，在周爲唐杜氏，晉主夏盟爲范氏。《逸周書·王會解》“成周之會，堂下之右。唐公虞公，南面立焉”。是周初唐與會同也。成王滅唐，後有杜伯，既爲王官，則亦出與諸矦會同也。杜伯死，其後士會光輔，王君以爲諸侯盟主。至於燮也、匄也、鞅也，世爲卿相，秉晉霸權，會盟征伐，數嘗莅焉。范氏雖非邦君，然秦漢閒視范中行直如諸矦，故亦得與唐杜比。孟詩所稱指此，非謂周時尚有豕韋之國，列於諸矦之會也。凡人自述譜系，同祖有聲者，輒牽連書之以爲榮，太史

① 據《章太炎先生學術論著手迹選》。

《自序》稱周秦閒諸司馬，不盡其所自出。《張遷碑》歷敘張良、張釋之、張騫，亦豈皆遷之先世？古人矜其門伐，往往如此。孟詩以唐杜范氏相揚詡，何足怪也？言“王赧聽潛，寔絶我邦”者，我邦指孟祖所居之國，非謂是時獨猶有豕韋；下言“我祖斯微，遷於彭城”，則孟祖本非彭城人也。周本都郟，曰王城，至敬王始遷成周。後二百年，王赧復徙都王城，於是東西周分治，謂王城曰西周，謂成周曰東周。二周且自相戰矣。疑韋氏自孟之祖以上，世仕成周，及王赧西徙，與成周絶，故云“寔絶我邦”耳。周自敬王以後，已不能令諸侯，然顯王尚致文武胙於秦孝公，命之爲伯，孝公亦嘗會諸侯逢澤以朝顯王，是賞罰猶有存者。至于王赧，此事不復有。故詩言“我邦既絶，厥政斯逸，賞罰之行，非繇王室”，以周之失政，爲自王赧始，語亦非過。而劉攽云周之逸政久矣，非由赧也。曾不攷王赧初元，上去顯王，不過七年耳。以大體言，自平王周已失政，敬王加甚焉，至七國時何足道？以其錫命伯主致之入朝言，則顯王猶未失政，至赧始盡失之也。詩人之辭，抑揚慮有過甚者，亦不能竟誣其實，何其劉氏之不喻也？後言“五服崩離，宗周以隊”，然後我祖微而遷彭城。葢自秦將軍摎攻西周，王赧已滅，後七年，秦相國吕不韋誅東周君，盡入其國。太史謂之周既不祀，于是周之仕者，夷爲輿臺，孟祖乃遷居彭城也。詩辭雖約，據事可以推知。自應劭不攷，謂王赧絶豕韋氏，後儒喧呶，競謂韋孟不知其祖。何哉？（或曰班氏本舉或說，謂孟子孫好事，述先人之志而作是詩。然縱自子孫託之，其事固未嘗誤也。）

何以言述夏商事有誤也？曰豕韋有之，其與大彭迭伯者，祝融之後爲彭姓，其爲唐杜范氏之先者，劉累之後爲祁姓。《傳》云夏后嘉之，賜氏曰御龍，以更豕韋之後，是也。《鄭語》稱祝融之後，彂周未有，然則孟詩實“歷世會同”者，自指唐杜范氏，而其述豕韋事則云“總齊羣邦，以翼大商，迭彼大彭，勳績惟光”，乃誤以彭姓之豕韋當祁姓之豕韋。葢夏商事去漢已遠，豕韋有否，非博識古事者不能辨。孟之誤，實由此也。

《逸周書·世俘篇》校正[①]

惟四月乙未日，武王成辟四方通殷命有國。此是舊序，故序四月在前。惟一月壬辰，壬舊誤丙，從《律歷志》正。旁生霸，霸舊作魄，從《律歷志》。若翼日癸巳，癸舊誤丁，從《律歷志》正。王乃步自周于征伐商王受，周于舊倒，從《律歷志》正。受舊作紂，按古文當作受。越若來，三月三舊誤二，從《律歷志》正。既死霸，越五日甲子朝，至接于商，則咸劉商王受，執夫惡臣百人。太公望命禦方來，丁卯望至告以馘俘。戊辰王遂禦循，自祀文王，自字恐有誤。時日工立政，吕佗命伐越戲方。壬申，荒新至告以馘俘，侯來命伐靡。集于陳，辛巳，至告以馘俘。甲申百弇以虎賁誓命伐衛，告以馘俘。辛亥，薦俘殷王鼎，武王乃翼，矢珪矢憲，告天宗上帝，王不革服，格于廟。格舊作畧，按古文當作格。秉語治庶國籥人九終，籥舊作籥，按古文當作籥。王烈祖自大王、大伯、王季、虞公、文王、邑考以列升，維告殷辠，籥人造王，秉黄戉。戉舊作鉞，按古文當作戉。正國伯。壬子，王服袞衣，矢琰格廟，籥人造王，秉黄戉，正邦君。癸丑，丑舊誤酉，按上言壬子，下言甲寅，則此宜爲癸丑，今正。

① 據《制言》第三十二期。

薦殷俘王士百人，龠人造王矢琰秉黄戉執戈，王奏庸大享一終，王拜手，手舊誤首，今正。稽首，王定奏其大享三終，其字恐有誤。甲寅謁戎殷于坶野，戎舊誤我，今正。坶舊作牧，按古文當作坶。王佩赤白旂，龠人奏武。句。王入進萬獻，明明三終。乙卯，龠人奏崇禹生開，開當作启，此漢人所改。三鍾終，王定，當云鍾三終。庚子，陳本命伐磨，百韋命伐宣方，新荒命伐宣方，新荒命伐蜀。乙巳，陳本命新荒蜀磨至，此命字誤賸。告禽霍侯俘艾佚侯。佚與侯，形近誤賸。小臣四十有六，禽禦八百有三百兩，告以馘俘，孔云禦大臣恐非。禦或本作御，八百當作八千。百韋至，告以禽宣方，禽禦三十兩，告以馘俘，百韋命伐厲，告以馘俘，孔云庚子以下復説克紂所命伐也。按庚子在甲申後壬子前。武王狩，禽虎二十有二，貓二，麋五千二百三十五，犀十有二，氂當作犛。七百二十有一，熊百五十有一，羆百一十有八，豕三百五十有二，貉十有八，麈十有六，麝五十，麋三十，鹿三千五百有八，按上已言麋五千二百三十五，下又言麋三十，下麋當爲麇之誤。武王遂征四方，凡憝國九十有九國，馘磿億有十萬七千七百七十有九，按十萬十字當賸。人俘三億萬有二百三十，凡服國六百十五有二，惟惟舊誤時，從《律歷志》正。四月既旁生霸，越六日庚戌，按此庚戌又在辛亥、壬子前，亦倒序也。武王朝至燎于周，惟予沖子綏文，武王降自車，乃俾史佚，繇書于天號，武王乃廢于受矢惡臣人此人字疑賸。百人，伐右厥甲子小鼎大師，伐厥四十夫家，君鼎師，司徒司馬初厥于郊號，武王乃夾于南門，用俘皆施佩衣，衣先或入，或當作馘。武王在祀，大師負，商王受縣首白旂，妻二首赤旂，乃以先馘入燎于周廟，若翼日辛亥祀于位，用龠于天位。越五日，乙卯，武王乃以庶國祀馘于周廟，國字舊倒在于字下，從《律歷志》正。翼于沖子，斷牛六，斷羊二，庶國乃竟，告于周廟，曰古朕聞文考，修商人典，以斬受身告于天于稷，按辛亥、乙卯前此已見，此復見者，蓋此篇集庶官所録未及編次也。用小牲羊犬豖于百神水土于誓社，曰惟予沖子，綏文考至于沖子。用牛于天于稷，五百有四，用小牲羊豖于百神水土社，二千七百有一。商王受于商郊，時甲子夕，商王受取天智玉琰逢身厚以自焚，凡厥有座告焚玉四千，五日武王乃俾于千人求之，四千庶則銷天智玉五在火中不銷，凡天智玉武王則寳與同，凡武王俘商舊玉，薏有百萬。

依《漢·律歷志》引稱《武成》，則本書即《武成》篇。其序時日各爲起止，似若重複顛倒。蓋本集百官府所記之事録之，未及編次爾。武成序之，往伐歸狩，識其政事。本書述武王狩事，所謂歸狩也。矢憲即識其政事也。俘馘之多，孔晁以爲疑。按十萬曰億，馘磨億有十萬十字，當爲賸文。俘人三億萬，謂三億及一萬也。然則馘不過十一萬，俘不過三十一萬，所伐憝國九十有九分計之，一國之馘，不過千數，一國之俘，亦僅三千有奇耳。其間尚有夷狄，《春秋》昭二十四年《傳》:《大誓》曰受有億兆夷人，杜解紂衆億兆兼有四夷。是也。撥亂攘夷，不得不盡。孟子所謂周公兼夷狄驅猛獸，則此是已。乃又以血流漂杵爲疑，何哉？若云萬萬曰億，是俘馘總數已四萬萬有餘。漢、唐、明盛時，民數未有至七千萬者。武王又在漢前，而俘馘之數，加之六倍。然則其時民數幾何？雖故爲侈言，不得荒唐至是也。又篇末武王俘商舊玉薏有百萬，百字亦當有誤，薏謂十萬而已。商玉雖多，必不得至萬萬也。

泉布識語[①]

布之名，始見《周官》。《春秋傳》曰“百兩一布”，明周時泉少，用布多也。高陽安邑諸品，往世以爲顓頊、大禹所爲，不悟其爲晚周地名。世所傳者無慮出周秦間，然其字體不悉合六書。孔子曰：“吾猶及史之闕文也，今亡已夫。”此則定、哀之際，形法已多不正，鼎彝存者，其文往往譎奇，况于百姓日用之品？刻畫款識，職之冶人。太史不能物物而考，重以蟲書繆篆，體勢變易，不能如故常。故其字多異古文大篆正書，妄者意取前世銅器以駁異《説文》成迹，是猶取漢魏碑版以非《字林》、《玉篇》也，誣亦甚矣。又案太史公《平準書》曰：“大農筦鹽鐵，官布多。”司馬貞説布爲泉布，知漢世猶多用布者。是時法錢用圜，然民俗猶因六國餘習，盜鑄之禁，在布不行焉。而官鬻鹽鐵，亦納之爲經用。獨以布爲出周秦間者，猶顓固之論也。余觀舊布有武安者，爵號稱武安三人。秦有白起，在趙李牧，漢世有田蚡。今布文武爲㦯，異于止戈，無以下筆，惡知其非田蚡所造也。其佗文字類分隸者，豈可勝道哉！漢金布令者，蓋依

① 據《制言》第六十二期。

時用存質言，雖莽布亦猶行漢之俗也。

蟻鼻錢者，非錢也。其質用銅鐵，而鑄貝字，説者直云上世貨貝，晚乃鑄金模之，疑未必然也。尋古之造布者，下有兩枝，誠準則貝象而爲之。蟻鼻雖擬貝粒，然尋莽制，貝不滿寸二分者，爲漏度，不爲朋。上世雖陋，不應取肖肖者爲貨幣。余以琀貝爲士喪制，其貝當如粒矣。倉猝乏貝，或其地遠水者，則豫刻銅鐵象之，此蟻鼻所由作。

殊布當十化，其文有疑。近世或以爲莽作，非也。莽時貨幣在本傳及《食貨志》，無容有他出，且莽布大者唯大布直千，貨布直二十五耳。其形製重量視殊布才三之一，不應縣絶若此。其篆勢亦異莽時諸幣，蓋周、秦、漢初所爲也。

布泉縣鍼篆者，泉字中豎不連，異于宇文所作。洪志以來，疑爲莽作，有以也，以稽志傳則不得有是。案：自王莽亡後，至建武十六年始復五銖，中間唯有公孫述專用鐵錢，更始與光武初載容更有他鍾鑄造，去莽未遠，故篆勢相似爾。

代黄侃定潤例[1]

蘄春黄侃季剛，弱冠即從學于余。經訓文字之學，能得乾嘉諸老正傳，而文辭又自有師法。研精彦和《文心》，施之實事。爲文單複兼施，簡雅有法，不涉方、姚、惲、張之藩，亦與汪、李殊流。至其樸質條達，雖與之異趣者亦無間然。頃在中央大學施教講課之餘，時作筆論，人亦求爲記、序、碑、傳等文。以授學煩勞，日不暇給，爲代訂潤例如左。章炳麟。

① 據章念馳藏《章太炎先生文録》鈔本。